Qiye Wenhua
Jichu

21世纪高等职业教育精品教材·工商管理类

U0648785

企业文化基础 （第五版）

丁雯 编著 ◉

东北财经大学出版社
Dongbei University of Finance & Economics Press

大连

图书在版编目（CIP）数据

企业文化基础/丁雯编著. —5版. —大连：东北财经大学出版社，2024.6

（21世纪高等职业教育精品教材·工商管理类）

ISBN 978-7-5654-5224-6

Ⅰ.企… Ⅱ.丁… Ⅲ.企业文化-高等职业教育-教材 Ⅳ.F272-05

中国国家版本馆CIP数据核字（2024）第072348号

东北财经大学出版社出版

（大连市黑石礁尖山街217号 邮政编码 116025）

网 址：http://www.dufep.cn

读者信箱：dufep@dufe.edu.cn

大连天骄彩色印刷有限公司印刷 东北财经大学出版社发行

幅面尺寸：185mm×260mm 字数：289千字 印张：13.5

2024年6月第5版 2024年6月第1次印刷

责任编辑：郭海雷 责任校对：刘贤恩

封面设计：原 皓 版式设计：原 皓

定价：36.00元

教学支持 售后服务 联系电话：（0411）84710309

版权所有 侵权必究 举报电话：（0411）84710523

如有印装质量问题，请联系营销部：（0411）84710711

第五版前言

在这个飞速发展的时代，企业文化已不再是一个模糊的概念，而是成为推动企业持续发展的核心竞争力。它宛如企业的灵魂，影响着企业的各个方面，从员工的行为习惯到客户的忠诚度，从品牌形象到产品的创新能力……因此，对于即将步入职场的大学生而言，理解和掌握企业文化方面的知识，将成为他们获得职业生涯成功的有力保障。

为了帮助学生深刻理解企业文化的内涵、功能与建设方法，并结合现代企业管理的实际需求，我们对《企业文化基础》（第四版）进行了修订。在保留第四版教材基本理论框架的同时，我们吸纳了本领域的最新研究成果，并参考了相关专业网站的新案例，对原有内容进行了调整优化。

第五版教材的亮点主要体现在以下几个方面：

1. 强化育人功能。以习近平新时代中国特色社会主义思想为指导，深入贯彻落实党的二十大精神和"立德树人"根本任务。本教材特别强调企业文化与国家发展战略、社会责任、可持续发展理念的对接，引导学生树立正确的价值观，培养他们的全局视野、责任感和公民意识，促进环境保护和社会和谐。相关内容已有机融入正文，集中体现在"企业文化专栏""案例分析"栏目和新增的"学思践悟"栏目中。

2. 理论与实践相结合，实现内容更新与拓展。本次修订吸收了国内外企业文化建设的新理念、新方法，并结合最新的研究成果和实践经验，确保教材内容的前瞻性和适用性。在介绍企业文化基础理论的同时，特别强调案例分析和实际应用：每个单元都配备来自不同行业、不同规模企业的文化建设案例，帮助学生将抽象的理论知识具体化、实践化。

3. 实训项目迭代与全面升级。本次修订对第四版的九个实训项目进行了全新设计，突出参与性与互动性，将理论知识与实际情境有机结合，通过观察、工作坊、研讨会、活动设计、策略制定、案例分析等多种形式，直面企业文化管理的挑战，并探讨应对策略，以此帮助学生将课堂所学与未来职业生涯中可能遇到的工作场景紧密联系，提升其实际工作能力和就业竞争力。

本教材第五版由丁雯修订定稿。为方便教学，本教材配套了PPT电子教学课件和测试题库，任课教师可登录东北财经大学出版社网站（www.dufep.cn）免费下载使用。

在本教材修订过程中，我们得到了许多学校教师和东北财经大学出版社编辑的支持与帮助，在此向他们表示诚挚的谢意。由于时间和能力所限，教材中难免存在疏漏和不足之处，我们诚挚欢迎同行和读者批评指正。

丁 雯

2024年1月于广州番禺职业技术学院

Contents

目录

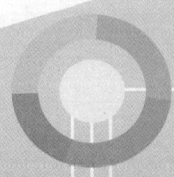

企业文化入门

【学习目标】

◎知识目标：

1. 理解企业文化的内涵和不同类型企业文化的特征；

2. 掌握企业文化的构成要素、企业文化的功能；

3. 了解中国企业文化的兴起和发展；

4. 熟悉企业文化建设分工和步骤。

◎技能目标：

1. 能够识别和解决由企业文化引起的具体问题；

2. 能够运用所学的构成要素，设计或改进组织的企业文化。

引例

板凳要坐十年冷

众所周知，华为是一家非常重视企业文化和价值观的公司，因此华为非常重视对员工进行企业文化和价值观的培训。新人进入华为学习的第一堂课内容就是"价值观+企业文化"，其中包括了解华为、解读华为核心价值观、解读相关的政策制度、融入转身四个模块。

新员工在入职培训的第一天主要是阅读《致新员工书》，观看关于华为的影片和任正非的讲话视频。这是一个了解华为的重要过程。新员工要学习的材料除了前面提到的《致新员工书》，还有任正非指定的《把信送给加西亚》，它讲述的是一名士兵为了兑现承诺，穿过重重障碍，最终完成任务的故事。在必看电影中，《那山那人那狗》一直占据着重要的地位，影片讲述了一位乡村邮递员数十年如一日地坚守自己的岗位，他的儿子最后接替了他的工作的故事。从这两个故事中我们不难看出华为对于通信行业感情之深，也希望每一个华为人都能够学习这种重信守诺、不忘初心、艰苦奋斗的精神。

关于华为的故事不都是轰轰烈烈的壮志豪情，很多都是平凡的日常工作，它们传递给我们的道理往往是在平凡中见伟大。只要员工兢兢业业，尽全力将自己的本职工作做好，就会获得应有的回报。在华为，企业文化是一个平面的、基础的东西，企业文化要普及到所有人，特别是新员工。

资料来源　庞金玲，蒋国强. 板凳要坐十年冷：内部解密华为人才管理——"士兵"如何成长为"将军"[M]. 北京：中信出版集团，2021.

这一案例表明：华为通过对新员工进行深入的价值观教育和文化塑造，培养员工的使命感，引发对公司目标的共鸣，从而构建了一个坚实的组织基础，推动企业的长期成功和可持续发展。

单元一　企业文化的内涵

管理是一种社会职能，与文化有关。美国管理学家彼得·德鲁克曾经指出：管理以文化为基础。管理企业的有效方法是通过文化的暗示微妙地进行的。

一、文化的内涵

"文化"一词最早指培养、种植、栽培或耕种，以后引申出文雅、修养、高尚的含义。文化首先是用来指"心灵的某种状态或习惯"，与人类完善的思想具有密切的关系。到19世纪末，文化开始意指"一种物质上、知识上和精神上的整体生活方式"。著名人类学学者泰勒这样给文化下定义："文化或者文明就是由作为社会成员的人所获得的，包括知识、信念、艺术、道德法则、法律、风俗以及其他能力和习惯的复杂整体。"

中国最早"文化"的概念是"文治和教化"的意思。就词源而言，汉语"文化"一词最早出现于刘向《说苑·指武》："圣人之治天下也，先文德而后武力。凡武之兴为不服也。文化不改，然后加诛。"在古汉语中，文化就是以伦理道德教导世人，使人"发乎情止乎礼"的意思。

从广义上来讲，文化是人类在社会历史发展过程中所创造的物质和精神财富的总和。它包括物质文化、制度文化和心理文化三个方面。物质文化是指人类创造的种种物质文明，包括交通工具、服饰、日常用品等，是一种可见的显性文化；制度文化和心理文化分别指生活制度、家庭制度、社会制度以及思维方式、宗教信仰、审美情趣等，它们属于不可见的隐性文化，包括文学、哲学、政治等方面内容。狭义的文化是指人们普遍的社会习惯，如衣食住行、风俗习惯、生活方式、行为规范等。

企业文化专栏 1-1

> 海尔集团董事局主席张瑞敏将中华民族的优秀文化运用于企业经营管理，他说："《老子》帮助我确立企业经营发展的大局观；《论语》培育我威武不能屈、贫贱不能移、勇于进取、刚健有为的浩然正气；《孙子兵法》帮助我形成具体的管理方法和企业竞争谋略。"张瑞敏早年醉心于我国的传统文化，这给他创业提供了重要的精神支持。

二、企业文化的含义

透过上面文化的内涵，我们不难想象一个企业要实现自身的发展、达成既定的目标，首先就要建立和完善一个与社会各个领域相符合和贯通的文化系统平台，这就是企业文化。

企业文化是一个组织由其价值观、信念、仪式、符号、做事方法等组成的其特有的文化形象。

企业文化专栏1-2

张瑞敏关于管理的思考

1.我们的信念：没有对手，只有用户。

2.海尔的以人为本，是以人的创造力为本，而不是以人的执行力为本。

3.无论是自主人理念还是王阳明的心学，重要的点都在于能不能为社会创造价值、能不能对社会有利，否则那就不叫"自主"，就是"乱来"。

4."无智亦无得"，就是说今天的智慧和今天的所得，到明天都没有用，得归零再奋斗。对组织而言，"无为而无不为"，就是本人不发号施令，而是建立一种制度，从表面看起来是"无为"，但给底下所有员工创造了一个"有为"的平台，让下面所有员工、创客都可以"有为"。

5.我认为如果一种管理模式变成了企业文化，就算成功了，如果没有，就不能算成功。它还有一个成功标志，是在具有统一文化的企业内部非常容易实现自我复制，而对外部来说，非常难以复制。

资料来源 张瑞敏.永恒的活火〔M〕.北京：中国财政经济出版社，2023.

企业文化的概念最早出现于20世纪80年代初。美国哈佛大学教育研究院的教授特雷斯·迪尔和麦肯锡公司顾问阿伦·肯尼迪在长期的企业管理研究中积累了丰富的资料。他们在6个月的时间内集中对80家企业进行了详尽的调查，撰写了《企业文化——企业生存的习俗和礼仪》一书。该书一出版即成为畅销的管理学著作，入选20世纪80年代最具影响力的10本管理学专著排行榜。

三、优秀企业文化的特征

1.以人为本

文化应以人为载体，人是文化生成与承载的第一要素，企业文化是一种以人为本的文化，着力于以文化因素去挖掘企业的潜力。企业文化中的人不仅仅是指企业家、管理者，也包括企业的全体员工。企业文化建设中要强调关心人、尊重人、理解人和信任人。只有企业的全体成员具备共同的价值观念、一致的奋斗目标，才能形成向心力，成为一个具有战斗力的整体，企业团体意识才能形成。

2.表里一致

企业文化属于意识形态的范畴，但它又要通过企业或员工的行为和外部形态表现出来，这就容易形成表里不一致的现象。建设企业文化必须首先从员工的思想观念入手，树立正确的价值观念和哲学思想，在此基础上形成企业精神和企业形象等，防止搞形式主义、言行不一。形式主义不仅不能建设好企业文化，而且可能对企业文化的概念造成歪曲。

3.注重个性

企业文化本来就是在组织发展的历史过程中形成的。每个企业都有自己的历史传

3

统和经营特点，企业文化建设要充分利用这一点，建设具有自己特色的文化。企业拥有自己的特色，并且为顾客所公认，才能在企业之林中独树一帜，凸显竞争优势。

4.不断创新

企业文化一旦形成，就具有在一定时期内的相对稳定性，但随着企业的发展以及企业生存环境的变化，企业文化也在不断发展。有一种说法叫"呈螺旋式上升"，这其实是一种理想状态下优秀的企业文化的发展态势。一个优秀的企业文化体系对外部因素以及新生文化因子都具有强大的吸收力、包容力与消化力。

案例分析 1-1

科技向善

在企业发展的不同阶段，腾讯一直探索着企业使命和愿景的新维度。2018年，马化腾将其定义为"科技向善"。

马化腾认为，数字化就是这个时代最大的公益。腾讯倡导和践行科技伦理探索，将"科技向善"融入愿景和使命，与各方共议数字时代新规则，共建可持续的智慧社会。

在企业内部，腾讯鼓励以解决社会问题为导向的科技创新，打造出越来越多的"善品"。比如，腾讯在QQ中开发声纹加好友、表情读取、语音发红包等功能，让视障人士也能享受网络社交的乐趣；"粤省事"小程序采用反光人脸识别功能，帮助语言障碍者顺畅完成身份认证；"较真辟谣神器"小程序帮助人们辨别网络谣言；等等。在外部，腾讯积极探索与各方合作，以社会价值引领科技应用的方向。比如，腾讯携手家长和教师共建"成长守护平台"，帮助青少年建立健康的游戏观；为故宫、敦煌和长城等提供数字化解决方案，传承和发扬中华文化自信；等等。

腾讯价值观的形成并非一蹴而就，而是经历了漫长的摸索和实践过程。很明显，腾讯的共益理念逐渐清晰，在现今腾讯的战略考量中，如何利用科技的力量构建正确的价值理念，让用户、股东、开发商、供应商等利益相关方共同受益，让所在社区、社会和环境更加美好是其可持续发展的重要课题。公益价值观成为指引腾讯这艘巨轮在茫茫大海中不断前行的灯塔。

资料来源　朱睿，李梦军. 未来好企业：共益实践三部曲［M］. 北京：中信出版集团，2020.

问题：腾讯为什么把"科技向善"作为企业新的使命愿景？

分析提示：马化腾提出的"科技向善"不仅是为腾讯公司定下了发展愿景，也为未来互联网的发展指出了一条新的方向路线。希望腾讯可以以身作则，引领更多的力量来实现真正的"科技向善"。

单元二　企业文化的构成要素

一、企业精神文化

企业精神文化是企业在生产经营中形成的一种企业意识和文化观念，是一种意识形态的深层企业文化。我们可以从三个方面来理解企业精神文化：①由企业的精神力量形成的一种文化优势；②由企业的文化心理积淀的一种群体意识；③企业文化中的核心文化。企业精神文化的主要内容包括：

1.企业哲学

企业哲学，即企业的经营哲学，是对企业全部行为的一种根本指导。企业哲学的根本问题是企业中人与物、人与经济规律的关系问题。企业哲学是企业最高层次的文化。

2.企业价值观

企业价值观是指企业及其员工的价值取向，是指企业在追求经营成功过程中所推崇的基本信念和奉行的准则。从哲学角度看，价值观是关于对象对主体有用性的一种观念。企业价值观是企业全体或多数员工一致赞同的关于企业意义的终极判断。企业价值观是企业文化的核心。

3.企业精神

企业精神是现代意识与企业个性相结合的一种群体意识。现代意识是现代社会意识、市场意识、质量意识、信念意识、效益意识、文明意识、道德意识等汇集而成的一种综合意识。企业个性包括企业的价值观念、发展目标、服务方针和经营特色等。

4.企业道德

企业道德是调整企业之间、员工之间关系的行为规范的总和。它是一种内在的价值观念，一种企业意识。一方面，企业道德是企业经营管理理论与实践的必然产物；另一方面，从企业经营管理活动的特点来看，企业道德又是人们在实践中求生存、求发展的主体性的强烈表现。企业道德的一般本质是一种企业意识，而它的特殊本质则表现在其区别于其他企业意识的内在特质方面。

5.企业风貌

企业风貌是企业员工从事生产经营和处理相互之间关系时所表现出的外部行为特征，具体表现为企业风格、风气、传统和习惯等。一个企业是否具有良好的风貌，对企业员工的工作追求、干劲、凝聚力、创造力以及整体形象都有直接影响。

企业哲学、企业价值观、企业精神、企业道德、企业风貌是企业精神文化的主要内容，它们相辅相成、互相促进。其中，企业哲学是微观世界观和方法论，企业价值观是核心，企业精神是灵魂，企业道德是规范，企业风貌是氛围，这些要素共同构成了一个整体。

案例分析 1-2

硅谷的"推门文化"

在硅谷，一种被称为"推门文化"的做法被许多公司所采纳。这种文化允许员工在有深思熟虑的想法和建议时，随时推开高层领导的门进行沟通。例如，Facebook的创始人马克·扎克伯格就在开放的办公空间工作，而特斯拉的首席执行官埃隆·马斯克也在公共区域设有自己的工位。这种文化在一些传统企业中可能难以理解，但在硅谷，它是日常工作的一部分。

相比传统的层级森严的组织结构，硅谷公司的组织模式更为扁平。员工与高层之间的沟通直接且无障碍，确保信息传递的高效率。这种文化的形成源于硅谷长期培育的平等观念，员工与领导之间是基于平等的契约关系，并不存在人事上的绝对权力。

在实际运作中，硅谷公司通常设立许多平行团队和事业部，它们根据业务需求而设立，具有一定的生命周期，并与其他团队保持合作和竞争关系。团队内部没有传统层级，只有团队带头人，他们的角色是设定目标并激励团队成员，而不是执行管理者的指令性角色。

资料来源　施泰伯 A. 从硅谷模式到人单合一 [M]. 陈劲，庞宁婧，译. 杭州：浙江教育出版社，2022.

问题："推门文化"在硅谷公司中是如何促进创新和沟通的？

分析提示："推门文化"强调透明度、开放性和平等性。通过减少层级障碍，使得员工能够更自由地提出创新想法，激励员工参与决策过程，从而增强他们对工作的投入感和责任感。

二、企业制度文化

企业制度文化是企业在长期的生产、经营和管理实践中形成的一种文化特征和文化现象，是企业文化中人与物、人与企业运营制度的中介和结合，是一种约束企业和员工行为的规范性文化。企业制度文化强调的是在企业生产经营的活动中应建立一种广大员工能够自我管理、自我约束的制度与机制，这种制度与机制使广大员工的生产积极性和自觉能动性得以充分地发挥出来。

企业制度文化主要包括三个方面的内容，分别是企业领导体制、企业组织结构和企业管理制度。

1.企业领导体制

企业领导体制是企业领导方式、领导结构、领导制度的总称，其中主要是领导制度。在企业制度文化中，领导体制影响着企业组织结构的设置，制约着企业管理的各个方面。企业领导体制是企业制度文化的核心内容。一个好的领导体制，可使企业管理者形成一致的目标，在员工中产生较强的号召力和影响力。

2.企业组织结构

企业组织结构是指企业为了实现组织的目标，在组织理论的指导下，经过组织设计形成的组织内部各个部门、各个层次之间固定的排列方式，以及各部分之间的关系。不同的企业文化有着不同的组织结构。企业目标、内外部环境、员工素质、领导体制等都会对企业的组织结构产生影响。组织结构形式的选择，必须有利于企业目标的实现。

3.企业管理制度

企业管理制度是企业为实现目标，在生产经营管理实践活动中制定的各种带有强制性义务并能保障一定权利的各项规定或条例，包括企业的人事管理制度、生产管理制度、财务管理制度等。企业管理制度是实现企业目标的有力措施和手段。它作为员工行为规范的模式，能使员工个人的活动得以合理进行，同时又成为维护员工共同利益的一种强制手段。

企业领导体制的产生、发展、变化，是企业发展的必然结果，也是文化进步的产物。企业组织结构是企业文化的载体。企业管理制度是企业在进行生产经营管理时所制定的、起规范保障作用的各项规定或条例。

三、企业行为文化

企业行为文化即企业文化的行为层，是指企业员工在企业经营、教育宣传、人际关系活动、文娱体育活动中产生的文化现象。它是企业经营作风、精神风貌、人际关系等的动态体现，也是企业精神、企业价值观等的折射。企业行为文化包括企业家行为、模范人物行为、员工群体行为等。

1. 企业家行为

企业家是理念体系的建立者，企业家高瞻远瞩，敏锐地洞察企业内外的变化，为企业也为自己设计长远的战略和目标；企业家将自己的理念、战略和目标反复向员工传播，形成巨大的文化力量；企业家艺术化地处理员工与工作、雇主与雇员、稳定与变革、求实与创新、所有权与经营权、经营权与管理权、集权与分权等关系；企业家公正地行使企业规章制度的"执法"权力，并且在识人、用人、激励人等方面学高为师、身正为范；企业家与员工保持良好的人际关系，关心、爱护员工及其家庭，并且在企业之外广交朋友，为企业争取必要的资源。在一定层面上，企业家的价值观代表了一个企业的价值观。

案例分析 1-3

情义无价

下面内容来自雷军2021年度演讲稿：

这十年，大家把我和小米画了等号。其实，我还有另外一个身份，那就是金山的董事长。

我怎么成了金山的董事长呢？这来自一个"不理智"的决定。

我对金山有非常深的感情。从22岁干到了38岁，我参与金山的全部创业过程，金山就是我全部的青春。

2011年，我们正在热火朝天创业。金山遭遇巨大危机，求伯君、张旋龙两位大哥经常来游说我，希望我能重回金山。但我已经开始创业了，这不可能呀！他们说，兼职干也可以，只要你接就行！

当时小米手机发布在即，正是最关键的时刻，理智告诉我：小米才刚刚起步，千头万绪，千万不要感情用事，绝对不能分心！

但金山咋办呢？两位大哥二十多年的情义，四五千兄弟们的前途，我也于心不忍！

我非常痛苦，纠结了好几个月。

我们小米的几个创始人看不下去了，劝我说："与其这么痛苦，还不如接了。天大的事情，我们大家一起扛！"

他们是小米创始人，肯定希望我专注在小米业务上。但他们了解我的性格，也了解我对金山的感情，才会给我这样毫无保留的支持。当时，我非常感动。就这样，在小米联合创始人的支持下，2011年7月7日，我正式接任了金山董事长。

7

我一接手，的确有点手忙脚乱。多亏了金山兄弟们齐心协力，金山逐步走出了困境，重新恢复了生机。

今年是金山创办33周年，也是我接任董事长第10年，金山已经发生了脱胎换骨的变化，收入从不足10亿元，增长到合并收入120亿元，增长超过11倍！

今天看起来，当初不理智的选择，背后默默影响我的其实就是四个字：情义无价。10年来，对用户、对员工、对合作伙伴，我们始终如此。

资料来源　雷军，徐洁云. 小米创业思考［M］. 北京：中信出版集团，2022.

问题：如何看待企业家行为的影响？

分析提示：企业家总是处于企业的核心地位，这决定了其个人意志、精神、道德、风格等文化因素在企业中备受瞩目，更易于得到员工的广泛认同和传播，并形成自觉追随，以至于企业的最高目标和宗旨、价值观、作风、传统习惯、行为规范和规章制度等都深深地打上了企业家的个人烙印。

2.模范人物行为

模范人物使企业的价值观人格化，他们是企业员工学习的榜样，其行为常常被企业员工作为效仿的行为规范。模范人物行为可以分为企业模范个体的行为和企业模范群体的行为两类。企业模范个体的行为标准是卓越地体现企业价值观和企业精神的某个方面。一个企业中所有的模范人物的集合体构成企业的模范群体，卓越的模范群体必须是完整的企业精神的化身，是企业价值观的综合体现。企业模范群体的行为是企业模范个体典型行为的提升，具有全面性，因此在各方面都应当成为企业所有员工的行为规范。

企业文化专栏1-3

在我国，企业中的劳动模范人物称谓很多，有的称"劳动模范"，有的称"先进工作者""五一劳动奖章获得者"，还有的称"新长征突击手""革新能手""三八红旗手""学雷锋标兵"等。

2020年11月24日，全国劳动模范和先进工作者表彰大会在北京人民大会堂隆重举行。中共中央总书记、国家主席、中央军委主席习近平出席大会并发表重要讲话，强调：光荣属于劳动者，幸福属于劳动者。社会主义是干出来的，新时代是奋斗出来的。劳动模范是民族的精英、人民的楷模，是共和国的功臣。我国是人民当家作主的社会主义国家，党和国家始终坚持全心全意依靠工人阶级方针，始终高度重视工人阶级和广大劳动群众在党和国家事业发展中的重要地位，始终高度重视发挥劳动模范和先进工作者的重要作用。

3.员工群体行为

员工群体行为是指企业文化经过长期的积累后，员工形成的认同、接受、习惯等群体意识和不需要制度约束、自觉自愿、习惯性的群体行为。经过提炼升华形成的企业文化，应当通过各种途径和手段力求使该文化深入人心。员工群体行为决定了企业整体的精神风貌和企业文明的程度等，员工群体行为的塑造是企业文化建设的重要组成部分。

企业在运营过程中，企业领导行为、模范人物行为以及员工群体行为都应有一定的规范。在规范的制定和履行中，就会形成一定的企业行为文化。例如，在企业管理行为中，就会产生企业的社会责任、企业对消费者的责任、企业对内部成员的责任、企业经营者同企业所有者之间的责任、企业在各种具体经营中所必须承担的责任等问题。承担这些责任就必须通过一定的行为规范加以保证。

企业行为文化建设的好坏，直接关系到企业员工工作积极性的发挥，关系到企业生产经营活动的开展，关系到整个企业未来的发展方向。企业行为文化集中反映了企业的经营作风、企业的经营目标、员工的文化素质、员工的精神面貌等，直接影响着企业经营业务的开展和经营活动的成效。

四、企业物质文化

企业物质文化是由企业员工创造的产品和各种物质设施等构成的器物文化，是一种以物质为形态的表层企业文化，是企业行为文化和企业精神文化的显现和外化结晶。优秀的企业文化是通过重视产品的开发，重视服务质量、产品信誉的提升，以及组织的生产环境、生活环境、文化设施等物质现象体现出来的。企业物质文化的主要内容包括以下几方面：

1.企业容貌

企业容貌是企业物质文化的表征，是体现企业个性化的标志。它包括企业标志和企业布局等。

（1）企业标志。企业标志包括企业的名称和象征物。在企业形象识别要素中，首先要考虑的就是企业名称。企业象征物是一种反映企业文化的人工制作物，可以制成动物、植物或其他造型，一般矗立在企业内最醒目的地方，如厂门、礼堂，或宾馆大堂、商店进门处等。

（2）企业布局。企业布局是指企业的内外空间设计。一个企业的绿化、厂房造型、各车间的布局、各种交通布局等，会给人一个整体印象，如"花园式企业""智能化工厂"等。

企业文化专栏 1-4

海尔建筑

海尔工业园里的建筑都被赋予浓郁的海尔企业文化色彩。

海尔中心大楼：位于海尔工业园北端，是海尔总部办公大楼，外方内圆的建筑风格诉说着变中求胜的理念——思方行圆，既有原则性，又不失灵活性。

海尔文化广场：位于海尔工业园中心大楼正前方。海尔方圆标志有力地传达了张瑞敏的企业文化理想。"方块"放在阵中的排头，是以它为基础向纵深发展的意思。作为一个中心，它代表着海尔的思想、理念、文化，指导着周边圆点根据市场的变化灵活运行。阵中排头的方块和圆点的组合，体现了思方行圆的思想，即在工作中要将原则性和灵活性有机地结合起来，以达到预期的目标和效果，同时也有发展无止境的寓意。在中国，人们愿意把"三"视为上升，把"六"视为顺利，而"三十六"又暗含着足智多谋的意思，方与圆的排列组合恰好是三十六，意味着海尔不断上升、不断发展。在对外宣传上，方圆标志已成为海尔的企业标志。

9

2.企业环境

企业环境是企业物质文化的一种外在表征，体现了企业物质文化个性特点。我们所说的企业环境一般包括工作环境和生活环境两个部分。

（1）工作环境。优化企业工作环境，为劳动者提供良好的劳动氛围，这是企业重视人的情绪、人的需求、人的激励等的体现。

（2）生活环境。企业的生活环境包括企业员工的居住、休息、娱乐等客观条件和服务设施，也包括企业员工本身及其子女的学习条件。

案例分析 1-4

文化的力量

玛氏公司是一家生产高品质糖果的公司。在采购方面，玛氏公司有3条原则：只买最好的原料；供应商的可靠性至关重要；愿意为优质原料和服务支付溢价。这些原则导致玛氏公司的原料成本显著升高。

曾经发生了这样一件事。在每年相对固定的一段时间，芝加哥工厂都会接到糖果生产的紧急任务。万圣节期间消费者对糖果的需求量巨大，这段时间对企业经营而言至关重要，如果没有产出足够多的糖果来满足需求，就很难达到全年的销售额和销售利润目标。然而不幸的是，一条生产线出了问题，某种产品的成分构成达不到配方要求。发现情况后，一个工人把生产线给关闭了。厂长知道后，迅速集结专家团队来解决这个问题。在做了一系列努力之后，生产线重新启动，但是生产出来的产品还是不符合要求，所以生产线又被工人关闭了。厂长担心这样会导致假期销售供货不足，于是命令工人重启生产线，但遭到了工人们的拒绝。厂长威胁他们必须重启生产线，否则就解雇他们，工人们这才不得不重启生产线，然后不符合要求的糖果就被生产出来了。

后来，一名生产线员工给公司总部打电话汇报了这件事，负责生产的副总裁很快知道了这件事，并迅速飞到了芝加哥工厂进行核实。当天下午，厂长就遭到了辞退。

这件事彰显了玛氏公司对产品品质的高度重视。质量不是挂在墙上的，质量是在每一个生产环节的高标准和严要求，哪怕为此牺牲公司的经济利益。这就是组织强文化的体现，它融进了员工的血液之中，指导着员工的日常行为。

资料来源 况阳. 盖亚组织［M］. 北京：机械工业出版社，2022.

问题：玛氏公司的文化如何影响其在危机时刻的决策过程？

分析提示：玛氏公司的文化在危机时刻起到了指导和约束的作用。当面临产品质量问题时，尽管厂长最初的决策是重启生产线以保证供货量，但是公司的核心价值观和对品质的承诺最终主导了最后的决策。通过这样的决策过程，玛氏公司展示了其企业文化的力量，即优先考虑长期的品牌形象和消费者的认同，而不是短期的利益。

3.技术、设备

技术、设备是企业进行生产经营活动的物质基础，也是企业形成物质文化的保证。技术、设备的发展水平决定了企业的竞争力。新技术、新设备、新材料、新工艺、新产品的开发和应用，生产过程的机械化、自动化、智能化等都直接关系到企业物质文化发展的水平及其对企业精神文化发展的影响程度。

4.企业产品

企业产品（包括生产的产品和提供的服务）是企业生产经营的最终成果，也是企业物质文化的首要内容。企业文化范畴内的产品文化包含三层内容：一是产品的整体形象；二是产品的质量文化；三是产品设计中的文化因素。美国哈佛大学罗伯特教授曾说过："企业以前是价格竞争，当今是质量竞争，今后是工业设计竞争。"市场竞争的发展已经完全证明了这一观点。

企业文化专栏 1-5

华为 SmartSite 斩获全球工业设计"奥斯卡"：iF 工业设计和红点设计奖

华为 SmartSite 无线化站点部署方案凭借"极简的方式实现站点数字化改造，一键组网实现站点传感器无线化连接，简洁美观的工业设计"，赢得了德国 iF 工业设计和红点设计奖。这是继 2017 年 PowerCube 500 获 iF 工业设计奖后，华为通信能源再一次凭借高颜值、高实用价值的产品，获取工业设计界的殊荣。

德国 iF 设计奖与红点设计奖均由德国这一拥有悠久工业设计历史的国家创立，前者是由汉诺威工业设计论坛（iF Industrie Forum design）每年定期举办，后者是由欧洲最具声望的著名设计协会 Design Zentrum Nordrhein Westfalen 于德国埃森市设立，两个奖项评选标准极为严格，入选产品必须有区别于其他同类产品的创新特点以及独特简明的设计外观。作为工业设计领域的两尊"奥斯卡"，iF 工业设计和红点设计奖被公认为全球优良设计的标杆。

资料来源　佚名.华为 SmartSite 斩获全球工业设计"奥斯卡"：iF 工业设计和红点设计奖［EB/OL］.［2020-12-12］. https://www.huawei.com/cn/news/2018/4/Huawei-SmartSite-iF-Reddot-Award .

单元三　企业文化的功能和类型

一、企业文化的功能

与企业的生存发展直接相关，企业文化的作用是毋庸置疑的。对企业文化功能进行归纳，大致有以下几个方面：

1.导向功能

企业文化的导向功能主要表现在价值观念对广大员工的引导上。企业文化的核心层是共同的价值观。在共同价值观的引领下，员工能够把现实的努力和长远的目标结合起来，成为一种动力，形成一种充满情感意志的、能够面对困难和克服困难的活力。通过企业文化建设，员工一旦接受企业的理想、信念，便会产生一种归属感，把自己视为企业的一员，信赖企业并将企业作为发挥个人潜能、实现个人抱负的地方，

11

从而积极参与企业的各项活动，完成自己分担的工作任务，为创造良好的企业形象而努力。从这个意义上讲，企业文化也应该是生产力。

2. 教化功能

企业文化像一根无形的"纽带"，把员工的追求和企业的命运紧紧地联系在一起，关系到一个企业能否正常运转。人的素质是企业素质的核心，人的素质能否提高，很大程度上取决于他所处的环境和条件。企业文化具有提高人员素质的教化功能，在潜移默化中完成员工理想信念教育，国内外和本企业内部形势教育，岗位职业道德教育，世界观、人生观教育，社会公德教育等。通过这些教育，培养员工在社会上做个好公民、在单位做个好员工、在家庭做个好成员，培养员工树立崇高理想，培养员工的高尚道德，磨炼员工的意志，净化员工的心灵，使员工学到为人处世的艺术、学到生产经营及管理的方法和经验，提高能力，从而有助于企业和员工的全面发展。加强企业文化建设，开展丰富多彩的企业文化活动，对提高企业员工的文化素质、陶冶员工的情操、丰富员工的业余生活、增强员工之间的沟通等，发挥着积极作用。

3. 约束功能

企业文化是企业管理行之有效的途径。在企业文化的熏陶下，企业员工能严格按照一定的规则和程序办事，去实现企业的各项目标，同时处理好生产经营中的人际关系，从而可以极大地调动员工的积极性、创造性，提高企业经济效益。企业文化对企业员工的思想、心理和行为具有约束和规范作用。

企业文化的约束不是制度式的硬约束，而是一种软约束。这种约束产生于企业文化氛围、群体行为准则和道德规范等。群体意识、社会舆论、共同的风俗习惯等精神文化内容，会引发强大的使个体行为从众化的群体心理压力和动力，促进企业员工产生心理共鸣，继而实现行为的自我控制。

4. 凝聚功能

当一种价值观被企业员工共同认可后，它就会成为一种黏合剂，从各方面把成员聚合起来，从而产生一种巨大的向心力和凝聚力，产生奋发进取的集体意识，唤起员工的能动意识，有效地推动企业生产经营的发展。企业文化的凝聚功能主要体现为它可以得到企业员工发自内心的认同，从而在生产经营实践中形成新的共同价值观和行为准则，成为大家的自觉意识和自觉行为。它可以改善人与人之间的关系，使员工情感交融、紧密合作，对企业产生一种依恋之情，形成企业的内聚力、向心力。这是办好企业所必需的。

案例分析 1-5

海底捞员工的"传帮带"

海底捞作为中国知名的火锅连锁品牌，其卓越的服务质量在餐饮业享有盛誉。但是，海底捞也面临员工文化水平高低不一的问题，成为向顾客提供高标准服务的潜在障碍。为了解决这一问题，海底捞采用了"传帮带"的教育方法，这是一种传统的师徒制学习方式，通过老员工向新员工传授经验、提供帮助和指导来实现知识和技能的传递。

在海底捞，"传帮带"不仅是一种工作交接的手段，还是一种深植于企业文化的教育哲学。这种方法的核心在于个性化的经验传递和实践中的学习。

比如，有位老员工就对新人讲："让客人开心的关键点，不是点头哈腰，而是要记住他们的长相和名字。为什么？你们想，是恭恭敬敬地问一句'您想点什么'好，还是说'罗总您来啦，今天吃点啥'，客人更高兴？"

老员工经验的传授直接关联到工作实践，通过口传心授，新员工可以快速地将学到的知识应用到实际工作中，能够理解、领悟和灵活运用知识，而不是机械地遵循固定规则。同时，"传帮带"还加强了团队成员之间的联系，在老员工和新员工之间建立起信任和支持的关系。

资料来源　映哲. 向管理要粮：火锅巨头的经营之道［M］. 北京：电子工业出版社，2023.

问题：企业文化如何通过凝聚功能提升员工的工作积极性和团队合作精神？

分析提示：良好的企业文化强调团队精神和协作。在企业文化中，优秀员工的行为和成就常被作为榜样进行表彰。这种正面的激励机制能够激发其他员工模仿这些行为，从而提高团队整体的工作积极性。开放沟通和相互支持的氛围能让员工在面临困难时更愿意寻求和提供帮助，加强信任，促进了团队合作。

5.创新功能

企业创新的内涵，不仅包括技术创新，还包括组织创新、管理创新、服务创新等方面，而良好的企业文化则是推动企业创新的一种无形力量和一种内在的驱动力量。企业文化具有使企业成员从内心产生一种高昂情绪和奋发进取精神的作用。企业文化把尊重人作为中心内容，以人的管理为中心。企业文化带给员工多重需要的满足，并能对各种不合理的需要用它的软约束来调节。因此，企业文化能够最大可能激发员工的积极性和创新精神，使他们以主人翁的姿态关心企业的发展，贡献自己的聪明才智。

6.辐射功能

企业文化一旦形成较为固定的模式，不仅会在企业内部发挥作用，对本企业员工产生影响，而且对树立企业在公众心目中的形象也很有帮助，优秀的企业文化对社会文化的发展有很大的影响。企业文化还可以辐射到企业以外的领域，如对相关企业的潜在影响，对社区文明建设、家庭文明建设等都会有所促进。在企业文化建设的过程中，各个企业还要处理好同其他社会成员的关系，在推动企业经营健康发展的同时，也可为社会文明进步做出贡献。

二、企业文化的类型

企业文化是一个庞杂而抽象的概念，无所不在，对企业起着至关重要的作用，影响着员工的思想观念，对员工的行为起约束作用，是企业的"无形统治者"。出于研究或测量的需要，常将企业文化进行分类，以便降低企业文化的抽象程度。

1.按照企业的任务和经营方式的不同分类

迪尔和肯尼迪把企业文化分为四种类型：硬汉型文化（即强人文化）；工作和娱乐并重型文化（即拼命干、尽情玩文化）；赌注型文化（即攻坚文化）；过程型文化。

（1）硬汉型文化。这是所有企业文化类型中极度紧张的一种。这类企业恪守的信条是"要么一举成功，要么一无所获"。因此，员工敢于冒险，都想成就大事业，能够迅速地向企业反馈所采取的行动是否正确。具有这类文化的企业往往处于投资风险较高的行业。这种企业文化鼓励内部竞争和创新，鼓励冒险，市场竞争性较强，产品更新快。

案例分析 1-6

克制型企业文化

乐视因为一条工时制度，又上热搜了。

2023年1月，乐视宣布，员工每周上班四天半，周三下午可以不来。还有人专门去探访乐视总部，结果发现，周三下午还真没什么人了。

重新设计工作时间之所以引起这么大的关注，就是因为凸显了在很多公司的企业文化里考虑得比较少的东西——克制。

再来看这两家公司，都堪称是实施克制型企业文化的表率。

第一家公司叫Slack。这家公司很神奇，其主要业务之一就是开发企业办公软件。好多人会说害自己加班的就是这个东西，但这家公司的企业文化是从不加班。据说在旧金山公司总部的墙上，就印着一句口号：努力工作，到点下班。在国外某个职业点评网站上，Slack的评分接近满分，而且有95%的员工说他们会向朋友推荐这家公司。

第二家公司叫Basecamp。它主要为企业提供协作办公解决方案。这家公司的企业文化是轻易不扩张、不加班，用最少的力气提供尽可能好的服务。前几年，这家公司还被《福布斯》杂志评为美国最佳小公司之一。

资料来源　编者根据相关资料整理。

问题：企业实施克制型文化的出发点是什么？

分析提示：企业实施克制型企业文化，允许员工有更多的时间进行思考和创新，强调的是在保持工作和生活平衡的同时，以高效率和高质量的服务或产品来满足市场需求。

（2）工作和娱乐并重型文化。这种企业文化适用于竞争性不强、产品比较稳定的组织。这种企业文化奉行"拼命地干、痛快地玩"的信念。员工很少承担风险，所有一切均可迅速获得反馈。

（3）赌注型文化。这种企业文化适用于风险高、反馈慢的环境，因为企业决策风险很大，要在几年之后才能看到结果。其信念是注重未来、崇尚试验，相信好的构想一定要给予机会去尝试才能得到验证。

（4）过程型文化。这种企业文化常存在于风险低、资金回收慢的组织中。由于员工很难衡量他们所作所为的价值，因此人们关心的只是"怎样做"，人人都在追求技术上的完美和工作上的有条不紊。

2.按照企业的状态和作风的不同分类

（1）活力型企业文化。这种企业文化的特点是致力于营造充满活力的、有创造性

14

的工作环境，员工敢为人先，勇于冒险，领导以革新者和敢于冒险的形象出现，组织的成功意味着提供独特的产品或服务，提倡个体主动性和自主权。

（2）停滞型企业文化。这种企业文化的特点是急功近利、无远大目标、带有利己倾向，自我保全、面向内部、行动迟缓、不负责任。

（3）官僚型企业文化。这种企业文化的特点是例行公事，存在大量官样文章。

3.按照企业的性质和规模的不同分类

（1）温室型企业文化。这是传统国有企业所特有的企业文化类型。这种企业文化的特点是对外部环境不感兴趣，缺乏冒险精神，缺乏激励和约束。

（2）拾穗者型企业文化。这是中小型企业所特有的企业文化类型。这种企业文化的特点是战略随环境变动而转移、组织结构缺乏秩序、职能比较分散，价值体系的基础是尊重领导人。

（3）菜园型企业文化。这是力图维护在传统市场占统治地位的企业所特有的企业文化类型。这种企业文化的特点是家长式经营，工作人员的激励处于较低水平。

（4）大型种植物型企业文化。这是大企业所特有的企业文化类型。这种企业文化的特点是不断适应环境变化，工作人员的主动性、积极性受到激励。

4.按照文化建设战略目标和需求不同分类

（1）企业家群体型企业文化。这种企业文化的特点是着重展现企业家的价值取向、道德情操、睿智和胆识，凸显企业家的形象和感召力，建立企业家群体文化的优势。

（2）全员资质型企业文化。这种企业文化的特点是遵循"以人为本"的原则，着重挖掘员工的资质和潜能，增强企业的凝聚力，提高员工的忠诚度，激发员工工作的积极性、创造性和团队协作的精神，激活企业内部驱动力。

（3）服务文化型企业文化。这种企业文化通过树立"客户至尊""超越客户期待"的服务观念，规范员工的服务礼仪，丰富服务手段，提升服务质量，完善服务系统，疏通服务渠道，提高企业在社会上的亲和力和美誉度。

（4）质量文化型企业文化。这种企业文化以质量为根本，其特点是宣传并贯彻"质量是企业的生命"和"质量是企业的衣食父母"的观念，将文化管理渗入质量管理之中，不断提高员工的质量观和全员质量意识，严格遵守国际质量认证等标准，全面提升产品质量。

（5）科技开发型企业文化。这种企业文化的特点是凸显以"市场促进科技开发，科技开发引导市场"的观念，培养和提升员工的科技领先意识，体现企业尊重知识、重视人才的思想，集合人才资源，建立一支科研型和创新型的团队。

（6）营销文化型企业文化。这种企业文化的特点是确立"以市场为导向，以顾客为中心"的现代营销理念，树立员工的市场观、竞争观和服务观，提升员工把握市场的技能，优化和完善营销体系，制定销售方略，不断扩大市场的份额和占有率。

（7）生产文化型企业文化。这种企业文化的特点是培养和提升员工的效率意识，规范员工行为，实现有效的时间管理，改善现场管理和生产环境，改进工艺，降低成本，提高劳动生产率和产品产量，以便不断满足市场的需求。

单元四　中国企业文化的兴起和发展 ///////..........

一、企业文化兴起的原因

企业文化的渊源在中国，经验形成于日本，理论成果产生于美国，是企业劳动力构成发生变化、人们物质生活水平普遍提高、企业外部环境变化的结果。

1.企业劳动力构成的变化

第二次世界大战后，科学技术得到迅猛发展，生产自动化水平逐步提高，企业劳动力的构成发生了重大变化——体力劳动者的比重急剧下降，脑力劳动者的比重迅速上升——人成为企业管理的重要资源。对于脑力劳动者来说，依靠提高其劳动强度来提高劳动生产率是不可行的，必须不断提高脑力劳动者的素质和技能，把劳动者当成一个"完整"的人来提高劳动生产率。考察企业管理理论发展，我们可以清楚地看到一种趋势，就是在企业管理中对人的地位和价值、对共同价值观和文化环境的营造愈来愈重视，企业文化的兴起成为一种自然而然的事情。

2.企业员工需求的变化

伴随经济和社会的发展，员工的思想观念、精神状态和生活方式也发生了深刻的变化。许多员工已经不再满足于追求工作条件的硬件品质，比如工资福利待遇的提升，工作条件、工作环境的改善等，而是开始注重企业所营造的人文气氛，追求工作本身的意义和施展自己才能的成就感。他们希望企业不仅仅注重他们的技术和能力，还应认识到他们的需求和愿望，承认他们对归属和成就的需要，理解和倾听他们的意见和建议，让他们积极参与企业发展、内部管理和其他重大事项的决策。

3.企业生存环境的变化

企业生存环境包括企业的技术环境、人力资源环境、金融环境、投资环境、市场需求环境等，这是企业发展所依存的客观环境，直接影响着企业的短期效益和生存基础。此外，企业生存环境还包括政策、法治、社会评价、公平竞争、社会信誉等主要由人为因素控制的企业发展软环境。这些环境因素在21世纪呈现出更加复杂的联系和难以想象的变化，企业要立于不败之地，就要在发展战略、经营策略和管理模式方面及时做出相应的调整，通过对企业主导价值观和经营理念的改革，推动企业发展战略、经营策略和管理模式的转变，使企业文化成为蕴藏和不断孕育企业创新与企业发展的源泉，从而形成企业文化竞争力。

案例分析 1-7

企业文化是一种解决方案

2022年上半年，奈飞业绩出现大幅下滑，股价急剧跌落。于是，奈飞历史上第一次推出含广告会员，也就是在原来的会员价9.99美元/月基础上下调3美元，变为6.99美元/月。广告会员平均每个小时大约接受4分钟的广告推送。

该广告会员推出之后，奈飞的经营业绩又上来了。但是，这件事有意思的地方就在于，很多人特别生气。理由是，奈飞不是向来主打内容为王吗？怎么能背叛初衷靠广告赚钱呢？

大家知道，奈飞这家公司向来标榜自家的企业文化。早在几年前，该公司就把自己的企业文化做成了100多页的PPT，放在网上共享。后来，奈飞的前首席人才官帕蒂·麦考德还专门写了一本书，就叫《奈飞文化手册》，直到今天还很畅销。据说这本书出版时，国内的很多公司还掀起过一股集体学习的热潮。

这也是为什么很多人对奈飞做广告表示不满。你看，你整天教人做企业文化，但是你们自己居然背叛企业文化，这说得过去吗？

那么，奈飞的企业文化核心到底是什么？按照奈飞的创始人哈斯廷斯的说法，就一句话，叫服务用户的第一性原理。也就是说，只要这件事对用户有好处，我就做。这也是为什么很多人说，在奈飞工作就得习惯变化：很可能早上公司颁布一个指令，还没到下班就变了。

资料来源　华锐. 新时代中国企业文化［M］. 北京：企业管理出版社，2020.

问题：奈飞为什么会有这种企业文化呢？

分析提示：在奈飞看来，企业文化是一种方法，也是一种解决方案。奈飞的这一转变，不仅仅是市场营销策略的调整，更是企业文化弹性的展现。奈飞历来以内容为王，反对广告干扰，这一点已经深入人心。然而，当环境变化，用户需求多样化时，奈飞的企业文化显示出其真正的力量——适应性和服务用户的第一性原理。

二、中国企业文化的兴起

企业文化作为一种新型的管理思想源于20世纪六七十年代日本的管理实践，上升为一种理论则是在20世纪80年代初的美国。自20世纪80年代开始，我国一些部门和企业为适应经济发展的需要，开始了企业文化的实践和研究活动。从总体上看，我国企业文化发展大致可分为四个阶段。

1.萌芽阶段

早在20世纪50年代，我国的一些大型国有企业就有自己独具特色的经营理念，如"鞍钢宪法""大庆铁人精神"等，当时虽未冠以企业文化之名，但实际上发挥着企业文化的价值功能和整合功能。后来，随着人们对精神激励作用的客观认识和对物质激励手段的运用，这些经营理念由于未能适应时代的变化而逐渐衰落了。

2.引进阶段

从20世纪80年代初到90年代初，具体来讲是1983年到1991年期间，随着我国改革开放的进一步深入，在引进外资、引进国外先进技术和管理方法的过程中，企业文化作为一种管理模式也被引入我国。1984年前后，我国少数企业通过不同途径接触到西方的企业文化，开始在自己的企业中尝试。当时，四川长钢明确提出了"有长钢特色的企业文化"，几年之后出版了名为《企业之魂》的企业文化著作。北京工艺美术总公司领导从日本、美国考察回来，提出了树立有企业特点的"工美精神"。1988年前后，国内掀起了建设企业精神的热潮。当年11月，中国东方企业文化研究会、北京大学国外文学编辑部、中国企业管理研究协会等多家单位，在北京共同发起召开了"企业文化理论与实践研讨会"，17个省市百余名代表参加。那个时候许多人尚不知企业文化为何物，在企业内部还存在企业文化和思想政治工作的关系问题的议论。这一阶段主要是企业文化知识的传播和认知阶段，争论的焦点是企业文化的适应性问题，即能不能适合中国企业管理和改革的实践。这一阶段企业文化的发展处于自然、自发状态，建设企业文化主要是企业行为，没有形成社会行为。

3.快速发展阶段

这个阶段可称为知识普及和实践启动阶段，具体来讲是1992年到2000年期间，这期间的标志性事件如下：第一个标志性事件就是邓小平同志南方谈话，他把中国市场经济从本质上推到了一个新的阶段。1992年初邓小平同志发表南方谈话，随后召开的党的十四大提出，我国经济体制改革目标是建立社会主义市场经济体制，从此之后许多企业开始把企业文化研究和建设提到日程上来，企业文化应用的方式和理论也被重视起来。第二个标志性事件就是党的十四大报告中写进了企业文化这个概念。1993年党的十四届三中全会通过的《中共中央关于建立社会主义市场经济体制的若干问题的决定》中提出："加强企业文化建设，培育优良的职业道德，树立敬业爱厂、遵法守信、开拓创新的精神。"第三个标志性事件就是建设中国特色的文化理论，企业文化作为一种亚文化，找到了一种理论依据，对实践推动也起了很大的作用。这些重大决定使企业文化成为一种新的管理思潮，使企业文化研究和建设开始成为自觉的、有组织的行动，极大地加快了企业文化建设步伐。 时间，许多企业都风起云涌地搞起了企业文化，在全国掀起了企业文化建设的热潮。

4.本土化阶段

这一阶段可以概括为普遍实践、深入发展的阶段，具体时间为2001年到现在。随着知识经济时代、经济全球化深入发展，中国企业文化建设进入一个新的时期。2005年3月26日，国资委下发了62号文件《关于加强中央企业企业文化建设的指导意见》，对企业文化进行了科学的定义，从根本上突破了以往对企业文化存在的种种狭隘认识，将企业文化的地位真正提升到人本管理的理论高度，并视之为企业的灵魂。定义中提到的归属感、积极性、创造性，分别揭示出先进企业文化具有的凝聚、激励与创新的功能，全面对应了企业人本管理三大重要方面。

　　伴随着 2005 年国资委 62 号文件的出台，企业文化理论界、咨询界和实业界掀起了一轮新的企业文化热潮。企业文化师资格被正式确认为国家认可的从业资格，国内关于企业文化师的培训如雨后春笋般地快速发展起来；国内相关文章更是百花齐放、百家争鸣，全国各地国有、民营企业等纷纷自主或聘请专业机构打造自己独具特色的企业文化；国内咨询界无论是京派的学院、社团，还是南派的广州、深圳，东到沪宁，西到川渝等，纷纷投身于火热的企业文化建设大潮！

　　5.创新发展阶段

　　创新发展阶段是指企业文化在经历了初步建立和本土化深入发展之后，开始注重创新和持续改进，以适应快速变化的市场和全球化的挑战。这一阶段的企业文化不仅仅是对传统和本土价值观的维护，更是对新思想、新技术和新管理方法的探索和应用。

　　党的十八大以来，习近平总书记在多个场合提到文化自信，从中国特色社会主义事业全局的高度作出许多深刻阐述。在 2014 年 2 月 24 日的中央政治局第十三次集体学习中，习近平总书记提出要"增强文化自信和价值观自信"。2016 年 7 月 1 日，在庆祝中国共产党成立 95 周年大会上，习近平总书记指出：文化自信，是更基础、更广泛、更深厚的自信。在 5 000 多年文明发展中孕育的中华优秀传统文化，在党和人民伟大斗争中孕育的革命文化和社会主义先进文化，积淀着中华民族最深层的精神追求，代表着中华民族独特的精神标识。2018 年 8 月 21 日至 22 日，习近平总书记在全国宣传思想工作会议上强调：中华优秀传统文化是中华民族的文化根脉，其蕴含的思想观念、人文精神、道德规范，不仅是我们中国人思想和精神的内核，对解决人类问题也有重要价值。要把优秀传统文化的精神标识提炼出来、展示出来，把优秀传统文化中具有当代价值、世界意义的文化精髓提炼出来、展示出来。

　　2017 年 9 月 25 日，中共中央、国务院印发《关于营造企业家健康成长环境弘扬优秀企业家精神更好发挥企业家作用的意见》倡导弘扬企业家三种精神：弘扬企业家敬业、遵纪守法、艰苦奋斗的精神；弘扬企业家创新发展、专注品质、追求卓越的精神；弘扬企业家履行责任、敢于担当、服务社会的精神。

　　企业文化承担的使命和企业面临的工作都发生了深刻变化：企业文化从原来的展现企业形象、统一思想、凝聚共识、塑造合格的干部职工队伍等基本功能转向了统领企业发展，用文化力参与全球竞争。这就要求企业在战略、组织、制度政策、领导力、团队建设等方面都要体现新时代的内涵。新时代的文化建设与管理，不能路径依赖。新时代的一些提法、做法、要求，比如要从高速度增长转变成高质量发展，必然带来企业的经营理念、目标、路径等发生变化。阿里巴巴在 2019 年升级价值观，实施"新六脉神剑"，即客户第一、团队合作、拥抱变化、诚信、激情、敬业。腾讯则用"用户为本，科技向善"取代了成为"最受尊敬的互联网企业"作为新的使命和愿景。

三、中国企业文化的发展趋势

伴随着改革开放的春风,企业文化从西方悄然传入中国。今天,企业文化不仅在中国落地生根,还遍地开花,在中国这片沃土上结出累累硕果。当前,企业已经越来越意识到文化的重要性,企业文化工作也开展得如火如荼,并且企业文化领域又有了一些新动向、新趋势。

1.新型商业伦理开始在中国企业流行

在中国企业的文化建设过程中,伴生了企业事业理论和新型商业伦理建设,这主要体现在企业的人格化,对企业终极价值的哲学思考,"从哪里来到哪里去"等方面,尤其是中国企业对待客户、供应商、利益相关者以及竞争对手的态度发生了根本性的变化,符合市场经济规则的普遍信用导向开始生成。信用文化是市场文化的底线,如果没有道德底线,就谈不上企业文化,更谈不上先进文化,而所谓的企业文化就是"伪文化",就是苍白无力甚至是病态的。企业的诚信意识、公益意识、环保意识、服务意识、未来意识是文化超越性的根本。企业人格健全,包括职业道德建设、商业道德伦理建设,这是中国企业近阶段企业文化建设的重心,企业将责任纳入核心理念和公司管理制度,积极履行社会责任,企业的公民行为与社会化格局日益清晰。

2.企业共有价值观带有时代烙印

企业共有的核心价值观具有共性,比如"诚信、人本、业绩、共享、创新"等作为社会思潮,作为企业文化的核心元素,越来越被中国企业认同。越来越多的企业经过利润驱动的第一阶段、竞争导向的第二阶段,进入强调合作共享的新商业伦理时代。人本文化成为企业文化建设的主旋律,各企业都在讲人本,尊重人的生命,树立生命本体意识,如推进安全文化建设;尊重人格尊严,强调个体价值,并为员工实现自我价值、参与管理和分享发展成果创造条件,注重人的全面发展,提高员工素质,因为塑造人、培养人也是企业的责任。

企业文化专栏 1-6

人类命运共同体的责任担当

习近平总书记在党的十九大报告中提出:我们呼吁,各国人民同心协力,构建人类命运共同体,建设持久和平、普遍安全、共同繁荣、开放包容、清洁美丽的世界。

2020年新年前夕,习近平主席发表新年贺词,指出:我们愿同世界各国人民携起手来,积极共建"一带一路",推动构建人类命运共同体,为创造人类美好未来而不懈努力。

《中庸》中有一段话:"唯天下至诚,为能尽其性。能尽其性,则能尽人之性;能尽人之性,则能尽物之性;能尽物之性,则可以赞天地之化育;可以赞天地之化育,则可以与天地参矣。"这段话的意思是,只有天下极端真诚的人才能充分发挥他的本性;能充分发挥他的本性,就能充分发挥众人的本性;能充分发挥众人的本性,就能充分发挥万物的本性;能充分发挥万物的本性,就可以帮助天地培育生命;能帮助天地培育生命,就可以天地人三者合一了。

资料来源 华锐.新时代中国企业文化 [M].北京:企业管理出版社,2020.

3.创新文化成为企业文化发展的重要方向

企业深刻认识到创新是企业竞争和发展的原动力，不创新就意味着落伍和丧失生存的权利，创新文化植根于企业人和企业组织的意识当中，是一种文化自觉和行为自觉。建设创新文化，企业要有强烈的忧患意识、冒险精神，企业面对的不确定性越多，承担的经营风险就越大，而有风险才有机会。创新文化要有宽容失败的氛围，才能在产品研发、技术革新、市场拓展中鼓励员工和组织的创新冲动、创新思维、创新素养的形成和强化，才能获得创新活力。当然，光有创新的思维不够，还要有创新执行力，把思维迅速变为行动，在这个基础上建立创新体系，完善创新机制，为创新行为提供持续的动力，这是创新文化的重要标志，而创新文化是中国企业体制创新、模式创新、技术创新、机制创新、管理创新的动力源泉和持续发展的根本保障。

4.和谐文化建设成为主旋律

企业可持续发展的背后，是企业与人、企业与社会、企业与自然的和谐关系。和谐文化是相互尊重、相互理解、相互包容、相互关爱的文化，是公平竞争、文明经商、诚信经营的文化，是主动承担社会责任、热心公益、帮扶弱势群体以及不断强化生态环保意识和节约意识的文化。企业内部有两种契约：一种是基于法律、规则的书面契约，靠合同来维系；另一种是心理契约，即建立一种价值纽带、情感纽带。通过文化建设，员工认同企业价值体系、价值观管理，即价值观的选择、传播、强化、反馈、有序的聚拢和分解是员工心理和谐的关键，也是企业内部和谐的关键。作为一个开放系统，企业还必须谋求与社会和谐共进。

5.企业文化的考核体系推动文化体系持续升级

优秀企业趋向于文化建设系统管理，包括规划定位、审计评估、理念梳理、宣传灌输、落地转化、考核评价和反馈调整等环节，尤其是注重建立企业文化考核体系，及时发现文化建设工作存在的问题，评价文化建设的结果和有效性，实现企业文化"认知—认同—共享—创新"的良性循环。

6.职能性文化建设力度加大

很多企业着力开展服务文化、品牌文化等职能性文化建设。服务文化建设，强调以超出顾客预期的文化创意服务，拓展顾客精神体验空间，使文化价值主张转化为企业服务能力，使品牌升华，形成顾客忠诚。应用服务创新工具，让顾客在现场看到，在心理上感受到，在提高品牌美誉度的同时，让员工产生归属感和自豪感，提升管理水平和队伍素质。

7.文化管理工程促进文化落地生根

企业文化建设是一个复杂的系统工程，要保证企业文化建设落地生根，企业管理者必须认真确立文化管理的理念，把文化注入发展战略、管理流程、组织优化、人力资源、市场营销、品牌推广等环节中。要建立长效运行机制，建立科学的企业文化目标体系、运行体系和保障体系，立足于基层建设、班组建设、岗位建设、团队建设，在细节中体现企业的文化主张。要强调企业文化建设的可控性、规范性，使员工认知、认同，养成自律和习惯，人人参与、上下同心、共建共享。这是企业文化建设取得成功的关键。

单元五　企业文化建设任务与步骤

　　企业文化建设是一项综合工程，或者说是一项系统工程。从操作角度来看，企业文化建设是一个发展过程。企业文化建设需要从企业文化现象入手，设计企业的价值理念和行为方式，追求文化管理的目标。

一、企业文化建设流程与任务

　　企业文化建设流程与任务见表1-1。

表1-1　　　　　　　　　　　　　　　企业文化建设流程与任务

流程	调研、诊断阶段	理念设计阶段	制度设计阶段	行为塑造阶段	物质设计阶段	传播、沟通阶段
任务	1.信息收集 2.诊断工具设计 3.诊断	1.理念结构设计 2.理念调研 3.理念提炼	1.制度梳理 2.制度培训 3.制度完善	1.行为规范结构设计 2.行为规范调研 3.行为规范塑造	1.VI方案讨论 2.VI手册设计	1.企业文化推广调研 2.传播手册 3.宣传
任务内容	1.了解企业发展历史、战略、目标 2.收集企业内部资料、汇总分析 3.调查、访谈 4.撰写文化诊断报告	1.确立理念设计的原则、风格与结构 2.理念调研访谈 3.理念提炼与设计 4.理念大纲文本	1.制度专题培训 2.制度诊断调研 3.制度梳理 4.制度体系架构 5.制度完善修订	1.行为规范结构设计 2.行为规范调研 3.行为规范塑造	1.VI方案设计 2.VI方案讨论 3.VI手册设计	1.企业文化传播内容与范围确定 2.传播载体与手段选择 3.传播过程与时机确定
方法工具	1.一对一访谈 2.问卷调查 3.企业资料收集 4.现场观察 5.工具分析等	1.访谈调查 2.问卷填写 3.头脑风暴 4.理念提炼等	1.头脑风暴 2.研讨修改 3.专题培训 4.撰写辅导 5.修改修订等	1.理念大纲 2.寻找英雄 3.制造事件 4.规范提炼 5.领导示范等	1.访谈交流 2.头脑风暴 3.会议讨论 4.资料分析 5.标杆参考等	1.架"连心桥" 2.公关传播 3.礼仪亲善 4.活动策划等
最终成果	企业文化诊断报告	企业文化理念大纲	企业制度文本	行为规范手册	VI手册	企业文化推广手册

二、企业文化建设具体步骤

1.企业文化的调研与诊断阶段

（1）企业文化调研。企业文化调研是企业文化建设的基础性工作。规范的企业文化调研，不仅从多角度对企业深入摸底，而且能促进企业员工的文化觉醒并增强其文化参与意识。企业文化调研的方法很多，包括资料调研、现场调研、访谈调研、问卷调研、地域考察等，但不管采用什么方法与技巧，至少要达到"摸清企业的历史、现状和规划""弄清企业的存在优势与劣势及面临的机会与威胁""厘清企业的文化诉求和企业家的思想"等目的。如果调研达不到这些目的，就很难为下一步工作提供有效的支持。

（2）企业文化诊断。根据前期调研的内容整理形成的资料，召集专家、顾问进行诊断与分析。不仅要召集文化专家，从文化视角对调研资料进行判断与分析，还要召集管理专家或战略专家，从经营管理视角对调研资料进行剖析；既要组织项目组人员对调研资料进行分析，又要组织专家顾问组成员对调研资料进行解析。最后，经过群策群力、集思广益，形成企业文化调研诊断与分析报告。这个报告必须体现客观性、整体性、前瞻性和真实性，逐渐让企业文化元素凸显出来。

2.企业文化的建设规划阶段

在此期间，主要做好以下工作：

（1）组建公司企业文化建设的相关机构。

（2）起草制订公司企业文化建设方案，起草"公司领导行为手册""公司员工行为手册""公司企业文化手册"，并深入广泛地组织学习和研究讨论，征求不同意见后进行修订完善。

（3）公司组织主管领导进行企业文化理论培训和学习。组织企业文化专家对客户的中高层领导及基层骨干进行企业文化理论知识的培训，以唤醒他们的企业文化意识并提高他们的理论知识水平。

（4）各部门组织员工学习了解企业文化的内涵及重要意义。企业员工对本企业的历史和现状最为了解，更清楚企业缺什么和需要补充什么，他们才是真正的企业文化建设者。

（5）大力宣传企业文化建设工作，开展实践活动。

（6）完成企业文化体系的总体设计策划工作，并邀请专家和学者进行论证。

（7）最终完成企业精神理念的提炼，"企业之歌"、标志的选定及"公司领导行为手册""公司员工行为手册""公司企业文化手册"的最后修订工作。

3.企业文化的全面实施、整体推进阶段

该阶段的主要工作包括：

（1）在公司全体员工中广泛深入地开展学习、宣传、实践公司企业文化体系活动，使之落实到每个岗位、每个员工行为中，渗透到企业生产经营管理中，融入公司各项规章制度中，全面塑造企业精神、理念和价值观，达到人人认同、人人实践公司企业文化的效果。

（2）制定公司企业文化建设任务的落实考核方案。

（3）深化、提高、总结、评价阶段。

该阶段主要任务为通过问卷调研、座谈和专家学者诊断分析及论证等方法、步骤，对公司企业文化建设体系的整体实施状况做出阶段性总结和评价，对存在的问题和不足结合公司发展需要和实际状况进一步完善、创新。

4.企业文化建设组织保障

企业文化建设是一项涉及企业各个层面和每一位员工的系统工程，其有效推进必须依赖一个相应的领导机构以及职能部门的强有力的统筹、协调和管理，还有各级负责人的支持和配合，在企业文化建设委员会领导下，必须建立一个高效精干的工作机构。这个机构的名称，可以称为"企业文化部""企业文化中心"等。该机构的职责包括：

（1）全面负责企业文化建设战略方案起草、部署和日常行政事务管理工作，制定内部企业文化建设及其管理方面的制度、规则。

（2）做好企业文化建设日常管理工作，严格按照企业文化管理模式的基本规定，主持与贯彻落实企业文化活动及企业文化管理理念的总结、传播、实施和提升。

（3）负责对企业各部门及下属子公司的相关制度建设进行指导，督办各部门及下属公司执行公司各项企业文化建设方面的管理制度，如工作与服务标准、对外形象、工作职责、业务流程、协作管理、考核办法等。

（4）负责企业内部企业文化建设方面文件的起草、修订、废除、审核、批准、印刷、分发、保管及撤销等工作。

（5）负责策划、组织、通知召开企业文化建设方面的各种会议，做好相关会议的记录、归档工作。

（6）根据企业文化发展的不同阶段，定期进行企业文化自我诊断，或者邀请外部专家共同诊断，负责企业文化建设调研工作计划制订及相关调研工作，定期公布企业文化建设调研报告，制订企业文化建设新思路的可行性分析及具体操作计划，向企业领导提交相关研究报告。

（7）负责企业文化及企业形象的策划、宣传工作，做好企业文化的外部宣传和社会效益提升活动及企业品牌形象塑造工作。

（8）负责企业文化建设方面的对外接待及相关公关工作。

（9）负责企业高层、中层及一般员工之间的沟通管理工作。

（10）负责企业下属部门企业文化建设工作人员需求计划的制订、招聘、筛选、录用、劳动合同签订及日常工作网络的建立与管理。

（11）负责新员工岗前培训，讲授企业历史、企业文化等方面的知识，负责所有与企业文化建设相关的教育、培训工作。

[项目测试]

一、简答题

1.如何理解企业文化的内涵？

2.企业文化的构成要素包括哪些内容？

3.简述中国企业文化的发展趋势。

4.企业文化的功能和类型分别是什么？

5.简述企业文化建设任务和具体步骤。

二、案例分析题

京东文化：先有共识才能有共享

2007年京东的企业文化，是刘强东一个人弄出来的。2013年京东的企业文化，刘强东是核心创作者、核心宣讲者和核心实施者，但不再只是他一个人的事。2013年京东的企业文化，逐渐摆脱了创始人个人的绝对影响，由大家探讨出京东新的价值观：客户为先、诚信、团队、激情、创新。

2012年隆雨加入京东任职首席人事官之后，第一件事就是梳理企业文化。为此，京东邀请了更多管理层、员工走进项目组，并请来制定《华为基本法》的华夏基石做问卷调查以及匿名访谈，承诺不透露职位和姓名，发放了4 000份问卷，访谈超过200人，通过逆向的方式，找到京东人喜欢哪些行为，不喜欢哪些行为。在副总裁以上级别参加的讨论会上，碰撞京东新一版企业文化。现场争论很激烈，僵持不下的时候，刘强东说：别吵了，我来拍板。值得一提的是，刘强东一反过去自己主导会议的常态，基本没有发言，除了快结束的时候。

最后，京东将企业文化定为"一个中心四个基本点"：客户为先、诚信、团队、创新、激情。2013年3月底，刘强东开始面向总监级别以上，进行企业文化首讲。之后，总监级别以及以上的人均要站在台上讲一遍，只有讲出来的才会融入自己的血液里。8月底，企业文化宣讲覆盖全体员工。每个部门都有企业文化、价值观准则的细化，呼叫中心是"让客户听得见你的微笑"，每个人在面前放上小镜子，观察自己说话时有无微笑。

2013年，刘强东对企业文化的忧虑，恰好在总监、高级经理的中间层。高管是他面试的，靠文化驱动；基层的配送仓储员工有老员工传帮带，刘强东也喜欢去基层探访，冬天最冷的时候他开车去过黑龙江配送站。

公司需要保证有传承的机制，老员工走了不代表价值观带走了，新员工进来不代表不接受京东的价值观。你需要有如大海般包容的空间，酸甜苦辣哪种味道进入大海，最终都是咸的。

资料来源　李纯青，张文明. 强京东：管理模式的进化［M］. 北京：中国人民大学出版社，2022.

问题：京东在梳理企业文化时，如何确保全员参与并对文化价值形成共识？

分析提示：京东通过发放问卷调查和匿名访谈，以及高层管理者的激烈讨论和决策，确保了员工的广泛参与和对企业文化价值形成共识。

［项目实训］

项目名称：企业（校园）文化观察实录

项目简介：本实训项目致力于让学生在日常环境中发现并理解企业（校园）文化

的表现形式。通过观察、研究和分析，学生将学会如何识别企业文化的各个方面，并能够将这些观察转化为具体的表述和创意表现。

项目目标：

1.增强学生对企业（校园）文化的认识和理解。

2.提升学生的观察力和分析能力。

3.培养学生的创意思维和表达能力。

4.强化学生的团队合作和沟通技巧。

实训内容与要求：

1.团队组建与分工：学生自由组队，每组3~5人，团队内部明确分工，包括研究、记录、分析、创意设计等角色。

2.理论学习：

（1）学习企业（校园）文化的基本概念和构成要素。

（2）了解企业文化对组织行为和员工行为的影响。

3.观察与记录：

（1）在校园或周边企业环境中，观察企业文化的具体表现，如标识、口号、建筑风格、公共空间布局、活动、仪式等。

（2）记录观察到的各类企业文化元素，拍照或录像作为证据材料。

4.分析与总结：

（1）分析所观察到的企业文化元素，探讨其背后的文化价值、意义和影响。

（2）总结企业文化在日常生活中的体现，以及对员工和社会的影响。

5.创意展现：

基于观察和分析结果，设计一份创意展示作品，如海报、PPT演示、视频短片等，展现企业（校园）文化的特点和价值。

6.展示与反馈：

班级展示团队的创意作品。

成果检验：

1.作品展示：组织一个展示会，让每个团队展示他们的创意作品和发现。

2.评价与讨论：通过师生评价、讨论环节，对每个团队的作品进行评估和反思。

［学思践悟］

2017年9月，中央首次以专门文件形式明确了企业家精神的地位和价值。

企业家是经济活动的重要主体。改革开放以来，一大批优秀企业家在市场竞争中迅速成长，一大批具有核心竞争力的企业不断涌现，为积累社会财富、创造就业岗位、促进经济社会发展、增强综合国力作出了重要贡献。

营造企业家健康成长环境，弘扬优秀企业家精神，更好发挥企业家作用，对深化供给侧结构性改革、激发市场活力、实现经济社会持续健康发展具有重要意义。

党的十八大以来，"企业家精神"在习近平总书记的系列重要讲话中曾多次出现，体现了以习近平同志为核心的党中央在治国理政过程中，对企业家群体的高度重视。而进入 2017 年，企业家精神的重要性则进一步提升。

2017 年 4 月，中央全面深化改革领导小组第三十四次会议通过了《关于进一步激发和保护企业家精神的意见》，对激发和保护企业家精神作出专门规定，引起了社会的广泛关注。

2017 年 9 月 25 日，《中共中央　国务院关于营造企业家健康成长环境、弘扬优秀企业家精神、更好发挥企业家作用的意见》正式对外公布，引发社会热议，这也是中央首次以专门文件明确企业家精神的地位和价值。

要了解该文件的具体内容，可扫描二维码查看。

企业精神文化

【学习目标】

◎知识目标：

1.掌握企业价值观的含义和功能；

2.理解企业伦理道德的内涵和主要内容；

3.熟悉企业家精神的主要内容；

4.能够理解企业家与职业经理人特质的区别。

◎技能目标：

1.能够利用适当方式展示企业员工风貌；

2.能够确定企业精神文化的来源并正确表达。

引例

修合无人见，存心有天知

"修合无人见，存心有天知"是北京同仁堂传承数百年的企业精神，意思是：在无人监管的情况下，做事不要违背良心，不要见利忘义；你所做的一切，上天是知道的。修合，指中药的采集、加工、炮制过程。

这句话说得真是太好了。对不专业的人来讲，别说看不到制药的全过程，即使看到了也未必能看得懂，要蒙他们很容易，但是"举头三尺有神明"，人所做的一切或许能躲过人的眼睛，但是躲不过上天的眼睛，躲不过良心的审判。

北京同仁堂有三条价值观："品味虽贵必不敢减物力"的质量价值观，"炮制虽繁必不敢省人工"的工艺价值观，"童叟无欺一视同仁"的营销价值观。同仁堂的文化体系在350多年的发展历程中不断丰富，但乐显扬创立同仁堂之初确定的三条价值观一直是同仁堂文化的灵魂。

北京同仁堂十分注重人才培养和人才队伍建设，并形成了特色的师带徒技艺传承模式，通过举办正式的拜师仪式，将师傅的技能技艺、工匠精神、为人风范，以及同仁堂文化代代相传。

资料来源　周锋，王安辉. 战略执行力：将组织战略转化为经营成果的管理实践［M］. 北京：电子工业出版社，2022.

这一案例表明：北京同仁堂通过坚守传统价值观和严格的师徒传承制度，在激烈的市场竞争中维护和发展其深厚的企业精神文化，确保了药品品质和信誉的传承。

单元一　企业价值观

一、企业价值观的含义

企业价值观是指企业在市场经营活动中，经过价值选择活动而形成的为企业广大员工一致赞同的关于企业含义的终极判断。它反映企业对其生产经营和目标追求中价值关系的基本观点。企业价值观是长期积淀的产物，是把所有员工联系在一起的纽带，是企业生存发展的内在动力，是企业行为规范制度的基础。

企业价值观包含三个方面：第一，它是企业用以判断运行当中大是大非的根本原则，是企业提倡什么、反对什么、赞赏什么、批判什么的真实写照；第二，它是企业在经营过程中坚持不懈，努力使全体员工都必须明确的信条；第三，它是解决企业在发展过程中如何处理内外矛盾的一系列准则，如企业对市场、对客户、对员工等的看法或态度，它是企业表明如何生存的主张。

在一个企业中，价值观是一个有层次的体系，它由企业的核心价值观和外围价值观组成。从表现层面上看，它由文化层面的价值观和表层的、生活层面的价值观所组成。企业价值观是企业精神文明主体结构和企业文化大厦的基石。

企业文化专栏 2-1

拼多多谨守"本分"价值观

始终将消费者需求放在首位，谨守"本分"价值观，坚持做正确的事。

拼多多的成绩源自公司上下"本分"的价值观，即"坚守自己的本职"。对于平台而言，最大的"本分"是始终专注于为消费者创造价值。不论是过去还是未来，拼多多生存的基础都是为消费者创造价值，平台将永远专注"本分"这一内在价值，永远坚持做正确的事，为满足最广大用户的需求而不懈努力。

（1）要诚信，并成为值得信任的人。

（2）要坚守自己的本职，无论别人在做什么。

（3）隔绝外力，回归初心，专注于做好自己应当做的。

（4）不占人便宜，即便我们有条件这样做。

（5）出现问题，首先问责于己。

对于拼多多管理层来说，本分意味着专注于为消费者创造价值。我们可能不被理解，但我们总是出于善意，不作恶。

资料来源　编者根据拼多多官网资料整理。

二、企业价值观的类型

企业的价值观是由多种因素复合而成的，从不同的角度可以把企业价值观分成不同的类型。

1.根据重要性和层次结构划分

从重要性和层次结构的角度看，企业价值观可以分为主导价值观和非主导价值观。

主导价值观是指在企业中占据主流地位的价值观；非主导价值观是指在企业中占据非主流地位的价值观。在主导价值观中，又可分为核心价值观和非核心价值观。核心价值观是企业最重要的价值观。企业价值观体系就是这样一个以核心价值观为中心的有层次的结构体系，其中核心价值观处于支配地位。

2.根据表现划分

从表现上看，企业价值观可以分为理性的、深层的价值观和感性的、表层的价值观。

理性的、深层的价值观是指那些抽象的价值信条；感性的、表层的价值观是指那些在日常行为中判断是非、好坏的标准。感性的、表层的价值观体现着理性的、深层的价值观，是整个价值观的外层和外围。

3.根据内容划分

从内容上看，企业价值观可以分为动力型观念和压力型观念。

动力型观念以经济效益为中心，包括市场观念、质量观念、成本观念等，其特点在于可以从内部驱动企业员工的工作积极性。压力型观念以竞争观念为中心，包括科技观念、信誉观念等。二者是相互渗透和依赖的。

4.根据发展历史划分

从发展历史看，企业价值观可以分为最大利润价值观、经营管理价值观和企业社会互利价值观。

最大利润价值观，是指企业全部管理决策和行动都围绕如何获取最大利润这一标准来评价企业经营的好坏。经营管理价值观是指企业在规模扩大、组织复杂、投资巨额而投资者分散的条件下，管理者受投资者的委托，从事经营管理而形成的价值观。企业社会互利价值观要求在确定企业利润水平的时候，把员工、企业、社会的利益统筹起来考虑。

案例分析 2-1

公司怎样承担社会责任

如何践行社会责任正在成为大公司的重要议题。

滴滴和美团，都对自己平台的司机和外卖骑手做了收入分账透明化的工作。滴滴已经不用利润导向来考虑问题了，而是用乘客、司机和平台三方"全局最优"的目标来考虑分账。

阿里在缴纳了182亿元的反垄断罚款之后说，这次处罚让我们认识到了作为平台型企业的社会责任和担当。

腾讯在2019年就把科技向善写进了公司的使命和愿景，并在2020年的年报里专门提到，要用产品和服务来体现自己的社会责任。比方说要在产品设计上更关注用户隐私和数据安全，防止未成年人过度上网，还要参与乡村振兴计划等。

张一鸣辞任字节跳动CEO的时候，专门留下了一句话：科技对社会的影响也越来越大，我们要持续学习企业如何更好地承担社会责任。

资料来源　编者依据相关资料编写。

问题：一家公司到底怎样才算承担社会责任呢？

分析提示：既要确立对社会责任的深刻认识和长期承诺，还要通过透明的运营和公正的商业实践来体现这一责任，比如保护用户隐私、确保公平的收入分配、投身公益活动等。此外，公司需要不断反思和学习，适应社会变革，以创新的方式解决新出现的社会问题，确保其社会责任的实践与时俱进、持续发展。

三、企业价值观的功能

企业价值观建设的成败，决定着企业的生死存亡，因而成功的企业都很注重企业价值观的建设，并要求员工自觉推崇与传播本企业的价值观。企业价值观的功能主要表现在：

1.企业价值观为企业的生存与发展确立了精神支柱

企业价值观是企业领导者与员工据以判断事物的标准，一经确立并成为全体成员的共识，就会产生长期的稳定性，甚至成为几代人共同信奉的信念，对企业具有持久的精神支撑力。当个体的价值观与企业价值观一致时，员工就会把为企业工作看作为自己的理想奋斗。企业在发展过程中，总要遭遇逆境和坎坷，一个企业如果能使其价值观为全体员工所接受，并使全体员工为之自豪，那么企业就具有了克服各种困难的强大的精神支柱。

2.企业价值观决定了企业的基本特性

在不同的社会条件下或者不同的时期，会存在一种被人们认为是最根本、最重要的价值，并以此作为价值判断的基础，其他价值可以通过一定的标准和方法"折算"成这种价值，这种价值被称为"本位价值"。企业作为独立的经济实体和文化共同体，在其内部必然会形成具有本企业特点的本位价值观。这种本位价值观决定着企业的个性，规定着企业的发展方向。例如，一个把创新作为本位价值的企业，当利润、效率与创新发生矛盾时，它会自然地选择后者，使利润、效率让位。同样，另一些企业可能认为企业的价值在于致富、企业的价值在于利润、企业的价值在于服务、企业的价值在于育人，那么这些企业的价值观分别可称为"致富价值观""利润价值观""服务价值观""育人价值观"。

3.企业价值观对企业及员工行为起到导向和规范作用

企业价值观是企业中占主导地位的管理意识，能够规范企业领导者及员工的行为，使企业员工很容易在具体问题上达成共识，从而大大节省了企业运营成本，提高了企业的经营效率。企业价值观对企业和员工行为的导向和规范作用，不是通过制度、规章等硬性管理手段实现的，而是通过群体氛围和共同意识引导实现的。

4.企业价值观能产生凝聚力，激励员工释放潜能

企业价值观一旦为企业员工所认可和接受，便可以唤起广大员工强烈的归属感和自豪感，激发他们的工作热情和创造力，并产生巨大的向心力，增强员工的集体意识，使他们把自己的思想、情感行为与企业需要联系起来，共赴企业的顺逆、成败。企业的活力是企业整体力（合力）作用的结果。企业合力越强，所激发的活力越强。

5.企业价值观是企业内部协调和沟通的保证

在企业价值观的保证下，进行内部协调和沟通可以产生沟通的行为目标、行为准则，从而建立良好的人际关系，消除不必要的矛盾，创建关系融洽、气氛和谐的环境。

案·例·分·析 2-2

胖东来的企业文化

胖东来一直非常重视企业文化建设，"爱与自由"就是其核心。让人匪夷所思的是，在胖东来是不允许加班的，发现员工不休假也会被开除。其管理逻辑很简单：你如果加班、不休假，就会少很多休息时间，也会影响你与家里人相处，你又怎么培育起爱与自由呢？

当你了解它的使命和愿景时，你不会觉得它是一家零售商贸公司，甚至都不会觉得它是一家企业。它传递的不是商业效率和野心，而是满满的大爱。

信仰：自由·爱。

使命：传播先进的文化理念。

愿景：培养健全的人格，成就阳光个性的生命。

价值观：扬善·戒恶。

扬善：阳光、自由、尊重、信任、真诚、公平正义、勇敢、博爱、节制。

戒恶：虚伪、自私、自卑、嫉妒、贪婪、束缚、伤害。

生活准则：健康、安全、爱情、家庭、理财、居家、休假。

经营目标：优秀的细节管理。

经营理念：顾客满意、丰富的商品、合理的价格、温馨的环境、完善的服务。

对于企业管理，于东来用了两个词：尊重、快乐。尊重顾客的人格，带一个快乐的团队。于东来还说："把员工当自己的亲人看，而不是赚钱的工具。如果中国企业家能做到视员工为家人，社会一定能够和谐。"

资料来源　编者根据胖东来官网资料整理。

问题：胖东来的"不允许加班"政策是如何体现其企业价值观，并对企业的长期发展产生影响的？

分析提示：胖东来的"不允许加班"政策直接体现了其企业价值观中的"爱与自由"，这种政策传递出公司对员工健康和个人生活的重视。长期来看，这种文化能吸引和保留那些寻求工作与生活平衡的优秀人才，同时建立起公司作为一个有人文关怀的雇主的良好声誉。这有助于形成一种积极的企业形象，并可能导致更高的员工幸福感、更低的员工流失率和更强的团队凝聚力，从而促进企业的稳定和长期发展。

单元二　企业伦理道德 ///////

企业伦理道德文化也称企业规范文化，它以企业行为为主体，以企业经营管理的伦理为核心，是企业在处理内外利益相关者关系中的伦理原则、道德规范及其实践的总和。企业伦理道德建设是企业文化建设中的核心内容，对企业的发展起到根本性的指导作用。事实证明，坚守伦理道德的企业和商人都会得到高质量的发展，企业伦理道德文化建设旨在规范企业在市场中的行为，形成有序的市场环境，增强企业的社会责任。

一、企业伦理道德的内涵和主要内容

企业伦理道德是指活跃在企业经营管理中的道德意识、道德良心、道德规则、道德行动的总和。企业伦理道德实际上是一种责任伦理道德，主要是指企业各项经营活动在寻求平衡企业经济效益与社会效益的过程中，要选择"应当"的行为，要特别重视企业与社会的互动关系，承担起为社会的繁荣和发展所负有的不可推卸的伦理道德责任，把在公众面前树立良好形象视为企业的生命。

二、企业伦理道德的范围

企业伦理道德的主要范围包括以下几个方面：

1.企业与员工间的劳资伦理道德

它包括劳资双方如何互信、劳资双方如何拥有和谐关系、伦理道德领导与管理等，可以体现在关心员工上。公司对员工的关怀，使员工感到生活、工作具有稳定性，感受到公司的温暖，感觉到个人事业有前途，进而从根本上增强了公司的凝聚力、向心力。关心员工还需要关心员工的进步，员工最想得到的就是在犯错时有人立即给他指出来，能让自己的工作得到改善，不断地进步，让自己在不久的将来能有所收获。

2.企业与客户间的客户伦理道德

客户伦理道德的核心精神：满足客户的需求才是企业生存的基础。满足客户需求是企业经营的目标，也是企业存在的重要价值。客户伦理道德主要是服务伦理道德，指企业要为客户利益着想。为客户利益着想包括站在客户立场上研究和设计产品、重视客户意见、诚信待客、提供优质的售后服务等，比如：了解产品的技术规格，确保没有进行夸大表述；避免过分夸大产品的安全性；没有价格歧视等。

3.企业与同业间的竞争伦理道德

它包括不削价竞争（恶性竞争）、散播不实谣言（发黑函、恶意中伤）、恶性挖角、窃取商业机密等。

4.企业与股东间的股东伦理道德

企业最根本的目标是追求利润，因此企业必须积极经营、谋求更多的利润，借以创造更多的股东权益；清楚严格地划分企业的经营权和所有权，让职业经理人充分发挥才能，确保企业营运自由。

5.企业与社会间的社会伦理道德

企业与社会息息相关，企业无法脱离社会而独立运作。企业与社会间的伦理道德包括：取之于社会，用之于社会；重视社会公益，提升企业形象；谋求企业发展与环境保护之间的平衡等。

6.企业与政府间的政商伦理道德

政策实施需要企业界的配合与支持，企业的发展也离不开风清气正的营商环境。《中共中央 国务院关于促进民营经济发展壮大的意见》提出要"全面构建亲清政商关系"：各级领导干部要坦荡真诚同企业家接触交往，主动作为、靠前服务；企业经营者要遵纪守法办企业，光明正大搞经营，弘扬敢为人先的创新精神，回报社会。

案例分析 2-3 ————————————————————

比亚迪环保风波启示：在乎者即赢家

2022年5月初，比亚迪陷入在长沙建厂以来最大的环保风波，被指为"排放超标引起儿童流鼻血"的源头。虽然比亚迪迅速回应"园区排放符合国家相关法规及标准"，传言属于恶意捏造关联，已报警并追究相关人员的法律责任，但对公司商誉亦是重创。

该事件对中国汽车企业是一个提醒，应重视ESG对企业的综合影响。

ESG是英文 Environmental（环境）、Social（社会）和 Governance（公司治理）的首字母缩写。与企业财务绩效不同，ESG是一种关注企业环境责任、社会责任、治理责任的绩效体系。

2004年联合国全球契约组织发布了《在乎者即赢家》的报告，首次提出ESG概念。该报告核心逻辑认为，环境、社会和治理因素表现良好的公司，通过对新出现的环境、社会和治理风险较好控制，通过对有关监管法规或消费趋势变化的准确预测，通过进入新产品市场或降低成本，就能够实现股东价值提升。

汽车制造工艺中需要的涂料、清洗剂、胶粘剂等原料，生产工艺中的电泳、涂胶、喷涂、修补、注蜡、烘干等工序，如处理不当，都会影响环境。当前汽车业又正受到全球技术变革、环境、政策等因素的多重影响，尤其需要注重ESG。

资料来源　编者根据相关资料编写。

问题：该事件对比亚迪推行ESG有何启示？

分析提示：一个充满诚意、设定合理预期且实际可执行的ESG策略，可视为企业预先装备的防护装甲。ESG的实践远不止于年度可持续性报告的发布，它应当是一个深思熟虑的过程，贯穿于企业日常管理和运营的每一个层面，并且需要从高层到基层形成广泛而坚定的共识。

三、企业伦理道德建设中的误区

企业伦理道德对企业生存和发展的作用，并不那么容易为人们所认识，而且往往存在着忽视或否认其重要性的各种认识上的误区，主要表现在以下几个方面：

1.企业不是公益性慈善组织，无须讲究企业伦理道德

这种认识的前提是正确的，但结论却是错误的。与伦理道德不发生任何关系、超越伦理道德关系而采取所谓"伦理道德中立"的企业历来不存在。企业这种社会经济形式，从其产生的那一天起就不可避免地置身于人、群体、社会所形成的各种社会关系之中，不可避免地在各种伦理道德关系中充当某种伦理道德的主体角色。作为企业人格化代表的企业家，既是经济关系中的角色，也是伦理道德关系中的角色。因为企业和企业家的活动，无论从其目的还是从其手段来说，都存在着对人和社会发展的影响或价值关系问题。人们总是可以从人和社会发展的角度，对企业的活动做出是善的还是恶的、是有利的还是不利的评价。

2.不讲伦理道德对企业利润最大化不会有妨碍

这种认识是错误的。由于市场经济体制的完善常常需要一定的历史过程，以及社会上不正当需求的存在，确有一些商人通过从事反伦理道德的营利活动而大发横财。但是，非法的经营活动由于腐蚀、破坏着人和社会的进步和发展，历来为社会的伦理道德所不容，也日益为经济法律所不准。因此，非法的经营活动虽有可能得逞一时，但有朝一日终究会暴露而归于失败。即使从事合法的经营活动，如果不讲伦理道德，也会使企业日益陷入困境。这就是为什么市场经济越发展、市场越向买方市场转变，供方的企业就越要讲究形象和信誉、越要注意企业形象的塑造和包装的原因。

3.讲伦理道德会使企业增加投入、减少收入

这种认识是错误的。讲伦理道德，意味着一个企业要从事伦理道德建设，制定伦理道德原则和规范，对全体员工进行伦理道德教育，对生产经营活动进行伦理道德监督，还要设置从事伦理道德建设的组织机构，在实际的生产经营活动中要讲究社会效益、生态效益，讲究商品和服务的质量，这毫无疑问要加大投入；同时，讲伦理道德当然也意味着不能去经营那些有巨额利润却有害于人和社会发展的业务，也不能采取有损于伦理道德的经营手段。但是，应该看到，上述投入的增加归根到底是有利于企业长远发展的。这种投入的增加既是应该的又在长远上会给企业带来经济效益，有利于企业的生存和发展。

企业文化专栏2-2

共同富裕

2021年9月2日，阿里巴巴宣布将投入千亿元助力共同富裕。次日，阿里巴巴助力共同富裕工作小组正式成立，张勇任组长。在2021年世界互联网大会乌镇峰会全体会议上，张勇提出了阿里巴巴围绕社会责任的两大战略：ESG和共同富裕。ESG是一种关注企业环境、社会、治理绩效而非财务绩效的投资理念和企业评价标准。

2021年，互联网企业对社会价值和共同富裕的关注上升到前所未有的高度。

腾讯宣布追加500亿元资金，启动"共同富裕专项计划"，继2021年4月宣布投资首期500亿元资金用于"可持续社会价值创新"项目以来，腾讯累计投入1 000亿元；美团CEO王兴更是在朋友圈对美团做了新解读："美"意味着"好"，"团"意味着"一起""共同"，所以"美"和"团"合起来就是"一起更好"，也就是说，"共同富裕"本身就植根于美团的基因之中。

在经历了20多年的野蛮生长之后，互联网平台开始意识到，规范发展、反哺社会，才能行稳致远。

资料来源　刘哲铭.互联网：反垄断变革平台经济［J］.中国企业家，2022（1）.

四、企业伦理道德建设

企业可以从以下四个方面入手，推动企业伦理道德的建立：

1.制定并执行企业伦理道德守则

伦理道德守则所规范的主要内容是企业与其利益相关者（包括员工、顾客、股东、政府、社区、社会大众等）的责任关系，它同时包含公司的经营理念与伦理道德理想，如同一般人的座右铭，多少可以反映公司的文化、生存的基本意义和行为的基本方向。企业信奉的伦理道德守则应贯彻到经营决策的制定以及重要的企业行为中。在建立伦理道德守则的同时，通过一系列的奖励、审核以及控制系统加以强化，并对破坏伦理道德的行为予以惩罚，企业必须让大家都明白，组织里决不容许出现违反伦理道德的行为。管理人员对违规者的默许，将会严重破坏组织走向更具伦理道德的环境。

2.设定企业伦理道德目标

企业伦理道德目标强调企业行为不仅具有经济价值，还必须具有伦理道德价值。企业在追求经济目标的时候，往往不由自主地将获利作为衡量行为价值的唯一尺度，因此为了实现利润最大化不惜损害他人利益的行为在现实生活中时有发生，这说明企业的经济目标需要伦理道德目标的调节和制约。实践证明，企业经济目标和伦理道德目标相辅相成，只有同时并举，企业才能真正兴旺发达。例如，强生公司在发现其生产的泰诺胶囊被污染以后，当时的 CEO 詹姆斯·布克当即决定在全国范围内回收所有的泰诺胶囊，这反映了强生公司经济目标与伦理道德目标统一的企业文化。如果没有一系列在企业内部根深蒂固的、被人们所共同享有的价值观和指导原则，很难相信强生公司的反应能够如此迅速、一致而且符合伦理道德。

3.加强员工企业伦理道德教育

现在不少国外的大企业，在员工的教育训练课程中，邀请诗人、哲学家为员工上课，目的就是希望员工能对身边的人与物有更高的敏感度，帮助员工在伦理道德思想和行为中注入强大的个人意志，防止破坏性的伦理道德沦丧。企业也可参与一些有意义的社会活动，协助推动社会良性改革，这样不仅可以提高企业的向心力，鼓舞员工士气，同时也可以提升员工的素质，满足员工更高层次的精神需求。这种需求的满足会进一步激发员工的积极性、创造性和敬业精神，从而更有利于企业经济目标的实现。

4.由上层开始推动企业伦理道德建设

事实上，成功的企业应该是一个合乎高标准伦理道德的企业，在处理好劳资关系、尊重知识产权、遵守法规等企业文化上，都有相当高的水准；而成功企业中卓有成就、德高望重的领袖人物，恰恰是最有资格提升社会伦理道德的人物。因此高层领导的重要职责之一就是赋予企业的指导价值观以生命，建立一个支持各种伦理道德行为的环境，并在员工中灌输一种共同承担的责任感，让员工体会到遵守伦理道德是企业积极生活的一面，而不是权威强加的限制条件。领导要敢于承诺，敢于为自己所倡导的价值观念而采取行动，同时当伦理道德义务存在冲突时，敢于以身作则。

案┐例┐分┐析┐2-4

三七互娱：党建引领下的企业文化与社会责任实践

新时代语境下，中国企业践行ESG已成为实现高质量发展的重要抓手。2023年4月底，三七互娱发布了《2022年度社会责任暨高质量发展报告》。

三七互娱以"党建引领、守正创新"为原则，以"高质量"为关键词，展示企业在非公党建、企业公益、内容创作、网络保护、科技创新、产研合作、人力发展、低碳环保、责任治理、行业共建10个领域的履责模式及工作成果。

在内容创作方面，三七互娱利用元宇宙及其他虚实融合技术，复刻了文化价值元素。仅在国风模拟经营游戏《叫我大掌柜》中，就植入了丝绸之路贸易、醒狮等文化元素，并和三山五园、广府文化与京剧文化进行联动，通过各类文化体验专题活动，带领海内外用户深度体验，弘扬民族文化自信。

在科技创新方面，三七互娱出品了《小神农寻百草》《飞天：梦想启航》《星星生活乐园2.0》等公益属性的功能游戏，助力中医药文化传承弘扬、物理与航天科学知识普及和孤独症儿童社交辅助训练，并打造了"非遗广州红"岭南文化元宇宙营地，让用户体验传统文化与元宇宙的高质量融合。

资料来源　袁靓. 三七互娱谈ESG：聚数字之力赋能高质量发展［J］. 证券市场红周刊，2023（16）.

问题：三七互娱在推动传统文化与现代科技融合方面采取了哪些具体措施？

分析提示：三七互娱通过开发具有公益属性的功能游戏和利用元宇宙及其他虚实融合技术，复刻了文化价值元素，实现了传统文化元素与现代科技的创新融合，同时也弘扬了民族文化自信。

单元三　企业家精神 //////////◦◦◦◦◦◦◦◦◦

强有力的企业文化给企业所带来的有形的和无形的、经济的和社会的双重效益，已被大多数企业认同。它不仅仅是一种管理方法，也是一种象征企业灵魂的价值导向。但是企业文化的形成离不开企业家的大力倡导、精心培育、率先垂范，因此企业家是企业文化的中坚力量。党的十九大报告在论述深化供给侧结构性改革时指出，激发和保护企业家精神，鼓励更多社会主体投身创新创业，建设知识型、技能型、创新型劳动者大军，弘扬劳模精神和工匠精神，营造劳动光荣的社会风尚和精益求精的敬业风气。

一、企业家

企业家"entrepreneur"一词来自法语，其原意是指"冒险事业的经营者或组织者"。在现代企业中企业家大体分为两类：一类是企业所有者企业家，作为所有者他们仍从事企业的经营管理工作；另一类是受雇于所有者的职业企业家。在大多数的情况下，企业家只是指第一种类型，而把第二种类型称作职业经理人。

职业经理人和企业家的特质大体相同，但是有一些关键性的区别。职业经理人和企业家的不同点见表2-1。

表2-1　　　　　　　　　　职业经理人和企业家的不同点

职业经理人	企业家
将自己在企业中的任务放在首位	将企业的发展机会放在首位
对企业进行管理及优化	更关注企业的战略和发展
具备专业技能	具备独特的魅力和激励能力
能预测并制订计划（短期计划）	关注企业的未来，从长期着眼考虑问题
通过审查和制定指标来规避风险	敢于承担风险，具有勇气
通过分析、制定目标，采取措施开展工作	坚决遵循简单的理念和原则
通过理性权衡利弊做出决定	当仅靠理性无法做出决定时，采取直觉判断
拥有专业的管理技巧	具备领导人的人格魅力

二、企业家与企业文化

任何企业要建设强有力的企业文化，最关键的因素都是企业家，可以说企业家是企业文化建设的"龙头"，是企业中其他成员无法比拟的。企业家对企业文化的作用具体表现为以下几方面：

1.企业家是企业文化的创立者

企业文化作为一种特殊的组织文化，其创立是组织的高层领导人即企业家行为的结果。也就是说，企业家在创业的时候，不仅仅创造了企业的组织结构、经营方式、规章制度、分配形式等，同时也创造了一种文化。企业家把自己的理想信念、经营思想、价值取向等文化观念渗透到企业的各个要素中，形成一种较为稳定的文化氛围，即企业文化。

2.企业家是企业文化的管理者

现代企业家的主要职能就是对文化的管理；传统的企业管理者仅仅管理企业的资金、技术、设备、人员等，而往往忽略对企业文化方面的管理。现代企业家将企业文化管理视为一项至关重要的职责，它不仅塑造了企业的内部环境，也影响了企业的外部竞争力。通过有效的文化管理，企业家能够激发员工的潜能，提升团队的执行力和创新力，从而为企业带来长期的成功和竞争优势。

3.企业家是企业文化的变革者

经济的发展以及经济体制的变革，必然会影响文化的变化，这就要求企业家要具有与时俱进的精神，在必要的时候变革企业文化，来适应市场经济的需要，以及企业和个人的要求。企业文化的变革是从企业家开始自上而下地进行的，所以企业家的决策往往决定了企业文化的变革措施和方向。

案例分析2-5

百度：伟大都是熬出来的

纪伯伦在《沙与沫》诗中写道：除非经由黑暗之径，便不能到达黎明。企业经营何尝不是如此？但很多人在黎明到来之前就放弃了。在无望的等待和徘徊之后，在无尽的挫折和失望之后，在无边的质疑和嘲笑之后，要如何穿越漫漫长夜？

2020年的百度就遇上了这样的"至暗时刻"。当时，它遭遇了上市以来营业收入的首次下降，市值降到阿里的十六分之一，几乎所有人都断言百度"掉队"了。那一年，李彦宏在致股东信中写道："我们有决心，有耐心，我们熬得过万丈孤独，藏得下星辰大海。"

彼时，或许更多的人仅仅把这当成一句豪言，甚至是一句苍白的狂言。但这个承诺却在3年后兑现了：百度在国内率先发布新一代大语言模型文心一言，目前用户数已达7 000万。

这不是突击战，而是持久战。"从创建百度的第一天起，我对它的期待始终没变：专注技术，信仰技术，相信技术可以改变世界。"李彦宏曾说。长达10年在人工智能方向的专注和深耕，让百度打了一场漂亮的"翻身仗"。

资料来源　梁宵. 实力致胜，伟大都是熬出来的［J］. 中国企业家，2023（12）.

问题：企业家的个人信念和企业文化之间有何关联？

分析提示：企业家的个人信念通常是塑造企业文化的基石，反映在企业的价值观、使命和行为准则中。

三、企业家精神的含义及主要内容

1.企业家精神的含义

一个企业创建企业文化首要的条件，就是看有没有一个有文化意识的企业家，如果没有这样的企业家，企业必然很难形成一个统一的文化规则，所以说企业家的精神境界决定了一个企业文化的品位和层次。这里所说的企业家的精神境界，其实就是企业家精神。

经济学家米勒在1983年把"企业家精神"定义为冒险、预见性和剧烈的产品创新活动，是企业家组织建立和经营管理企业的综合才能的表述方式，因而是一种重要而特殊的无形生产要素，是企业家特殊技能（包括精神和技巧）的集合。

在企业中，企业家就是团队的领头人，企业家精神在企业成长的初期成为企业文化的主要构成部分。譬如松下是松下幸之助的文化，肯德基是山德士上校的文化。

2.企业家精神的内容

（1）创新。21世纪是大变革的时代，创新是时代的主题，创新是企业家精神的灵魂。一个企业最大的隐患，就是创新精神的消亡，创新必须成为企业家的本能。但创新不是"天才的闪烁"，而是企业家艰苦工作的结果。创新是企业家活动的典型特征，包括产品创新、技术创新、市场创新、组织形式创新等。

（2）冒险。冒险是企业家精神的天性，没有甘冒风险和承担风险的魄力，就不可能成为企业家。在美国3M公司有一个很有价值的口号："为了发现王子，你必须和无数个青蛙接吻。""接吻青蛙"常常意味着冒险与失败。许多成功企业的创始人的生长环境、成长背景和创业机缘各不相同，但无一例外都是发生在条件极不成熟和外部环境极不明晰的情况下，他们敢为人先，第一个跳出来吃螃蟹。

（3）合作。合作是企业家精神的精华，尽管伟大的企业家表面上常常是一个人的表演，但实际上真正的企业家是擅长合作的，而且这种合作精神需要灌输给企业的每个员工。西门子就是一个例证，这家公司秉承员工为"企业内部的企业家"的理念，开发员工的潜质。在这个过程中，职业经理人充当教练角色，让员工进行合作，为其制定合理的目标，同时给予足够的施展空间，并及时予以鼓励。西门子因此获得令人羡慕的产品创新纪录。

（4）敬业。敬业是企业家精神的动力。敬业精神是人们基于对一件事情、一种职业的热爱而产生的一种全身心投入的精神。这是企业家工作的唯一可能动机。企业家为了他的事业才生存，而不是为了他的生存才经营事业。财富只是成功的标志之一，对事业的忠诚和责任，才是企业家的"巅峰体验"和不竭动力。

（5）学习。学习是企业家精神的关键。荀子曰：学不可以已。学习与智商相辅相成，从系统思考的角度来看，从企业家到整个企业必须是持续学习、全员学习、团队学习和终身学习。

（6）执着。执着是企业家精神的本色。英特尔前总裁葛洛夫有句名言："只有偏执狂才能生存。"拥有执着品质的企业家善于将挫折转化为有益的因素，从困难中能学到从胜利中学不到的东西。正所谓"锲而舍之，朽木不折；锲而不舍，金石可镂"。巴达杰集团公司总裁帕克森说："不放弃别人不在乎的东西，冒险、执着、艰苦努力以求成功，这些品质是企业家赢得胜利的关键。"

企业文化专栏2-3

悲观的乐观主义者

卓越的企业家都是"悲观的乐观主义者"。

任正非在2022年8月底的内部演讲时说："把活下来作为最主要纲领，边缘业务全线收缩和关闭，把寒气传递给每个人。"

已经退休的海尔前董事局主席张瑞敏，曾在不同场合谈到，"每天的心情都是如履薄冰，如临深渊"。"自以为非，不断自我否定"就是海尔的文化。

腾讯创始人马化腾曾说过，"腾讯离倒闭只剩6个月，有危机感才会有胜算"。

百度创始人李彦宏定的"时限"是1个月，他数次谈到，"百度离破产只有30天"。

微软创始人比尔·盖茨则有"18个月原则"：微软离破产永远只有18个月。

单元四 企业员工风貌

一般来说，观察员工的精神风貌，就可以看出企业文化的内在状态。企业员工是企业文化理念最直接和最明显的载体，员工的精神风貌直接体现了这个企业的运作状态。

一、企业员工风貌的含义

企业员工风貌是全体员工在企业发展过程中长期积累并形成的工作风格和精神面貌。工作风格体现了企业员工行为方式的个性，如员工的做事风格、协作风格，管理者的求实风格、民主风格等。精神面貌是指企业员工工作状况的表象特征，如拼搏进取且仔细认真的工作态度、工作文明而有秩序的生产现场、隆重热烈的典礼仪式、健康多彩的业余生活、浓烈的学习氛围、团结和睦的气氛等。

员工风貌是企业的一种氛围、风气，甚至是一种习惯。它影响着企业的发展方向和经营行为。良好的员工风貌能够协调企业的组织与管理行为，有助于建立科学、规范的企业运行秩序，提升企业员工的精神境界，达到提高工作效率与经济效益的目的。

企业文化专栏2-4

海底捞很大方

海底捞员工确实大方，这方面的事例不胜枚举。

创业初期，张勇发现一位客人的鞋子很脏，便主动安排了一个伙计给他擦鞋，这让客人感动不已。另一位客人吃火锅时，夸海底捞的辣酱做得好，张勇便亲手把一瓶辣酱送到她家里，并告知以后可以给她安排"特供"。这些是海底捞一系列优质服务的开始，因此造就了海底捞的忠诚客户。

更为重要的是，海底捞对员工的大方与它对客户的大方是匹配的。例如，为员工租的房子都在不错的住宅小区内，且规定从小区步行到海底捞的时间不超过20分钟；有专人负责保洁，房间里配备能上网的电脑；每个月给干部、优秀员工的父母寄钱；出资在员工家乡修建专为员工子弟服务的寄宿学校。

张勇的慷慨，也确实令海底捞的人工成本远高于其他同类企业。但正因为他让员工满意，员工才让顾客满意，由此才有了海底捞的好名声。

资料来源　丛龙峰，张伟俊. 自我觉察：领导力提升的起点与终点［M］. 北京：机械工业出版社，2022.

二、展现员工风貌的方式

1.运用企业内刊

企业内刊是企业内部的一面旗帜，引领企业发展方向。它也是企业面向外部的一扇窗口，展现企业形象。企业内刊中的每个理念和案例，都将在潜移默化中影响员工的行为；内刊让外界感知企业的精神、旗帜、追求、理想、风格等。通过内刊可以让员工学习企业文化和掌握企业信息，员工可以在这里倾听、学习、讨论、共享。企业内刊对企业员工风貌的形成起着巨大的导向和传播作用。

企业文化专栏2-5

华为出版物《华为人》

《华为人》是一份体现华为核心价值观、人文精神的报纸。在这个世界上，技术会变化、管理会改进、资源会枯竭，唯有文化生生不息。《华为人》每两个月出一期，电子版在华为官网上可以免费下载。

以2024年1月《华为人》为例，其栏目设置如下：

声音：脚踏实地，行稳致远——2024年新年致辞

专题：狭路相逢勇者胜

走近华为专家：匠心实干，摘揽技术桂冠上的明珠

点滴·记录：2023明日之星评选，来了！

坚守英雄：在拉美过"冒险"的生活吧！

菊厂真心话：那个奇怪的华为人

新闻·速递：12月18日华为被评为智慧园区解决方案领导者

资料来源　编者根据华为集团官网资料整理。

2.运用微信、微博、内部邮件

随着以微信、微博为代表的"微时代"的到来，大量企业积极加入微信、微博公共服务平台，借助企业的官方微博，微信服务号、订阅号、小程序，以及企业微信，传递各类企业信息，提供各种应用服务，展现员工工作状态。基于庞大的用户基数，以及实时通信、人际互动、信息传播、电子商务等便捷强大的服务功能，微信、微博、内部邮件已成为人们日常生活中不可或缺的信息交流工具。

3.举办演讲、辩论、讲座

现代企业员工思想比较活跃，他们对同一事物的认识往往不一致，这是社会进步的一种表现。企业需要利用演讲、辩论、讲座对其进行正确的引导。这些方式也是深受企业员工欢迎的教育方式。

4.组织丰富的文体活动

随着企业员工年轻化、文化水平普遍提高，他们对艺术的欣赏能力更高了，对舞蹈、歌曲、戏剧、体育等文体活动更强调个性。秀出个性，是大多数人的心理期盼，企业组织者要适应这种心理需求。健康向上的文艺活动，是调节员工紧张情绪，提高其思想修养，促使其热爱企业、热爱本职工作的有益活动。为此，许多企业都重视组织丰富多彩的文体娱乐活动以吸引职工参加。在工会的组织下，一些企业成立了集邮、歌咏、文学、摄影、太极拳、书画、舞蹈、信鸽、编织等兴趣小组。

（1）文体活动的类型。

①专题竞赛类活动，如技能竞赛、辩论赛、演讲比赛、知识竞赛、擂台赛、征文大赛、故事会、设计大赛。

②沟通类活动，如高管开放日、对话会等。

③知识类活动，如读书活动、文化沙龙、学习活动等。

④管理类活动，如管理论坛、一分钟经理人、班前宣誓等。

⑤习俗仪式类活动，如升国旗仪式、公司周年庆典仪式、干部任免仪式、新员工加盟仪式、感恩仪式、年终表彰大会、社区联谊会、客户联谊会、节日联欢会、员工生日晚会等。

⑥娱乐类活动，如联欢会、卡拉OK、影视欣赏、音乐会等。

⑦艺术类活动，如书法展、专题摄影、绘画展等。

⑧ 体育竞技类活动，如球类、长跑、登山等。

（2）开展文体活动需要注意的问题。

① 不同形式的活动，其文化含金量不同，有时需要统筹安排。组织活动要尽量体现综合性，即做到活动多样、内容丰富。每一次的活动要在内容上丰富多彩、时间安排上合理有序，充分发挥员工的特长和爱好，让员工在紧张的工作之余得到轻松的享受，陶冶情操，赢得健康。

② 不能为活动而活动，必须赋予文化内涵。活动开展不但要有趣味，能够达到娱乐、健身的目的，还要上层次，使员工的才华更上一层楼，这就要求各类文体活动具备艺术性、文化性。通过这些高层次的文体活动，可以更好地挖掘人才、发现人才，使员工获得表现机会，并能在今后不断地提高自己。

③ 文化传播形式要创新。由于趣味性、娱乐性活动具有很大的吸引力，是以趣味、自娱自乐、消遣和游戏的活动方式出现的，所以通过开展趣味性、娱乐性活动能使员工的身心健康需要和情感愿望得到满足，并能充分发挥员工的特长。

案例分析 2-6

哔哩哔哩：线下粉色瓜田的品牌文化体验

在这个数字化时代，品牌与年轻消费者的互动变得越来越重要。哔哩哔哩（简称 B 站），一个深受年轻人喜爱的视频分享平台，不仅在线上提供丰富多彩的内容，更是将品牌活动延伸至线下，以创新的方式与用户进行亲密互动。

B 站的线下粉色瓜田活动，是品牌文化传播的一次创新尝试。在上海 TX 淮海中心，B 站精心打造了一片实体的粉色瓜田，这不仅是对其电子瓜田线上内容的一种延伸，也是一个充满趣味的品牌文化体验场。

粉色，作为 B 站的品牌主色调，象征着年轻、梦幻和对二次元文化的热爱。通过线下活动的场地布置，B 站巧妙地将这种色彩与品牌形象紧密结合，创造出一个充满浪漫情调的空间，让每个到访者都能感受到 B 站独有的文化氛围。

在这片瓜田中，用户不仅可以"吃真西瓜"，享受夏日的清凉，还能"吃电子瓜"，体验 B 站影视区 UP 主们提供的深度内容。通过线上线下的结合，B 站不仅提供了物质上的享受，还提供了精神上的满足，让用户在享受美味的同时，也能沉浸在 B 站独特的文化氛围中。

过去一年，有 2.43 亿用户在 B 站学习，这个数量是中国在校大学生人数的 5 倍多。良好的学习氛围和庞大的用户群体吸引了越来越多的科技领域专家入驻 B 站，其中不乏两院院士、诺贝尔奖得主。截至目前，B 站累计入驻的学者和教授共有 645 位，知识类 UP 主 300 余万人。

资料来源　空手. 科技传播需要共建 [J]. 销售与市场，2024（1）.

问题：从企业文化传播的角度分析 B 站此次活动的意义。

分析提示：B 站的这次线下粉色瓜田活动，不仅是一次成功的品牌营销实践，还是品牌文化传播的一次深刻体现。通过这样的活动，B 站不仅增强了与用户的情感联系，也成功地将品牌的年轻化、趣味化和社区化形象深植人心。这种将线上内容与线下体验相结合的创新模式，无疑在品牌与用户之间建立了更加紧密的联系，也为其他品牌提供了一种新的文化传播路径。

单元五　企业精神的提炼

一、企业精神文化的来源

企业精神文化源于很多方面，产生的途径多种多样，既有学习、借鉴，也有传承、创新。

1.民族传统文化精髓

中华民族有着博大精深的传统文化，这些优秀的传统文化是上千年来宝贵经验的结晶，是一笔丰厚的文化遗产。其中，儒家思想对企业文化的影响是以人为本、以和为贵、知人善任、仁爱、中庸之道。第一，实行人本管理，必须修炼自身品格，讲求"仁、义、礼、智、信"。第二，要以人为本，知人善用。第三，要培养合作意识，树立团队精神。第四，要义利一致，以义取利。第五，可以借鉴中庸思想，实行适度管理。

优秀的企业文化是开放的，是兼收并蓄、创新提炼，而又自成一体的。企业要汲取中国传统文化的营养和力量，从中提炼、演绎和升华与企业经营管理相关的文化精华。这不但能使企业树立正确的价值观，承担高尚的企业使命，也能够提升企业文化的内涵，将中华民族的光荣传统发扬光大。

企业文化专栏2-6

自信文化的基础

新时代中国企业自信文化源自中华民族5 000多年文明历史所孕育的中华优秀传统文化，熔铸于党领导人民在革命、建设、改革中创造的革命文化和社会主义先进文化的底蕴，夯实了我们企业文化建设的根基，奠定了我们文化自信的强大底气。

新时代中国企业文化有"自强不息"的奋斗精神、"精忠报国"的爱国精神、"天下为公"的担当精神、"舍生取义"的牺牲精神、"革故鼎新"的创新精神、"扶危济困"的公德精神等优良文化传统，这一直是中国企业奋发进取的精神动力，赋予了我们文化自信的铮铮骨气。

资料来源　华锐. 新时代中国企业文化［M］. 北京：企业管理出版社，2020.

2.当代社会文化精髓

企业文化与社会文化密切相关，员工生活于社会，就职于企业，社会文化自然会渗透到企业，影响企业文化的形成，社会文化中的积极因素应该是企业文化的来源之一。同时，企业文化与企业的地域文化是密不可分的。没有地域文化的支撑，就不可能形成真正的企业文化。企业文化应是行业文化和社会文化的对接部分，企业文化只有不断地与行业文化和社会文化交融，企业才能得以生存，行业才能得以发展。如果企业文化没有行业的特色，看不出地域特色，那这种建设必然是失败的。当然，在选取的过程中，不能盲目跟风，企业从社会文化中选取的应该是那些具有持久性的文化因素，否则，提炼出来的理念也不会持久。

企业文化专栏2-7

大疆企业文化

　　大疆创新科技有限公司（以下简称"大疆"）成立于2006年，现在已是空间智能时代的技术、影像和教育方案的引领者。2020年，大疆入选"2020福布斯中国最具创新力企业榜"。截至2021年6月，大疆在9个国家设有17家分支机构，并且其销售与服务网络覆盖全球100多个国家和地区。

　　大疆在企业文化输出方面保持其创新的理念。

　　企业愿景：成为持续推动人类进步的科技公司。

　　组织使命：做空间智能时代的开拓者，让科技之美超越想象。

　　核心价值：激极尽志、品诚求真、乐享谦学。

　　发展目标：建设开放、合作、共赢、可持续的技术生态，与客户、伙伴携手推动产业良性健康发展。

资料来源　张振刚，罗泰晔. 数据赋能［M］. 北京：机械工业出版社，2022.

3.国外先进企业的理念

目前企业文化中的很多新思想、新意识都是从国外传入的，如质量意识、市场意识、竞争意识、团队意识、忧患意识、品牌意识、环保意识等。当这些新观念和企业的实践相结合后，就成了企业文化的新资源。

企业可以把国外先进企业的理念作为参考，学习这些企业理念的表达方式和阐述的角度，这样对于提炼企业自己的理念是有启发作用的，但是要注意不要照搬照抄。由于各国国情和商业环境不同，我国企业相对于国外企业而言有很多特殊的地方，所以，我国优秀企业的传统更具针对性，更贴近实际情况，是值得借鉴的。

4.企业创始人和经营团队的理念

人，作为文化和理念的载体，是主导企业文化的最积极因素。在企业价值理念整合中，应充分发掘创始人和经营团队的思想资源，使优秀思想成果成为企业的共同财富，实现企业家理念与企业理念的结合。因此，在理念的提炼过程中应该充分挖掘和尊重企业创始人和经营团队的理念，这对企业哲学、企业精神等理念的形成都颇有裨益。

5.企业管理实践

企业文化永远是一个动态的概念，从企业的实践中来，在实践中不断发展。表现在不同行业的企业身上，就是企业文化各有特点，如服务业提倡"客户至上，一切为客户服务"的价值观，高科技产业则注重乐观、进取、创新，以"追求卓越"作为核心价值观。尊重企业文化的实践是企业对理念提炼遵循的原则之一。

6.企业优秀人物和群体的事迹

每个公司在发展过程中都会涌现出许多先进人物和先进事迹。这些优秀人物的世界观、人生观和价值观对员工具有很大的影响力和感召力，他们的言行表明了企业宣扬什么、贬斥什么、鼓励什么、否定什么。对这些人物和事迹的了解有助于理念的提炼。

　　此外，在提炼理念的同时还应该在企业战略的指导下，结合企业现状和市场环境进行有效有益的创新，这样提炼出的理念才是独创的、有特色的，才是符合企业发展状况的。

二、企业精神文化的设计要求

　　企业精神文化的提炼和设计，既要能被企业内部员工认同并自觉贯彻，也要能被社会公众欣赏和接受。这就不仅需要具有价值的实质内容，还需要具有科学性、艺术性的表达方式。

　　1.清晰明确

　　每个组织都有一套价值观体系，它们决定什么行为可以接受、什么行为不可以接受。有时候企业的价值观体系没有整理成文字，但是人们仍然通过各种制度规范和行为习惯了解这些价值观。事实上，确定组织依据什么价值观进行运作的最好方法，就是确认这些规范和习惯并考察组织的决策依据。运用这种方法，能够找出公司信奉的价值观和当下标榜的价值观之间所存在的差距。一些企业喜欢使用"上善若水""厚德载物""达兼天下""恒心如一"之类的古语作为价值观，这样的叙述对员工将其化为实际行动去践行的指导意义并不大。

　　2.个性化

　　企业文化受很多因素影响，包括创业者个性、行业特点、企业历史、企业愿景、企业发展战略等，企业文化是企业对自身成功经验和思想的总结和提升，因此应该具有很强的独特性。索尼的"先驱精神"、诺基亚的"科技以人为本"、松下的"造人先于造物"、惠普之道、迪士尼的"想象力与魔力文化"等，这些卓越的公司都从自己企业的角度提炼和宣扬自己的文化，非常富有个性。企业文化雷同化的趋势要避免，如避免使用"团结、求实、创新、奉献、协作、奋进、实干、创优、拼搏、开拓、突破"等这些像标准化的组装零件的词来组装自己的企业理念。

　　3.具备核心理念

　　有些企业在提炼公司理念时，从愿景、使命、价值观、哲学、精神，一直到人才理念、营销理念、研发理念、竞争理念等，这往往让员工一头雾水，不知道企业文化的核心究竟是什么。企业文化必须明确企业的核心理念，包括企业使命和核心价值观，这是企业经营发展的原动力和最高准则。使命是企业发展的责任感、追求与理想，是一种崇高的精神境界。比如强生公司在1886年创立之初，就以"减轻病痛"为理想，到了1908年，这个目标逐渐成为一种企业的哲学，并把顾客服务和关心员工放在股东报酬之前。

　　4.与企业战略相配合

　　企业文化塑造、企业战略选择和企业制度安排这三者之间经常是三位一体的，是你中有我、我中有你的关系。因此，在企业理念的设计中，也要充分考虑到这一点。企业理念设计必须以企业发展战略为依据。企业理念中的基本理念，如企业使命、经营理念等，与企业的战略发展规定的产业结构、未来目标、经营方向是直接相关的。

三、企业文化理念的表达方式

企业文化理念在设计的时候，不但要使之有思想、有内涵，还要赋予它一定的文采，表达得体，才易于接受、易于传播。这也是企业文化管理的一个重要原则。

1.口号化表达

口号是供口头呼喊的具备纲领性和鼓动性作用的简短语句。其特点如下：内容精练，主题突出；具有比较强的鼓动性、感染力和号召力；句子简短，音韵铿锵，便于记忆、阅读和传播。口号是对所要表达的企业理念内容的高度浓缩和概括，是企业文化的生动展现。因此，正确地掌握和运用口号技巧，对于理念的实施和传播、对于用理念规范企业的实践行为、对于树立企业的形象等，都有很大的帮助。在企业文化理念设计中，多数企业也采用了口号化的语言表达方式。企业文化理念口号式的表达方式，运用得比较早，也运用得比较广泛。如同仁堂的企业精神——同修仁德，济世养身；联想的核心价值观——成就客户、创业创新、精准求实、诚信正直。

2.人格化表达

企业文化本质上是一种管理，而中国企业文化最大的特色就是"人格化"。所谓人格化，就是把无形的企业文化以有形的"企业人"作为载体，通过人的行为、思想、意识在潜移默化中传达企业文化特征，起到引领和化抽象为具体的作用。一个企业全力倡导的文化不是一句口号，更需要验证，需要人去实践，需要在员工中有活生生的人物来体现，而最能体现企业文化的人莫过于企业所树立的"英雄人物"。他们就是企业价值观、企业精神的人格化。

案〉例〉分〉析〉2-7

李宁的核心价值观

李宁有限公司是中国领先的体育品牌企业之一，以经营李宁品牌专业及休闲运动鞋、服装、器材和配件产品为主。在李宁中心，这位昔日世界冠军、李宁公司创始人的足迹随处可见：园区里摆放的铜像，是他原创的经典鞍马动作"李宁交叉"的造型；园区外耸立的丰碑上刻着入职时间超过5年的员工姓名，他的名字与公司最早那批员工一起在最下面——李宁还在以某种方式影响着这家企业，但员工已经越来越少见到他。

2014年李宁回归后，一度特别严格，反复在内部问："没有好产品，我们卖什么？"李宁提出"团结起来单干"——这也是李宁高管群的名字，这位既拿到13项个人世界冠军，又与团队一起获得男子团体冠军的明星运动员，希望李宁公司每一个部门既能保证自身的单项杰出，又能配合团队作战——两者能够并行不悖。

2023年，李宁公司升级了企业核心价值观。

愿景：成为源自中国并被世界认可，具有时尚性的国际一流专业运动品牌。

使命：用运动点燃激情。

口号：一切皆有可能。

核心价值观：以体育精神服务大众；超越自我才能赢得比赛；个人与团队共赢；

公平透明是比赛原则，也是企业原则；员工、企业、社会、自然和谐发展。

资料来源 梁宵. 李宁"双打"[J]. 中国企业家，2023（6）.

问题：李宁公司如何通过升级的核心价值观来增强团队合作和个人杰出之间的平衡？

分析提示：李宁公司通过其核心价值观中的"个人与团队共赢"原则，强调了个体卓越与团队协作之间的相辅相成关系。公司鼓励每个部门和员工追求个人的卓越表现，同时确保这些贡献能够和谐地融入团队整体目标中，从而实现共同的成功。这种价值观旨在创造一个既能激发个人潜能也能促进团队合作的企业文化环境。

3.艺术化表达

企业文化理念的艺术化，是指将企业文化理念要素用音乐、美术、摄影、电视等艺术手法表现出来，借助艺术的美来传播和推广。这些东西都是企业文化的载体，也是群众喜闻乐见的文化形式。

（1）企业广告。广告作为一种无形的资产的增值系统，本身是凭借企业的价值理念作指导的，是受企业文化理念支配的，优秀的广告必定能反映企业的精神、企业的文化，是企业精神的载体。

企业文化专栏2-8

企业广告语

1.网易云音乐

"听见好时光"

"因你而聚，为你而生"

2.小米手机

"一亿像素，真不一样"

"技术为人民"

"让每个人都能享受科技的乐趣"

3.vivo手机

"激情演绎，美在其中"

"拍照手机专家"

"创造非凡，至美至影"

4.唯品会

"唯品会，一家专门做特卖的网站"

"好品牌，特卖价"

"唯品特卖，物超所值"

5.农夫山泉

"我们只做大自然的搬运工"

"农夫山泉，有点甜"

"天然水来自天然"

"好水就是要喝出健康来"

请注意，企业的广告语可能会根据不同的市场活动、产品更新或品牌战略进行调整。

（2）企业之歌。企业之歌是体现企业基本价值理念，即体现企业价值观和企业精神的歌曲，它能凝聚企业精神，最具概括性地树立企业音乐形象。著名词作家乔羽认为："企业之歌是为企业树立音乐形象的歌曲。"著名词作家张琴认为："企业之歌也离不开歌曲创作的原则，要易唱、易学、易记。"

（3）企业誓词。企业誓词是借助宣誓和训示的形式来表达企业员工对企业价值理念的认同，特别是对企业核心价值观、企业精神和企业目标的认同，在认同基础上表达对企业的忠诚和拥戴。

案例分析 2-8

华为"干部八条"宣誓大会

2017年1月11日，华为自律宣言宣誓大会与市场部会议同步进行，但更名为"华为公司干部工作作风宣誓大会"。

"自律宣言"大会已经成为华为每年的例会。宣誓的誓词如下：

1.我决不搞迎来送往，不给上级送礼，不当面赞扬上级，把精力放在为客户服务上。

2.我决不动用公司资源，也不占用工作时间为上级或其家属办私事。如遇非办不可的特殊情况，应申报并由受益人支付相关费用。

3.我决不说假话，不捂盖子，不评价不了解的情况，不传播不实之词，有意见直接与当事人沟通或报告上级，不能侵犯他人隐私。

4.我们认真阅读文件、理解指令。主管的责任是胜利，不是简单的服从。主管尽职尽责的标准是通过激发下属的积极性、主动性、创造性去获取胜利。

5.我们反对官僚主义，反对不作为，反对发牢骚讲怪话。对矛盾不回避，对困难不躲闪，积极探索，努力作为，勇于担当。

6.我们反对文山会海，反对繁文缛节。学会将复杂问题简单化，600字以内说清一个重大问题。

7.我决不偷窃，决不私费公报，决不贪污受贿，决不造假，我们也决不允许我们当中任何人这样做，要爱护自身人格。

8.我们决不允许跟人、站队的不良行为在华为形成风气。个人应通过努力工作、创造价值去争取机会。

有人认为，华为的集体宣誓仅仅是少数人的行为，不过是少数人在台上宣誓，多数人在台下见证宣誓。从表面来看确实如此，但实际上又并非如此。这次集体宣誓在心声社区的专题报道，不到4个月浏览量就达到16.6万人次，已接近华为员工的总人数，评论达到4 100多条，而且此帖还处于发酵过程中。由此可见，集体宣誓是自上而下的全员参与活动。

资料来源　吴春波. 华为没有秘密2［M］. 北京：中信出版集团，2018.

问题：有人说："人们已经无法预期宣誓所能起到的真实作用，也就不再相信宣誓了。"你怎么看？

分析提示：有人认为宣誓只有言而无行。言与行是两个层面的问题，先言后行没有什么不可以，总比言行不一要好得多。从某种意义上说，宣誓就是行前的热身，先把状态激活，再进入行的过程。

[项目测试]

一、简答题

1. 企业价值观的含义和功能分别是什么？
2. 企业伦理道德的内涵和主要内容分别是什么？
3. 企业家和职业经理人有什么不同？
4. 展现员工风貌的方式有哪些？
5. 企业精神文化的来源有哪些？
6. 企业精神文化设计要求是什么？

二、案例分析题

贝壳三周年年会

美食、庆生、游园会、嘉年华……在企业文化人的实践字典里，有许多种广为人知的方式，将公司周年庆赋予美好与生命。贝壳三周年庆，为所有文化工作者展现了一场价值观共振的过程。我们就用启、承、引、合四个关键性事件，一起了解这场不那么"常规"的周年庆典。

启：一封公开信

首先，向全体贝壳人发出了一封名为《相信价值观的力量、相信相信的力量!》的公开信。信中，提出了召开价值观研讨会的想法，并且抛出了几个核心的问题，同时，再次重申了文化价值观在贝壳一路走来过程中的重要地位。从高层出发，用一封公开信的形式，奠定了贝壳的三周年应该怎么过的基调，并给予了巨大的推动力量。

承：一本书

书名是《拾贝》。首先，这是由贝壳人共同书写的，献给贝壳和自己的一份"生日礼物"；其次，从内容上看，它以"人物志"的方式带出价值观的践行案例，打个比方，就是在文化之骨上，筑造有温度的血肉，真正让价值观呈现完整的生命。在三周年的时间节点，《拾贝》只是一个开端，并不想急匆匆地去定义未来，但贝壳人知道自己想要的未来是什么样子。

引：一条视频

推出一部名为《三分信用》的核心视频。视频讲的是关于贝壳在处理一个经纪人信用分扣工单时的故事。其最大的特点就是基于真实事件，没有刻意宣教或者过分加工，却在平静的叙述中展现贝壳人是怎样"做一件很难但正确的事"，怎样在问题发生后完善流程和技术，让每一个平凡工作者都有"相信相信的力量"，因此才得到了员工广泛的赞同和传播。

合：一场全国范围的文化价值观研讨会

如果说公开信开启了话题，一本书承载了积淀，视频引出了思考，那么最终，一场牵动全公司的文化价值观研讨会将这场"共振"推向了高潮。

在学习贝壳三周年庆的相关内容时，我们得到启示是：

贝壳企业文化的建设是很好的案例和值得学习的榜样。在传统的形式之外，我们也可以利用文字、图像、视频等载体让文化"活"起来，过一个有非凡意义的周年庆。

资料来源　许育忠. 贝壳三周年，一场全员的价值观深度共振［EB/OL］.［2021-11-12］. https://zhuanlan.zhihu.com/p/432525245.

问题：企业如何在不断变化的商业环境中保持价值观的连续性和活力？

分析提示：企业需要将价值观融入日常运营和决策过程，确保价值观与时俱进并反映在公司的策略和行动中。通过定期的内部沟通、培训、反馈和修正机制，企业可以保持价值观的相关性和鲜活度。同时，鼓励员工参与价值观的讨论和实践，让他们成为价值观传播和维护的积极分子，这样可以在整个组织内部持续激发价值观的生命力。

［项目实训］

项目名称：探究与塑造班级文化工作坊

项目简介：在这个实训项目中，学生将通过探究和塑造自己班级的文化来理解企业文化的基础概念与应用。学生将参与到一个互动的工作坊中，通过团队合作，他们将定义、发展并实施一套属于自己班级的文化价值观和精神。

项目目标：

1.了解企业文化的基本概念和组成要素。

2.探索班级文化的现状，识别其优势和改进点。

3.设计和实施一系列活动来塑造和强化班级文化。

实训内容与步骤：

1.班级文化诊断：学生通过问卷调查、讨论和观察等方式，评估自己班级当前的文化状态，包括价值观、传统、行为规范等。

2.设计班级文化：基于诊断结果，学生团队设计一套旨在强化班级凝聚力、积极性和身份认同感的文化计划。这可能包括口号、标志、活动、仪式等。

3.分享与展示：每个团队在班级或学校范围内分享他们的项目经验和成果，促进知识和经验的交流。

成果检验：

1.班级文化方案：每个团队编写完整的班级文化方案文档。

2.展示活动：通过口头报告、PPT、海报或视频等形式展示团队的工作成果。

［学思践悟］

习近平总书记主持召开企业家座谈会时指出，"企业家要带领企业战胜当前的困难，走向更辉煌的未来，就要弘扬企业家精神，在爱国、创新、诚信、社会责任和国际视野等方面不断提升自己，努力成为新时代构建新发展格局、建设现代化经济体系、推动高质量发展的生力军"。其中，他特别提出"要承担社会责任，努力稳定就业岗位，关心员工健康，同员工携手渡过难关"。企业是我国经济活动的主要参与者、就业机会的主要提供者、技术进步的主要推动者，在国家和社会发展中发挥着十分重要的作用。

在 2022 年，贝壳正式登陆港交所，这标志着企业由"规模"转向"高质量发展"。这一变化不仅对贝壳自身，也对整个行业产生了深远影响。总的来说，贝壳的转型代表了商业价值和目的的深层次转变。在追求商业成功的同时，贝壳也注重对社会的贡献，体现了企业社会责任的重要性。

需要进一步了解贝壳企业文化内容，可扫描二维码查看 2022 贝壳找房企业社会责任报告。

企业制度文化

【学习目标】

◎知识目标:

1.了解企业领导体制的具体内容、特征及作用;

2.了解企业组织结构的相关概念及内容,了解企业组织结构的创新与发展历程;

3.掌握企业管理制度的作用和原则,理解企业管理制度的重要性和规范性;

4.掌握企业管理制度设计方法和技巧。

◎技能目标:

1.能够分析企业的组织结构设计的合理性和优缺点;

2.能够结合中小型企业的特点,提出具体的制度设计思路及方法。

引例

阿里"1+6+N"改革

2023年3月28日晚,张勇宣布了阿里巴巴成立24年来最重要的组织变革决定:构建"1+6+N"的组织结构,即在阿里巴巴集团之下,设立阿里云智能、淘宝天猫商业、本地生活、国际数字商业、菜鸟、大文娱六大业务集团和多家业务公司,实行各业务集团和业务公司董事会领导下的CEO负责制。这意味着各个业务集团将能以更敏捷的姿态独立面对市场竞争,未来具备条件的业务集团和公司,都将保留独立融资和上市的可能性。

近年来,张勇在集团内部力倡"敏捷组织"。他多次强调,今天的阿里巴巴已成长为多业务、多业态的超大型组织,这些业务特质不同,面临的市场环境不同、客户不同、发展阶段也不同。这也意味着,它们需要拥有更独立的经营策略,能够根据变幻的市场需求快速做出适合自身的判断和选择。

资料来源 徐曼菲. 大厂高 P 的光环与阴暗,都散去了 [EB/OL]. [2023-09-12].https://mp.weixin.qq.com/s/E4gUVAVAOhTc-JdMj_Vudw.

这一案例表明:企业要在多元化和竞争激烈的市场中保持活力和竞争力,就必须构建一个既能够快速响应市场变化,又能够充分发挥各个业务板块独立性和创新性的敏捷组织结构。

单元一　企业领导体制

企业领导体制的核心内容是用制度化的形式规定组织系统内的领导权限、领导机构、领导关系及领导活动方式，任何组织系统内的领导活动都不是个人随意进行、杂乱无章的活动，而是一种遵循明确的管理层次、等级序列、指挥链条、沟通渠道等而进行的规范化、制度化和非人格化的活动。

一、企业领导体制的概念

企业领导体制是指独立的或相对独立的组织系统进行决策、指挥、监督等领导活动的具体制度或体系。它用严格的制度保证领导活动的完整性、一致性、稳定性和连贯性。它是领导者与被领导者之间建立关系、发生作用的桥梁与纽带，对于一个集体的发展具有重要意义。

案 例 分 析 3-1

通用电气如何挑选 CEO

作为标志性的美国公司，通用电气的 CEO 更迭历来很受瞩目。2001 年，杰夫·伊梅尔特（Jeff Immelt）接替了传奇 CEO 杰克·韦尔奇。2017 年，约翰·弗兰纳里（John Flannery）成为通用新 CEO。选拔新 CEO 的过程，前后共用了 6 年时间。

2011 年，通用电气启动了继任计划，确定有潜力的内部候选人，然后把候选人调动到有助于发展的职位上，让他们经历更多新工作岗位，面对越来越复杂的问题。对候选人的职务调动和考察在此后数年会一直延续。2012 年，负责选拔 CEO 的团队撰写了 CEO 的职位说明书以及"公司领导能力清单"，列出通用电气下一任 CEO 的必备能力。在这些能力中，"比起渊博的知识，我们更关注 CEO 的学习速度、经历和韧性"。董事会根据这个指标去考察和评估内部候选人。2013 年，董事会和时任 CEO 伊梅尔特确定了 CEO 职务的交接时间。

2016 年，董事会和现任 CEO 伊梅尔特一起确定最终候选人。2017 年 5 月，董事会分别面试每位最终候选人。向候选人提出的问题，包括：你认为目前的领导团队最欣赏你的哪种领导方式？在当前环境下，你会如何使通用电气公司胜出？你会在资本配置和资产组合管理等方面推动哪些战略性改革？你认为你要维护的通用电气公司文化中最好的一面是什么？你收到过的最糟糕的个人反馈是什么？哪些专业或个人经历帮助你形成了全球化视野？等等。最后，董事会投票选出新一任 CEO。

资料来源　格里塔，曼恩. 熄灯：傲慢、妄想和通用电气的没落［M］. 马林梅，译. 北京：中国青年出版社，2022.

问题：企业如何确保新任 CEO 能够维护和发展公司的核心价值观？

分析提示：新任 CEO 需要通过实际行动和领导风格来体现对公司文化的尊重和维护，同时在决策和管理中注重传承和发展公司的核心价值观。

二、企业领导体制的内容

企业领导体制包括领导的组织结构、领导层次和领导跨度、领导权限和责任划分，以及领导体制的构成要素。

1.领导的组织结构

领导的组织结构是指领导机构内部各部门之间的相互关系和联系方式。它包括两种基本关系：一是纵向的关系，即隶属的领导关系；二是横向的关系，即平行的各部门之间的协作关系。它一般包括直线式组织结构、职能式组织结构、混合式组织结构和矩阵式组织结构四种。

2.领导层次和领导跨度

所谓领导层次，是指组织系统内部按照隶属关系划分的等级数量，即该组织系统设多少层级进行领导和管理。领导跨度又称领导幅度，是指一个领导者直接有效地指挥下级的范围和幅度。

3.领导权限和责任划分

领导权限和责任划分的中心内容是建立严格的从上而下的领导行政规章制度和岗位责任制，对不同领导机构、部门之间以及领导者之间的职责权限做出明确的规定。

4.领导体制的构成要素

领导体制的构成要素包括决策中心、咨询系统、执行系统、监督系统与信息反馈系统五个部分。

企业文化专栏 3-1

董事长与CEO

请你思考一个问题，董事长和CEO谁的官儿更大？你可能会回答，当然是董事长啊。那么，下面的事件你如何解释？

1985年，苹果的董事长乔布斯被CEO联合董事会成员赶出苹果公司。

1999年开始，华为的任正非一直担任CEO，而彼时的董事长是孙亚芳。

2018年特斯拉的董事长马斯克，卸任成为CEO，他说准备三年后取消董事长这个职务。

现在，你还觉得董事长的权力更大吗？这是怎么一回事儿呢？

先来看看CEO（首席执行官），其职责是公司日常经营管理活动的总负责人，是公司的最高行政长官。除非特殊情况，他本人也是公司的董事会成员。CEO是个舶来品，是跟西方学来的，中国的《公司法》里面根本就没有这个名词，我们国家一直是总经理负责制的。任正非的职位就是（总）经理，只是对外宣传的时候，他才是CEO。

再来看看董事长，他其实没有任何行政权力，根据中国的《公司法》，他最重要的权力是召集和主持董事会会议，这在各国也差不多，真的不算太大的权力。本质上，董事长的象征意义更大些。CEO的任用和解聘都由董事会负责，而在董事会里面，董事长和其他所有董事一样，都是一人一票，不存在上下级的关系。

资料来源　编者根据相关资料编写。

三、企业领导体制的特征

企业领导体制除了具备自然属性与社会属性这两种根本属性之外，还具备以下几种基本特征：

1.系统性

领导体制作为一个系统，是一个包括各级各类领导机构职责与权限的划分、各级各类领导机构的设置、领导者的领导层次与幅度，以及领导者的管理制度在内的有机整体。

2.根本性

任何领导活动，其成败归根结底取决于领导者的思想与活动是否符合社会生产力发展的客观规律。

3.全局性

领导者作为个体，虽然在自身所属的单位或部门中起着统领全局的关键性作用，但在总体上却必须受到领导体制的规范与制约。

4.稳定性

领导者或领导集体是经常变动的，每一个领导者的思想作风与行为方式也因人、因时、因地而异，而领导体制相对而言则是长期稳定的，一旦形成，就会在较长时期内保持基本内容不变。

四、企业领导体制的作用

企业领导体制的作用主要体现在以下几个方面：

（1）领导体制是领导者与被领导者之间建立关系、发生作用的桥梁与纽带。任何领导活动都是领导者根据实际需要，对被领导者的思想、行为进行引导、规范和约束，而被领导者又影响领导者，形成双向互动，并共同作用于客观实际的过程。

（2）领导体制是领导活动借以贯彻进行的载体。借助领导体制得以显现出来的群体功能远远大于个体功能之和。领导体制是领导者和被领导者实现组织目标的保证。

（3）领导体制是领导者同社会发生联系与作用的合法性证明。领导者在领导体制中的定位，是其进行有效领导的重要基础。

（4）领导体制是决定领导效能高低的重要变量。因此，我们在对领导绩效进行考评时，必须把领导体制这一客观因素考虑进来。

单元二　企业组织结构

一、企业组织结构的概念

企业组织结构的概念有广义和狭义之分。狭义的组织结构，是指为了实现组织的目标，在组织理论指导下，经过组织设计形成的组织内部各个部门、各个层次之间固定的排列方式，即组织内部的构成方式。广义的组织结构，除了包含狭义的组织结构内容外，还包括组织之间的相互关系类型，如专业化协作、经济联合体、企业集团等。

二、企业组织结构的内容

企业组织结构包含以下三个方面的内容：

1.单位、部门和岗位的设置

企业组织单位、部门和岗位的设置，不是把一个企业组织分成几个部分，而是企业作为一个服务于特定目标的组织，必须由几个相应的部分构成。它不是由整体到部分进行分割，而是整体为了达到特定目标，必须有不同的部分。

2.单位、部门和岗位角色相互之间关系的界定

这是界定各个部分在发挥作用时，彼此如何协调、配合、补充、替代的关系。组织结构划分、相互关系界定、规范设计是紧密联系在一起的，在解决第一个问题的同时，实际上就已经解决了后面两个问题。但作为一项工作，三者存在一种彼此承接的关系。我们要对组织结构进行规范分析，其重点是第一个问题，后面两个问题是对第一个问题的进一步展开。

3.企业组织结构设计规范的要求

对于这个问题，如果没有一个组织结构设计规范分析工具，就会陷入众说纷纭、莫衷一是的境地。我们讲企业组织结构设计规范化，就是要达到企业内部系统功能完备、子系统功能分配合理、系统功能部门及岗位权责匹配、管理跨度合理四个标准。

企业文化专栏3-2

积木型组织

战略联盟是一种合作战略，企业间通过该战略组合其资源产能，形成合作优势或关联优势。自2014年起，京东陆续与腾讯、今日头条、百度和奇虎360等结成"英雄联盟"，京东是发起者，推进名为"京X计划"的策略。

在未来，京东的系统不仅要支撑京东商城的业务，还要服务于未来的无界零售场景，赋能供应商和品牌商。这就需要进行组织结构创新，依靠底层最核心的团队能力和组织保障。

刘强东提出京东应转型为积木型组织，要做到灵活组合（orchestrated）、赋能开放（open）、随需应变（on-demand）。灵活组合是指京东自身业务的标准化、组件化，将电商、物流、客服、交易、数据、选品等业务环节API（应用程序编程接口）化后组装起来，提供给流量端。流量端可以根据自己的不同情况选择部分或全部组件，接入京东的电商服务，实现流量的变现。赋能开放和随需应变通过技术手段实现，设置网关或者模糊数据都是可行方案，在实际操作中常综合采用多种方式。

积木型组织平台与总部加事业部，在管理上的根本区别在于前者关注赋能多于管控（做积木、定标准），后者关注管控多于赋能。同时，未来积木型组织的业务团队更加强调自我驱动。

资料来源　李纯青，张文明.强京东：管理模式的进化［M］.北京：中国人民大学出版社，2022.

59

三、企业组织结构设计方法

当设计企业组织结构时，可以采用不同的方法。

1.功能分工法

这种方法是根据企业的不同职能和业务需求，将组织结构划分为各个具有特定职能的部门或单元。每个部门负责特定的功能，如市场营销、生产、财务等。这种方法适用于规模较大、业务复杂的企业，能够实现职能的专业化和分工的明确化。

2.分工协调法

这种方法强调的是在分工的基础上，通过协调各部门之间的合作关系来实现整体目标。它注重各部门之间的沟通和协作，以确保各部门的工作能够有机地结合在一起，共同实现企业的战略目标。这种方法适用于注重团队合作和协调的企业。

3.市场导向法

这种方法根据市场需求和客户需求来设计组织结构。它强调企业应该以市场为导向，根据市场的变化和需求来调整组织结构和业务流程，以适应市场的变化。这种方法适用于市场竞争激烈、客户需求变化频繁的行业。

这些方法可以根据企业的实际情况进行综合运用，以设计出适合企业发展需求的组织结构。

四、企业组织结构设计步骤

企业组织结构的设计通常包括以下步骤：

1.分析业务需求

首先，需要对企业的业务需求进行全面分析，包括业务类型、规模、发展阶段、市场定位等，以确定组织结构设计的基本方向。

2.确定职能和职责

根据业务需求，确定各个部门的职能和职责，明确各部门之间的协作关系和工作流程，以及各个岗位的职责范围。

3.制定组织结构图

根据确定的职能和职责，制定组织结构图，包括部门设置、层级关系、人员配备等，以清晰展现企业内部组织的结构和关系。

4.考虑管理层次

在设计组织结构时，需要考虑管理层次的设置和人员配置，确保管理层次清晰、权责明确。

5.灵活性和适应性

设计组织结构时需要考虑到未来的发展和变化，保持一定的灵活性和适应性，以便在业务发展和环境变化时能够及时调整。

6.反馈和调整

组织结构设计完成后，需要不断进行反馈和调整，根据实际运行情况对组织结构进行优化和改进。

企业文化专栏3-3

> **合弄制"圈子"组织**
>
> 　　合弄制是源于美国硅谷的组织创新。在合弄制中，传统企业的业务流程被称为"圈子（circle）"，圈子是组织的基础价值单元。合弄制的特点在于去中心化、去部门化和去职位化，围绕业务流程节点的特定目的，员工可以自由组合成圈子。事实上，这些小组并非固定不变，而是要根据流程的目的动态变化。因此，合弄制公司甚至允许每周进行组织的动态调整，有新的任务就会形成新的圈子，任务结束则圈子解散。
>
> 　　资料来源　杨少杰.组织结构演变：解码组织变革底层逻辑［M］.北京：中国法制出版社，2020.

五、企业组织结构的演变规律和发展趋势

1.企业组织结构的演变规律

从企业组织结构发展的历史来看，企业组织结构的演变过程本身就是一个不断创新、不断发展的过程，先后出现了直线制、矩阵制、事业部制等组织结构形式。目前企业发展已经呈现出竞争全球化、顾客主导化和员工知识化等特点，企业组织结构形式必须是弹性的和分权化的。因此，现代企业十分推崇流程再造、组织重构，以客户的需求和满意度为目标，对企业现有的业务流程进行根本性的再思考和彻底重建，利用先进的制造技术、信息技术以及现代化的管理手段，最大限度地实现技术上的功能集成和管理上的职能集成，以打破传统的职能型组织结构，建立全新的过程型组织结构，从而实现企业经营成本、质量、服务和效率的巨大改善，以更好地适应以顾客、竞争、变化为特征的现代企业经营环境。

2.企业组织结构的发展趋势和新型组织结构形态

从目前的实际情况来看，企业组织结构发展呈现出新的趋势，其特点是重心两极化、外形扁平化、运作柔性化、结构动态化。团队组织、动态联盟、虚拟企业等新型的组织结构形式相继涌现。具体来说，具有这些特点的新型组织结构形态有：

第一，横向型组织结构。横向型的组织结构，弱化了纵向的层级，打破刻板的部门边界，注重横向的合作与协调。其特点有：①组织结构是围绕工作流程而不是围绕部门职能建立起来的，传统的部门界限被打破；②减少了纵向的组织层级，使组织结构扁平化；③管理者更多情况下会授权给较低层次的员工，重视运用自我管理的团队形式；④体现顾客和市场导向，围绕顾客和市场的需求组织工作流程，建立相应的横向联系。

第二，无边界组织结构。这种组织结构寻求的是削减命令链，成员的等级秩序降到最低点，拥有无限的控制跨度，取消各种职能部门，取而代之的是授权的工作团队。无边界就是打破企业内部和外部边界，其特点有：打破企业内部边界，主要是在企业内部形成多功能团队，代替传统上割裂开来的职能部门；打破企业外部边界，则是与外部的供应商、客户包括竞争对手进行战略合作，建立合作联盟。

第三，组织结构的网络化和虚拟化。无边界组织结构和虚拟组织结构是组织结构

网络化和虚拟化的具体形式。组织结构的虚拟化，既可以是虚拟经营，也可以是虚拟的办公空间。

案`例`分`析`3-2

组织哲学一脉相承

阿里巴巴从1999年成立伊始，就不断地在创新和变革中演进和迭代，始终用生产关系的先进性来驱动先进生产力的释放，创造价值，引领发展。

2012年，"七剑下天山"，子公司制调整为事业群制，增强业务在各自领域的核心竞争力。

2015年，推出"大中台、小前台"战略，使前线业务更加灵动、敏捷。

2020年，倡行"敏捷组织"，推行多元治理结构下的经营责任制。

2021年，"多元化治理"成为集团新的组织战略，四大业务板块均实行多元化治理。

2023年，"1+6+N"创新大公司治理模式，进一步释放六大业务集团竞争力。

阿里巴巴的每一次组织调整，本质上都是与阿里巴巴整体战略发展需求相适应的自我变革。张勇在内部多次强调，未来企业要适应市场的变化，一定是从组织结构的根本上进行自我改革和升级。向组织变革要生产力，以组织变革为战略突破的先导，可以说是张勇的组织哲学。

资料来源　邓双琳. 世纪大分拆：阿里动骨［J］. 中国企业家，2023（8）.

问题：在阿里巴巴的组织哲学中，一脉相承的核心是什么？

分析提示：阿里巴巴的组织哲学中一脉相承的核心是组织变革驱动生产力，通过不断地进行自我改革和升级适应市场变化，以创新性和灵活性来引领发展。

六、企业组织结构的创新与发展

为了适应经济环境和竞争环境的变化，企业组织结构呈现出多样性，但其发展方向和趋势是扁平化。所谓企业组织结构扁平化，是指通过减少管理层次、压缩职能机构、裁减人员，使组织的决策层和操作层之间的中间管理层级越少越好，以便使组织最大可能地将决策权延至最远的底层，从而提高企业效率的一种紧凑而富有弹性的新型团队组织结构。它具有敏捷、灵活、快速、高效的优点。

扁平化企业组织结构所具有的特征如下：①围绕工作流程而非部门职能来建立机构，传统的部门边界被打破；②加大管理跨度，减少中间层，形成最短、最便捷的指挥链；③重心下移，强调灵活指挥，下层的管理决策权限增大；④以顾客为导向，部门间横向协作更加直接有效；⑤管理者的影响力增加，组织运行效率提高。

扁平化的真正意义在于：外围扁平状组织决策重心的不断下移，让组织决策尽可能产生于产生信息的地方，减少决策在时间与空间上的滞后。实行扁平化，可以有效地提高企业效率，这是因为从控制跨度的角度来看，在其他条件相同的情况下，控制跨度越宽，组织效率越高。

构建新型企业组织结构，推行扁平化管理，可以从以下几个方面入手：

第一，构建学习型组织。在扁平化管理下，对于组织中的各个层次和每个人来说，职责更加具体，任务更加明确，工作更加开放，管理更加自主。这样对各级组织、每个层次以及每个人在知识、技术、能力等方面的要求更高，对整个组织系统在学习方面的要求也更高。从某种意义上说，扁平化管理以学习型组织为前提，同时它也是构建学习型组织的客观需要。

第二，打造协作型团队组织。实行扁平化管理，管理重心下移，管理权力下放，基层的目标管理和自主决策得到了强化。企业系统的整体调控从过去主要通过上层组织的直接调控，转变为主要通过目标、任务和制度的间接调控；企业对子系统的协调也从主要依靠上级领导和管理部门的纵向管理，转变为企业子系统之间的业务衔接、利益相关的横向合作。新的管理模式要求扁平化管理的企业内部加强整体意识、全局意识和协作意识，强化"一盘棋"思想和团队精神，这就要求企业要全力打造协作型团队组织。

第三，培育新型的管理文化和管理理念。扁平化管理是因企业经营环境变化而出现的一种管理创新，其核心是建立一种管理机制，培育一种管理文化，而等级观念、官僚文化、封闭保守思想与此格格不入，尤其重要的在于培养一种平等协作、以人为本的柔性化管理理念。

第四，进行企业再造和流程再造。进行企业再造和流程再造就是以顾客为中心、以员工为中心、以效率和效益为中心，打破金字塔式的组织结构，建立横宽纵短的扁平化柔性管理体系，使企业能够适应现代社会的高效率和快节奏，具有较强的应变能力和灵活性。

第五，加强计算机网络信息技术建设。计算机网络信息技术是企业组织结构扁平化的支撑，只有信息技术的发展才能使得远距离现场作业和零距离现场控制成为可能。

总之，企业组织结构由科层制向扁平化转变，是一个长期的、渐进的过程，不会一蹴而就。而随着信息技术的日益普及、经济全球化和管理民主化的深入发展，未来扁平化企业组织结构将成为主流形式。

组织"去中心化"不是不要中心，也不是没有中心，而是人人都可以成为中心，把直线管理型组织变成网络化组织。"去中心化"就是要让节点自由选择中心，在组织之中不是仅仅下级围绕上级转，更多的应当是生产资料围绕生产力要素转。这样一来，生产力要素就更活跃，资源配置就更灵活，管理效率就更高，基层组织和一线员工的活力就更强。

企业文化专栏 3-4

无边界组织

无边界组织这个概念，是美国通用电气的前任 CEO 杰克·韦尔奇首先提出来的。韦尔奇刚刚出任 CEO 的时候，通用电气是一个弥漫着官僚气息的公司。韦尔奇在任 20 年，使通用电气的市值增长了 30 倍，所以他被媒体称为"全球第一 CEO"。无边界组织，或者开放式组织创新，就是韦尔奇的法宝之一。

传统的企业组织结构里面一般包括四种边界：垂直边界、水平边界、外部边界、地理边界。垂直边界是指企业内部的职位层次和职业等级；水平边界是把企业分割成不同职能部门的界限；外部边界是企业与顾客、供应商、监管机构之间的隔离；地理边界是区分不同文化、国家市场的界限。

经过多年的探索，在杰克·韦尔奇卸任时，无边界组织已经成为通用电气的核心价值。

举个例子，通用电气的医用超声设备，原来都是在美国的研发中心研发，然后销售到中国。现在，通用电气大概有70%的超声设备是在中国无锡研发、生产和制造，然后销售到全球。

2015年，通用电气发布了数字化X射线影像系统。在这个系统的整个研发过程中，通用采用了"请进来"和"走出去"的方式，让客户和合作伙伴也参与到创新的全流程中来。

资料来源　编者根据相关资料编写。

单元三　企业管理制度

现代企业管理制度是对企业管理活动的制度安排，包括公司经营目标、战略、管理组织以及各业务职能领域活动的规定。企业管理制度是企业员工在企业生产经营活动中必须共同遵守的规定和准则的总称，其表现形式或组成包括企业组织机构设计、职能部门划分及职能分工、岗位工作说明、工作流程、管理表单等管理制度类文件。

企业管理制度大体上可以分为规章制度和责任制度。规章制度侧重于工作内容、范围和工作程序、方式，如管理细则、行政管理制度、生产经营管理制度。责任制度侧重于规范责任、职权和利益的界限及其关系。一套科学完整的企业管理制度可以保证企业的正常运转和员工的合法利益不受侵害。

一、企业管理制度的重要性

企业管理制度是实现企业目标的有力措施和手段。它作为员工行为规范的模式，能使企业员工的活动得以合理进行，同时又是维护员工共同利益的一种强制手段。因此，企业各项管理制度是企业进行正常的生产经营管理所必需的，是一种强有力的保证。优秀企业的管理制度必然是科学、完善、实用的管理方式的体现。

新制度经济学认为，制度包括正式制度和非正式制度。正式制度是指人们有意识创造的一系列政策法规，包括政治、经济制度及由这些制度构成的等级结构。具体到企业而言，正式制度则指企业的产权制度、治理结构、组织结构及规章制度等。非正式制度是指人们在长期交往中形成的、世代相传的文化的一部分，对企业而言，主要指企业文化。所以，规章制度不能解决企业的所有问题，希望通过建立一套完善的规章制度从而解决管理中存在的全部问题是不现实的，结局往往会陷入制度的陷阱——教条主义当中。

制度能否解决企业管理中存在的问题，关键在于正式制度和非正式制度的融合状态。中国企业当前更应该着重考虑非正式制度的有效性，即建立一种有效的企业文化。正如诺思所说："看一个制度有效性有多长，关键是看该制度的灵活性有多大。"这句话看似矛盾，它实际蕴含着这样的道理：人们对于制度的选择是由人们的理念、道德、文化所决定的，因为在人们长期互动过程中，逐渐形成了对所有人都有利的行为规范或制度，制度就是集体的最佳决策。文化本身也是一种制度安排，它约束着人们的行为，如古人所说的"善有善报，恶有恶报"。在企业管理中，如果只是通过建立许多约束人们的行为、哪里有漏洞就填补哪里的规章制度，那么这种思路就很容易产生教条主义思想。我们知道，制度是要付费的，这样做的最终结果只能是使企业管理机制固化、滞后，这种基于人性恶的假设必然会遏制企业的创新精神。

没有一种制度安排是包治百病的，只有对制度的内涵有正确的理解，才不会陷入制度的陷阱中。企业管理规章制度作为正式制度之一，是用"他律"来规范员工的行为，它的作用是显而易见的，是一种显性的制度。但是企业仅仅有管理规章制度还是不够，在正式制度之外有管理存在的空白，这就需要另一种制度——企业文化来配合，因为企业文化这种非正式制度是通过"自律"来激励和约束员工的，在某些情况下，员工内心对企业的责任感或使命感才可能真正对员工行为发生作用。这就说明，企业制度能否对企业管理起作用，关键在于"自律"和"他律"相结合，即企业管理制度和企业文化相融合，这才有可能达到企业的均衡发展。

案例分析 3-3

"乐问"是腾讯的创举

2014 年，腾讯创始人之一张志东透露了创办"乐问"的初衷："现在腾讯的规模是两万人……很多事情，我们并没有太多面对面的机会，那么希望在公司里面能够用一些 IT 技术，降低大家相互之间交流沟通的门槛和成本。"基于这个逻辑，以快速、扁平沟通为核心理念的乐问平台正式推出，并确立了延续至今的三大核心原则：

第一，允许员工匿名提问，鼓励实名提问。

第二，标签负责人机制。通过机器人确保负责人第一时间收到消息并作出应对。

第三，必须实名回答，且只能回答一次。该原则旨在鼓励员工对自己的回答负责。

经过数年的发展，乐问逐渐从问答平台成长为腾讯员工工作、生活必备的沟通平台，成为腾讯内部最活跃的社区，月均点击浏览量超过 1 000 万，覆盖 95% 以上正式员工。

资料来源　钮键军. 腾讯：用文化基因对抗"大企业病"[J]. 哈佛商业评论，2021（12）.

问题：为什么说"乐问"是腾讯制度设计的一个创举？

分析提示："乐问"可以匿名提问，但必须实名回答。这是一个重要的设计，匿名提问能鼓励大家提出真实的问题，而实名回答则要求大家必须负责任地回答问题。在促进内部交流的同时，这个产品设计能鼓励人们说真话，所以才会这么有活力。

二、企业管理制度的规范性

之所以强调企业管理制度的规范性，主要是基于以下几点：

1.企业管理制度的规范性是制度发挥作用的前提

（1）企业管理制度本身就是一种规范。企业管理制度是企业员工在企业生产经营活动中必须共同遵守的规定和准则的总称。企业管理制度的表现形式或组成包括企业组织机构设计、职能部门划分及职能分工、岗位工作说明、工作流程、管理表单等管理制度类文件。企业因为生存和发展的需要而制定的系统性与专业性相统一的规定和准则，就是要求员工在职务行为中按照企业经营、生产、管理相关的规范与规则统一行动、工作。如果没有统一的、规范性的企业管理制度，企业就不可能在企业管理制度体系下正常运行并实现企业的发展战略。

（2）企业管理制度是由目的、依据、适用范围、实施程序、编制过程及与其他制度的关系等规范性和规则性因素组成的系统。

具体来说，企业管理制度包括以下几个方面：

目的：制定管理制度的目标，指导整个体系的建立和实施。

编制依据：明确管理制度建立的基础，可能是法律法规、行业标准或企业内部要求。

适用范围：界定管理制度适用的业务范围和对象。

实施程序：制定实施管理制度的详细步骤和流程。

编制过程：管理制度从构想到形成的整个过程。

与其他制度的关系：确保新制度与已有制度之间的协调一致。

（3）规范实施企业管理制度需要规范性的环境或条件。第一，编制的制度是规范的，符合企业管理科学原理和企业行为涉及的每一个事物的发展规律或规则。第二，实施规范性制度的全过程是规范的，而且全员的整体职务行为或工作程序是规范的。只有这样，企业管理制度体系的整体运作才有可能是规范的，否则将导致管理制度的实施结果呈现不规范的状态。

案例分析 3-4 ————

腾讯的"瑞雪行动"

腾讯对员工个性方面无伤大雅的事情给予了包容，但是，对于过于个性而自私的行为，公司也会站在员工的立场上加以引导和教育，"瑞雪行动"是一个非常有意思的做法。比如腾讯有办公地点在所租大厦的3层到10层，每天上下班高峰时电梯使用都比较紧张，员工们经常在一楼排很长时间的队，有些人耍小聪明，先走到二楼坐回一楼，然后再上去，这是一种自私自利的行为。对于这样的行为，公司就让员工自己参与对这个问题的思考并提出解决方案。公司专门搞了一个"瑞雪行动"，在内部网络BBS上讨论，引导大家正确对待这一问题，分析应该怎么做才是正确行为。在电梯边，也安排一些员工进行引导。通过这些做法，腾讯发现年轻人知道善恶美丑，只要采取让他们感觉舒服的方式，他们很容易改正。

腾讯对一些大是大非的问题，处理起来很坚决。任何员工，如果触犯了公司的"高压线"，就会被坚决处理。腾讯价值观的第一条是正直，任何不正直的行为都是不允许的（具体包括不能贪污受贿、弄虚作假等），这就是公司的"高压线"，一碰就"死"。这方面，腾讯的立场是鲜明的。

资料来源 钮键军. 腾讯：用文化基因对抗"大企业病"[J]. 哈佛商业评论，2021（12）.

问题：如何看待腾讯制度的包容与不包容？

分析提示：腾讯的管理制度体现了一种平衡的管理哲学，既包容个性和小错误，又坚决不容大错和不正直行为。这种做法是有益的，因为它既尊重了员工的个性，也维护了企业文化和核心价值观。

2.企业管理制度的规范性是稳定性和动态性的统一体

一成不变的规范不一定是适应的规范，经常变化的规范也不一定是好的规范，应该根据企业发展的需要而实现相对稳定和动态的变化。在企业的发展过程中，企业管理制度应具有相应的稳定周期与动态时期，这种稳定周期与动态时期是受企业的行业性质、产业特征、人员素质、企业环境、企业家的个人因素等相关因素综合影响的。企业应该依据这些影响因素的变化，控制和调节企业管理制度的稳定性与动态性。引起规范性的企业管理制度发生动态变化的情况一般有三种：

（1）企业经营环境、经营产品、经营范围、全员素质等是经常发生变化的，这些因素的变化相应地会引发组织结构、职能部门、岗位及员工队伍、技能的变化，继而会导致使用、执行原有企业管理制度中的规范、规则等的主体发生变化，企业管理制度及其所含的规范、规则等因素必然需要因执行主体的变化而相应改变或进行修改、完善。

（2）产品结构、新技术的应用导致生产流程、操作程序的变化，生产流程、操作程序相关的岗位及其员工的技能必然也要随之变化，与之相关的企业管理制度及其所含的规范、规则等因素必然因此而改变或进行修改、完善。

（3）因为发展战略及竞争策略的原因，企业需要不断提高工作效率、降低生产成本、增加市场份额等。当原有的管理制度及其所含的规范、规则等成为限制提高生产或工作效率、降低生产成本等的主要因素时，就有必要重塑企业机制，改进原有企业管理制度中不适合的规范、规则等。

3.企业管理制度的规范性需要不断创新

企业管理制度的动态变化需要企业进行有效的创新，也只有创新才能保证企业管理制度具有相对的稳定性、规范性。合理、科学地把握好或利用好时机进行创新是保持企业管理制度规范性的最佳途径或唯一途径。

（1）企业管理制度是企业管理制度的规范性实施与创新活动的产物。这是因为：一方面，企业管理制度必须按照一定的规范来编制，企业管理制度的编制一定意义上也是企业管理制度的创新。企业管理制度创新过程就是企业管理制度文件的编制过程，这种编制或创新是有其相应的规则或规范的。另一方面，企业管理制度的编制或创新是具有规则的，起码的规则就是结合企业实际，按照事物的演变过程，遵循事物发展过程中内在的本质规律，依据企业管理的基本原理，进行编制或创新，从而形成规范。

（2）企业管理制度的规范性与创新性之间的关系是一种互为基础、互相作用、互相影响的关系。良性的循环关系是两者保持统一、和谐、互相促进的关系，非良性的关系则是两者割裂，甚至矛盾的关系。作为企业，应该努力使企业管理制度的规范性与创新性之间的关系呈良性发展，也就是规范性是创新的产物。现行的企业管理制度的规范性是前期企业管理制度创新的目标，又是下一轮创新的基础。只有这样，企业管理制度才能在规范实施与创新的双重作用下不断完善并发挥其保证与促进企业发展的作用。

三、企业管理制度的作用及分类

企业管理制度既是实现企业目标的有力措施和手段，又是维护员工共同利益的一种强制手段。它作为员工的行为规范，能使员工个人的活动得以合理进行。因此，企业各项管理制度是企业进行正常生产经营所必需的，它是一种强有力的保证。

企业管理制度大体上可以分为规章制度和责任制度。规章制度侧重于工作内容、范围和工作程序、方式，如管理细则、行政管理制度、生产经营管理制度。责任制度侧重于规范责任、职权和利益的界限及其关系。一套科学完整的企业管理制度可以保证企业的正常运转和员工的合法权益不受侵害。

企业管理制度的制定要依照企业自身的实际情况进行。制度的目的是让企业更加高效、稳定地运行，但由于每家企业在行业、组织结构、人员结构等方面存在差异，所以世界上没有任何一套管理制度适用于所有类型的企业。

四、企业管理制度制定的原则

在确定企业新的制度框架、制定和形成各项制度时，要把握和遵循的原则如下：

1. 适用性原则

制定制度要从企业的实际出发，从本企业的规模、业务特点、行业类型、技术特性及管理沟通的需要等方面来考虑，制度要体现企业特点，保证制度规范具有可行性、适用性，切忌不切实际。

2. 科学性原则

制定制度应遵从管理的客观规律，制度化的管理必须服从管理学的一般原理和方法，违反科学性原则只会导致失败，所以必须遵从客观规律才能将管理引向科学、理性、规范的轨道，实现管理的稳定性和有效性。

3. 必要性原则

制定制度要从需要出发，必要的制度一项都不能少，不必要的制度一项也不可要，否则会扰乱组织的正常运作。例如，在企业中的一些非正式行为规范或习惯能很好发挥作用时，就没有必要制定类似内容的行为规范，以免伤害企业员工的自尊心和工作热情。

4. 合法性原则

法律规章是全社会范围内约束个人和团体行为的基本规范，是企业组织正常生存发展的基本条件和保证，制定制度时切不可忽视这方面，应予以重视。

5. 合理性原则

制定的制度要合理，一方面要体现制度的严谨性、公正性、高度的制约性和严肃性，另一方面还要避免不近人情、不合理等情形出现。在制度的制约方面，要充分发挥自我约束、激励机制的作用，避免过分使用强制手段。

6.完整性原则

企业管理制度要完整，因为企业的管理制度是一个体系，制度内容要求全面、系统、配套。也就是说，要考虑周全，不能疏忽大意、出现漏洞或衔接不当，更不能出现前后矛盾或相互重复、要求不一的情况。

7.先进性原则

制度的制定要从调查研究入手，要总结本企业的经验，同时要吸取其他企业的先进经验。不论是本企业还是其他企业的制度，只要是过时的就要坚决舍去，是不合理的就要坚决废除。反之，是成功的、先进的就应该保留、发扬。

企业文化专栏3-5

腾讯的《员工阳光行为准则》

"阳光"和处罚相关，就是什么东西不允许在腾讯做，腾讯的《员工阳光行为准则》，明确了腾讯"高压线"。一旦员工个人行为触及此线，一律会被开除。

"高压线"主要包括：

1.涉及信息、数据、费用的弄虚作假行为。

2.收受贿赂或回扣的行为。

3.泄漏公司商业机密或泄露、打探薪资等保密敏感信息的行为。

4.从事与公司有商业竞争的行为。

5.与公司存在利益冲突或关联交易的行为。

6.违法乱纪行为。

资料来源　钮键军.腾讯：用文化基因对抗"大企业病"[J].哈佛商业评论，2021（12）.

单元四　企业管理制度设计

企业是企业家通过建立一个有效的团队和完善的管理制度来提供产品与服务的，并以此提升企业品牌的知名度和美誉度。企业管理制度之于企业如同法律规章之于政府，其重要性不言而喻。

在实际管理工作中，出于对管理制度的不同理解，企业在管理制度建设中遇到了不同的问题。企业的管理制度建设虽然都是从实际出发，但因缺乏专业知识而使制度的制定和修改显得过于随意、频繁，制度的权威性、有效性不足，难以支持企业在激烈的市场竞争中实现持续发展。

一、企业管理制度设计的方法

1.掌握制度设计的一般性原则

（1）服从于组织结构和规模的原则。制度设计应以企业的发展战略为指导思想，同时结合目前企业的组织结构和规模来确定设计制度的基本思想，在此基础上再进行调研，明确制度建设的现状与需求。

（2）系统化原则。销售、采购、财务、人事等各大系统内部及系统之间的制度应相互衔接，形成一个全面相互支撑的管理制度体系。

（3）简明化原则。制度中的文字及流程应是简洁明了的，以规范工作流程为切入点来抓管理工作。

（4）一般和特殊相结合原则。制度设计过程中既要遵循管理的共性，也要结合企业特殊的个性。制度设计的指导思想是统一思想、各具特色，即把企业管理制度分为通用制度与本地制度两大部分，前者是指企业制定的财务类、人事类等通用类制度，后者是指企业因地制宜制定的业务类制度。

（5）刚柔相济原则。制度的刚性是维持其严肃性、有效性的基础，设计制度应力求严格，保证足够的刚性，这是管理科学化的重要体现。但是，为了保证在不断变化的内外因素中保持制度的有效性，设计制度要具有一定的弹性，保持适当的灵活性，这也是制度生命力的体现。

（6）激励与约束相结合原则。企业管理制度要对工作各方面、各环节实施有效的控制，提升管理效益，又要以人为本，充分发挥员工的积极性与创造性，实现个人与企业的共同成长。

2.明确企业管理制度的层次与内容

我们把企业管理制度类的文件按层次高低分为管理制度、管理办法、实施细则。目前大多企业正在运用的一整套制度文本称为"管理办法"，它是对企业某一具体的项目、事务的管理所做出的要求。

通过制度层次的划分，我们可以从总体上把握企业管理制度体系设计，分清轻重缓急，明确责任主体，改变大多数企业管理制度体系的乱、散、偏的状况。

企业管理制度的具体内容可结合企业的实际情况分为以下几种：

（1）工作制度是指企业对各项工作运行程序的管理规定，是企业各项工作正常有序地开展的必要保证，如生产经营制度、人事管理制度、财务制度、设备管理制度、物资供应管理制度、销售管理制度等。

（2）责任制度是指企业各级人员的权利及责任制度，如管理人员责任制度、岗位责任制度等。

（3）特殊制度主要是指企业非程序化的制度，如员工评议管理人员制度、总结表彰会制度等。

此外，企业管理制度还应有一些必要的附件作为补充，如组织结构图（包含管理层次和幅度等）、职务说明书、表格流程图（包含表格的填写、审批、存档等）、标准作业书（以事为核心，描述事情如何做）、操作规程（以机器为核心，描述机器如何操作）等。

3.提高企业管理制度的规范性要求

（1）制度编制过程要求规范，符合企业管理科学原理和企业的实际情况。这里的规范具体是指管理思想统一规范、工作流程规范、逻辑规范、格式规范等，在企业内部形成一个制度编制标准。

（2）实施制度过程要求规范。制度实施的过程必须是上到经理下到普通员工全员参与，以制度作指导的工作流程应该是规范的，经实践检验对企业有利的制度应该固化、优化、创新，并最终形成企业的制度文化。只有这样，才能实现企业管理制度体系的良性运作，否则管理制度的实施难以达到预期的效果。

（3）制度的规范要求贯彻企业发展的始终。各具特色的企业制度伴随着企业走过不同的发展阶段。任何企业制度的规范性都是稳定和动态变化相统一的。在一定时期内我们应保持企业制度的稳定，反对朝令夕改，但决不能形成僵化思维，我们也要根据企业内外部变化的新情况及时更新制度，为企业在激烈的市场竞争中保持优势地位提供保证。

二、企业管理制度设计技巧

企业管理制度是提高企业基础管理水平、形成企业核心竞争力的前提，它的设计和实施要着眼于企业管理的需要，并要应对环境的变化。定位和审视企业内部管理制度主要应着眼于以下几个方面：

1.基础制度的形式

企业管理有三个层次：①高层管理，即对企业业务和资源在整体上的一种把握和控制，包括组织架构、资源配置和企业战略等；②中层管理，即业务管理中的控制、组织和协调，决定了企业各种业务是否能有效地开展；③基层管理，即业务处理的过程管理。基础制度也相应地分为高层、中层和基层三种形式。

2.管理制度需要员工的认同

管理制度的定位不能仅仅源于管理者的主观期望，它必须得到管理制度约束的主体部分——员工的认同，与员工的利益和期望相适应。这是源于管理制度的设计预期和执行成本必须紧紧依赖员工的认同这一理念的。因此，只有消除了员工中存在的制度是对员工的"威胁"的疑虑，才能最大限度地实现制度设计的目标。要达到此目标可以从以下几个方面入手：

（1）制度避免单纯强调惩罚。例如，有的企业规定完不成定额，就会有某种形式的处罚；如果在考核评价中处于落后状态，就会影响到未来的晋升与工资水平等。惩罚是需要的，但只强调惩罚，企业肯定是管理不好的。

（2）管理制度体现、倡导的工作标准和管理模式，不能造成人际关系紧张。组织中人际关系（上下级之间、部门之间、一线人员和参谋人员之间）是否存在信任和合作，是能否调动员工积极性的主要条件。组织内部员工间利益的竞争会使员工感到这是对自己最大的威胁。

（3）管理制度不能对员工的自我实现、成长路线、个人安全或情绪产生不利影响。当管理制度对员工的自我实现、成长路线、个人安全或情绪产生不利的影响时，员工就会感到威胁的存在。

上述现象产生的制度原因，主要是企业传统的管理控制体系设计存在多种标准，如成本控制标准、预算标准、工作绩效标准等，这些标准对员工形成多重压力。在管理者看来，如果建立了压力结构，仍有不服从的现象，那就只好增加压力。此外，传统控制体系的责任制度往往是只包含对员工没有达到标准的一套惩罚办法，而缺乏对达到或超过标准的激励办法。在这种情况下，员工就会更加对抗规章制度，使之失效。这又会导致管理者采取反应式的管理措施，设法制定出更严格的规章制度，结果势必耗费巨大的管理成本。另外，员工对制度的抵抗情绪也会阻碍正常的企业文化的形成。

3.规范企业内部管理环境和条件

管理制度的定位不仅源于管理者的主观期望，它还必然受到管理制度的推行环境——企业内部管理环境和条件的限制。因此，在制度设计的最初就需要在企业中创造规范的制度环境和条件，以减轻将来在制度执行中可能遇到的阻力，避免管理制度扭曲。

要使管理制度符合管理者最初的设想，必须具备下面两个规范：

（1）编制的制度是规范的，符合企业管理的科学原理，符合企业行为涉及的事物的发展规律或规则。

（2）实施管理制度的全过程是规范的，它要求全体员工的整体职务行为或工作程序是规范的。只有这样，企业管理制度体系的整体运作才有可能是规范的，否则将导致管理制度的实施结果偏离管理者的最初设想。

总之，以上分析使我们看到管理者首先要清晰地定位管理制度的设计类型和步骤；然后根据企业的员工情况，审定合理的制度预期；最后，要整治规范企业内部的环境，让管理制度在合适的环境中生存下来，进而推动环境的改善。

企业文化专栏3-6

携程的"混合办公"：从实验到全面推行

2022年2月14日，携程宣布将推行"3+2"混合办公模式：3月1日起，允许员工在每周三、周五自行选择办公地点。新政策将覆盖集团全部员工（约3万人），不分男女、不分值岗、不做薪资调整。这意味着，携程成为国内首家率先实际推行混合办公制度的公司。

携程"混合办公"之举并非一时之念。在2021年8月开始正式实验之前，早在2010年，携程就曾启动针对客服人员的混合办公实验，结果显示"在家办公"提高了员工13%的绩效，员工具有更高的满意度，工作离职率下降了50%。

携程集团董事局主席梁先生认为，混合办公制度的推广有助于减少交通堵塞，保护环境，又能缓解大城市高房价和地区间差异。

资料来源　魏浩征."混合办公"是一阵风，还是必然趋势？[J].中欧商业评论，2022（C1）.

三、中小企业的企业管理制度设计

在我国，中小规模的企业占大多数，这些企业的制度建设有很多特殊之处，因此对中小企业的企业管理制度设计应因企业而异，不可一概而论。

1.中小企业应实施制度化管理

首先，中小企业往往处于不稳定的发展时期，业务扩张但模式多变。与此相适应，企业的员工和组织机构也处于很不稳定状态。

其次，由于中小企业多是实行所有者对企业的直接控制，随着企业发展和所有者能力的局限，部分企业会面临是否引入职业管理人的问题，此时也会发生产权制度和管理制度的双重变革。另外，企业的个人管理阶段如果不能及时转变到依靠流程协作的科学管理阶段，难免会出现多种问题。比如，对某些员工的工作情况无法了解，对某个项目的进展情况不能及时掌握，部门间的合作效率低下，费用开支突然增加了很多却不知道做了什么等。

2.中小企业制度建设的核心内容

中小企业的管理制度建设重点不应该放在建立新模式、完善企业组织机构上，而应该放在提升企业的基础管理水平上，使企业更能适应现代市场竞争的要求。

第一，大多数家族企业实行的家长式决策在提高决策效率的同时也带来了决策的不科学风险。由于组织制度灵活和家族成员参与管理，难免会出现多头管理的情况，谁说了都会造成员工无所适从。这就需要通过加强沟通明确权责，建立科学有效的决策机制，同时加强战略管理，形成制度化的决策机制。

第二，中小企业的人力资源制度建设是尤为迫切的。人才的无序流动和流失、任人唯亲、选拔人才没有客观标准等，在中小企业里可以说屡见不鲜，尤其是任人唯亲的用人机制产生了不公平的内部竞争环境，使企业留不住有本事的人才。因此，应设计科学合理的赏罚管理制度，用"法治"取代"人治"，从而降低因"能人"变更而对企业造成的风险。

第三，推进企业应用先进管理技术，提高管理水平，建立信用管理制度和加强信用管理，健全会计制度，加强财务管理，使中小企业抗击市场经济风浪的能力极大增强。

第四，中小企业由于成长历史较短、规范管理的环境尚未形成，以及任人唯亲等原因，规章制度往往不起作用，其喜欢用关系和命令代替制度，使制度形同虚设。此时，建设民主管理制度是减少家族式控制、摆脱集权管理和亲情管理窠臼的最好办法。同时要规范业务流程，避免在日常管理工作中，在交接环节、工作安排和落实任务时仍依靠原始的工作习惯，口头传达，没有记录，一旦出现问题便会查无实据，责任不清。

案例分析 3-5

企业考勤制度设计

每个公司都有自己的考勤制度，条款大同小异，无非是关于迟到早退、病假事假、倒休年假等方面的规定，但细节上的差异带给员工的感觉会截然不同。

国内公司对于上下班时间一般都有明确规定，迟到一分钟扣多少钱、早退一分钟扣多少钱在考勤制度里都写得明明白白。但这会使员工在某种程度上产生心理上的不平衡：迟到一分钟就扣5元钱，那加班一分钟是不是应该奖5元钱呢？这似乎有些道理，不过估计没一个公司能做到。所以大部分公司下班时间一到，员工很快走个精光，至于当天的工作有没有完成那可就没人管了。

最近看了国内某公司关于迟到的规定，很受启发。该公司根据当地上班时交通堵塞的实际情况，规定公司员工每月迟到3次之内、累计时间不超过30分钟不予计算，超过规定才扣钱。小小的改变让人觉得很有人情味，员工心里很舒服，所以公司下班时大部分员工能把手头工作做完再走，没人再计较短时间加班的补助问题了。

资料来源 黄中强.边干边学做老板：一个小公司老板的日常管理［M］.南昌：江西人民出版社，2021.

问题：如何在设计考勤制度时平衡企业的管理需要与员工的个人实际情况？

分析提示：考勤制度设计应当兼顾企业对效率的追求和员工的实际生活状况，通过灵活性和人性化的政策增强员工的工作满意度和忠诚度。

3.中小企业的严格制度和温情管理

严格中小企业的制度管理，并不是说仅仅依靠严格的制度就能达到管理有序的目的。对中小企业应提倡温情管理，通过任务和感情与员工建立长久关系，温情管理是制度管理的辅助手段。在温情管理的模式下，更新和提升传统管理观念，可以逐步完善各种管理制度，加强企业的凝聚力，给予员工足够的尊重和理解。

总之，在中小企业的制度建设中，既要注重制度内容简洁适用，又要考虑企业将来的发展要求；既要用标准化思想制定规章，又要考虑把小企业发展成长寿企业。

[项目测试]

一、简答题

1.企业领导体制的内容、特征及作用分别有哪些？

2.企业组织结构的设计方法是什么？

3.新型企业组织结构形态主要有哪些？

4.企业管理制度的重要性和规范性分别是什么？

5.简述企业制度设计的方法。

6.中小型企业的企业管理制度设计包括哪些内容？

二、案例分析题

韩都衣舍的小组制

1974年生于山东省潍坊市的赵迎光，于2008年创立韩都衣舍品牌。目前，韩都衣舍是中国最大的互联网品牌生态运营集团之一。

由于初创韩都衣舍的5个合伙人都不懂服装，所以在组织结构上，他们试行了两个模式。一种是传统模式，叫南区模式，是一种几乎所有服装企业都会实行的串联式组织结构。另一种是新模式，叫北区模式，是一种"联排插座"模式，也就是采用包产到户的方式，让每个品牌、每个款式都由一个小组负责。每个小组由3人组成，分别负责产品设计、页面设计和库存订单管理等工作，3人中资历和能力强的兼任组长。

公司开始运营后，每天晚上下班，南区的员工基本不加班，而北区则是灯火通明，很多时候甚至是被物业赶着下班的。3个月下来，北区的业绩超过了南区。

韩都衣舍公司现有280个小组，每天推出数十款新品。小组制让韩都衣舍实现了管理的去中心化，每个小组都是业务中心，其他的部门都是为他们提供业务支持。这样一来，韩都衣舍由一家公司变成了一个公共服务平台。韩都衣舍的组织设计解决了一个问题：企业不管规模多大，都能始终激发基层员工的动力，甚至可以不断强化这种动力。

韩都衣舍预计在不久的将来可以完成基于服饰品类的50个以上的品牌集群布局，实现100亿元以上的交易规模。

资料来源 格雷芬M，忻榕，叶恩华. 中国公司如何重塑管理 [J]. 哈佛商业评论，2023（05）.

问题：韩都衣舍的小组制如何影响员工的工作动力和责任感？

分析提示：小组制通过赋予每个小组独立管理权、责任和利益共享机制，显著提升了员工的工作动力和责任感。

［项目实训］

项目名称： 班级管理制度制定之旅

项目简介： 这个实训项目旨在将企业制度文化的理论知识学习与学生所在班级实际情况相结合，通过亲身体验班级管理制度的制定过程，让学生们深刻理解制度对于塑造组织文化的重要性。学生们将通过团队合作，研究、讨论、设计并实施一套适合自己班级的制度和规范，以促进班级文化的建设和发展。

项目目标：

1.理解企业制度文化的基本概念和重要性。

2.学习如何设计有效的组织制度和规范。

3.提升团队合作、沟通协调和解决问题的能力。

实训内容与步骤：

1.理论学习：学生复习企业制度文化的相关理论。

2.班级现状分析：学生通过讨论和调研，分析自己班级的特点和学校现有制度，发现存在的问题和改进需求。

3.班级制度设计：学生分组进行头脑风暴，设计一套包括行为规范、奖惩机制、决策流程等在内的班级制度。

4.讨论与修订：将设计草案提交给全班讨论，收集意见和建议，进行必要的修订和完善。

5.监督与评估：设计监督机制，定期检查制度执行情况，收集反馈，并进行评估和调整。

成果检验：

1.制度文件：每个团队制定的完整的班级制度文件。

2.实施记录：记录实施过程中的关键活动、参与情况和团队合作情况。

3.分享材料：准备用于课程结束时分享的PPT、海报或视频等展示材料。

［学思践悟］

在日益复杂的商业环境中，企业加强内部控制的重要性不言而喻。作为企业内部重要的合规管理者，企业合规师在加强企业内部控制方面发挥着不可或缺的作用。通过建立健全内部控制体系、监督执行、优化流程、培训员工以及参与风险管理等活动，企业合规师为企业创造了一个规范、稳定和健康的内部环境。而国家市场监督管理总局认研中心颁发的企业合规师人员能力验证证书则为企业选聘合规管理人员提供了可靠的依据。在未来的发展中，随着企业对合规管理需求的不断增加，拥有专业知识和验证的企业合规师将在企业内部扮演着更加重要的角色，推动企业的可持续发展。

需要进一步了解企业合规师职业技能标准，可扫描二维码查看。

【学习目标】

◎知识目标：

1. 理解企业家行为的含义；

2. 掌握企业模范人物的行为特点；

3. 了解企业员工群体行为；

4. 熟悉企业行为文化塑造。

◎技能目标：

1. 能够识别企业模范人物的行为特点，并将其应用于日常工作中；

2. 能够制订和执行企业文化塑造计划，如行为守则等。

引 例

胖东来：中国企业的一面旗帜

2021年7月24日，胖东来为新乡防汛救灾捐款捐物超过1 000万元，但不愿意接受媒体采访，这种低调做实事的态度引起了多方关注和讨论。

胖东来的董事长于东来从未上过富豪榜，但热心公益，积极捐款。2003年非典期间，胖东来捐了800万元；2008年汶川地震，胖东来捐钱捐物近千万元，于东来还带着员工去灾区救援；新冠疫情期间，胖东来捐资5 000万元。此外，胖东来还宣布：在疫情期间所有蔬菜按进价销售，绝不加价一分钱。

于东来不仅积极向社会捐赠，还真诚对待每一位员工。在员工薪酬方面，于东来十分"慷慨"。不仅如此，于东来十分重视"人"的价值。他公开表示，胖东来的目的是希望能成就更多人，就像学校一样，让更多的人明白什么是生活，明白人应该怎样生活。在不少公司宣扬"996""007"的时候，胖东来对所有中高层干部提出要求：每周只许工作40小时；晚上6点后不许加班，抓住一次罚5 000元；下班必须关闭工作手机，打通一次，罚200元；每月必须带着家人出去旅游一次，每年强制休假20天。

于东来说："你给员工吃草，你将迎来一群羊！你给员工吃肉，你将迎来一群狼！"确实如此，胖东来的员工真做到了全心全意为顾客服务。

资料来源　贾明. 企业社会责任［M］. 北京：机械工业出版社，2023.

这一案例表明：企业家于东来通过其公益行为和对员工的关怀，塑造了一个以人为本、社会责任感强的企业文化，影响并激励员工全心全意为顾客服务。

单元一 企业家行为 ////////..........

企业家是企业文化的设计者、塑造者、践行者。2017年9月，中共中央、国务院发布的《关于营造企业家健康成长环境弘扬优秀企业家精神更好发挥企业家作用的意见》指出："企业家是经济活动的重要主体……营造企业家健康成长环境，弘扬优秀企业家精神，更好发挥企业家作用，对深化供给侧结构性改革、激发市场活力、实现经济社会持续健康发展具有重要意义。"

一、企业家的内涵和精神特质

1.企业家的内涵

企业家是企业管理中的一个特殊的"角色丛"——思想家、设计师、牧师、艺术家、法官和朋友。企业家是理念体系的建立者，精通人生、生活、工作、经营哲学，富有创见，管理上明理在先、导行在后；企业家高瞻远瞩，敏锐地洞察企业内外的变化，为企业也为自己设计长远的目标和战略；企业家将自己的理念、目标和战略反复向员工传播，形成巨大的文化力量；企业家艺术化地处理人与工作、雇主与雇员、稳定与变革、求实与创新、所有权与经营权、经营权与管理权、集权与分权等关系；企业家公正地行使企业规章制度的"执法"权力，并且在识人、用人、激励人等方面践行学高为师、身正为范；企业家与员工保持良好的人际关系，关心、爱护员工及其家庭，并且在企业内外广交朋友，为企业争取必要的资源。在一定层面上，企业家的价值观代表了一个企业的价值观，"企业文化就是老板文化"的说法是有一定道理的。

2.企业家的精神特质

成功的企业家、事业家、创业家，具备以下五大精神特质。

（1）梦想。事业梦想是志趣、追求、远见、乐观的结合。一个有梦想的人，才可能成为事业家。日有所思，夜有所梦。事业要成功，不仅要做"白日梦"，还要做"黑夜梦"。如果在梦中都在想事业，说明实现事业的梦想够强烈。一旦梦想够强烈，就会向目标方向迈出步伐；一旦向目标方向迈出步伐，就意味着开始前进了。成功的企业家将目标设定为增进人类的福祉、满足人类的需求、顺应时代的潮流。

（2）行动。无法用行动实现的梦想是幻想，如果只有梦想没有行动，梦想就等于幻想。企业家不仅有梦想，也有行动。企业家是梦想家，也是行动家。很多的行动来自梦想，也有很多的梦想来自行动。只有去做，才可能实现梦想；去做了，又可能产生更好的梦想。企业家爱梦想，也喜欢行动。企业家享受结果，也倾心过程。企业家注重过程，资本家注重结果。

（3）专注。一个有梦想的人，才可能成为企业家；一个专注行动的人，才可能成为成功的企业家。企业家专注于一个事业，执着不移。行行出状元，任何行业都能做出一番卓越的事业。如果不专注、不安定，今天做这个，明天又想做那个，被各种诱惑干扰，不能沉下心来，不能狠下功夫，不能集中精力持续做一件事情，很难想象其能够在一个领域脱颖而出。企业家最在乎企业的功业，资本家最在乎资本的回报，而经营家最在乎经营的绩效。

（4）创新。司马迁在《史记·货殖列传》中，对成功的企业家和商人的案例进行了研究和总结，提出了"奇"。"富者必用奇胜"，"奇"就是和平常不一样，就是创新。成功的事业必然要求从新的角度看待机会，以新的方式整合资源，采用新的模式和新的方法生产产品。事业梦想可能是创新的，在做事业的行动中也需要创新。只有不断纠错改正、探索创新，才能不断调整方向走入光明大道，才能创造出一条通往梦想的更好的路。创新精神是企业家精神中最突出的组成部分。

（5）坚韧。做一份长期的事业，怎么会不经历许多的难题、障碍、失败以及犯错呢？在向一个梦想专注前行的过程中，在一个冒险创新的过程中，在开拓事业的道路上，需要坚强不屈的勇气和百折不回的毅力。坚者无退，韧者不溃；坚以养气，韧以化力；坚韧调和，力巨气长。韧为阴，坚为阳，阴阳配合，行远无疆。

有梦想，才会有行动；行动专注，功夫才足够；行动创新，才能做得更好；坚韧让行动系住梦想，让梦想放飞行动，有毅力，不放弃，执着坚持，总有所成。梦想、行动、专注、创新、坚韧，不仅是企业家的精神特质，也是所有创业家、事业家的精神特质。

企业文化专栏4-1

三代企业家：军人、教师和工程师

新中国企业家群体有一个有趣的规律：出生于20世纪40—50年代的第一代企业家，很多都是军人出身，代表人物包括任正非、王石和王健林；出生于20世纪50—60年代的第二代企业家，很多都是教师出身，代表人物包括马云、郭广昌、俞敏洪、宋卫平；出生于20世纪60—70年代的第三代企业家，很多都有工程师背景，比如雷军、丁磊、马化腾。

军人出身的企业家，很自然会把军队的一些组织方法（包括思想政治工作手法）应用在企业管理上。这方面典型的代表是王健林创办的万达。严格的管理保证了公司的超强执行力，也让万达成为中国最知名的民营企业之一。

教师出身的企业家，会非常重视在企业内部进行价值建设。比如，马云创办的阿里巴巴，就是一家以价值观闻名于世的公司。阿里巴巴对员工的绩效考核，也把价值观考核包括在内。

工程师出身的企业家，则直接在企业管理上借用了教科书上的标准管理方法。

资料来源　编者根据相关资料整理。

二、企业家行为的特点

企业家是企业的核心人物，企业家的行为特征显著影响着企业行为。

案例分析 4-1 ———————————————————————

曹德旺：40年只做一块玻璃

"其实我是最没有成绩的人，因为我40年坚持只做一块玻璃。"采访刚开始，福耀玻璃董事长曹德旺这样对记者称。作为改革开放后第一代企业家，从20世纪80年代承包濒临破产的乡镇企业，到如今全球最大的汽车玻璃专业供应商，曹德旺坚守制造业40年，输出了一个来自中国的全球品牌。正如曹德旺的自传《心若菩提》封底所写，他入戏，40年只做一片汽车玻璃，他又入角儿，当了40年的企业家，古稀之年也不放下。

曹德旺吐字较慢，一句话中间总有停顿，给人留下了思考的时间。像所有媒体描述的那样，他心直口快，赤子心肠，头上都没几根白头发。他没少被人劝谨慎发言，在海外设厂被舆论炒成跑路风波时，他也是正面回应，甚至对一位紧张的下属称"我又没做错什么，你有什么好怕的？"这个黑暗时刻，被他轻描淡写带过。

福耀先后在美国、俄罗斯、德国、日本、韩国、澳大利亚等9个国家建设产销基地，并在美国5个州设立公司，成为名副其实的大型跨国工业集团。目前，福耀已成为全球最大的汽车玻璃专业供应商，占全球25%的市场份额，旗下子公司48家，雇员超过2.6万人，产品被宾利、奔驰、宝马、奥迪等全球知名汽车品牌选用。"现在虽然成为全球最大，但还不算全球最强。"曹德旺说。他诚挚的表情和低沉的语气告诉我这不是谦虚的寒暄之词，他尊重竞争对手两三百年的技术积淀，认为福耀玻璃尽管赶了上来，但仍需要继续努力。

他认为企业家应该坚持四个自信。第一是文化自信，要遵循古代的哲学，履行商道，君子爱财，取之有道；第二是行为自信，相信会越变越好，行为也要乐观；第三是能力自信，要根据形势的发展和周边的事情来判断中、长、短期的结果，要高度警惕，要兢兢业业；第四是政治自信，必须相信政府，和政府步调一致，要学会敬天爱人，不犯天条，不犯众怒。

资料来源　郑淯心. 曹德旺：40年只做一块玻璃 [J]. 领导文萃，2019（9）.

问题：通过曹德旺，你能看到中国企业家具备哪些优秀的品质？

分析提示：脚踏实地是这位从事制造行业的企业家身上的重要品质特征，在他身上还体现了坚定的"四个自信"，以及豁达的财富观。

1. 企业家是企业经营的主要决策者，承担着企业经营的主要责任

随着现代科技和生产力的发展，越来越多的企业家涌现出来，成为社会大众关注的焦点之一。企业家是能力超群的人，他们能够长期持续经营企业，不断把利润进行再投资，促进企业发展。他们善于创新，做事踏实、务实；有领导能力，有丰富的想象力、准确的判断力和坚忍不拔的意志；有监督和管理才能；有丰富的业务知识，善于把握时机做出具有战略意义的重大决策和创新。

张瑞敏曾经说："企业家第一是设计师，使组织结构适应企业发展；第二是牧师，不断布道，使员工自身价值的体现和企业目标的实现结合起来。"企业家往往从大局和长远的角度来看待并处理企业的发展问题，不过度注重短期利润与得失。成功的企业家在做出经营决策目标之后，能一如既往地贯彻实施这个目标，直到成功。实现这一目标并非一蹴而就，它要求企业家制定的决策能够体现宏观性、预见性、创新性和可行性。企业家是整个企业的统帅，既要决策，又要指挥。

2.企业家是企业的决策者、最高管理者

企业家是企业文化代表的践行者，是企业文化修炼的核心力量，起着不可替代的作用。美国著名学者托马斯·彼得斯说："培育企业家的目的就是为完成企业家的使命而开发他们的能力。"优秀的企业家是提高企业竞争力的关键，企业家行为深深地影响企业行为，影响企业文化的塑造和发展。

3.企业家是一种职业，是社会生产的基层组织者和管理者

企业家这一社会角色，与其他任何社会角色一样，形象是由其全部行为塑造的。企业家职能在企业家、资本提供者和其他人力资本提供者之间转换，同时与其他利益相关者的行为共同整合，而这种整合正是上述各方在经营过程中通过一系列制度安排完成的。需要注意的是，企业家行为是在特定的社会环境中进行的，受到社会道德、社会行为规范、法律规章的制约。

三、企业家行为对企业行为文化的影响

企业家行为对企业行为文化的影响主要有以下几个方面：

1.企业家是企业文化的开创者

企业家行为主导着企业行为文化。企业行为文化带有鲜明的企业家的个性、人格特征、行为特征等烙印。企业家行为引导着企业行为文化发展的方向。

2.企业家是企业文化的精心培育者

企业家非常了解本企业的情况，知道企业最需要的是什么，最缺少的是什么，最关键的问题是什么，因而能够"对症下药"，从现实问题入手，因地制宜地推进企业行为文化建设。

3.企业家是企业行为文化建设和培养方案的总设计师

企业家在提出思考路径、制定行动纲领、提炼企业价值理念、升华企业精神、培养企业行为文化的过程中，起着"总设计师"的作用。企业行为文化的建设规划需要企业家担纲主持。

4.企业家是企业文化修炼的"教练"

企业行为文化修炼，需要企业全部员工积极参与，企业家必须身体力行，并充当"教练"的角色，用实际真切的言行感化员工，使员工抛弃旧的工作行为方式，不断创新企业行为文化，使企业行为文化修炼保持健康向上的态势，切切实实地收到成效。

5.企业家是企业行为文化的传播者

企业行为文化的传播和贯彻，需要企业家的长期努力，企业行为文化修炼需要企业家率先垂范。企业家积极倡导、培养具有本企业特色的企业行为文化，必须在实践中用自己的言行去影响企业的风尚，影响企业员工的思想和行为，推动具有本企业特色的企业行为文化的传播和社会影响。

四、企业家行为的修炼

1.企业家行为修炼的主要内容

（1）职业追求。职业追求即兴办事业，以产业报国，不为各种荣誉迷眼，不为仕途吸引，热爱本职，甘于奉献，有强烈的事业心和责任感。

（2）职业修养。职业修养是指胜任自身职业所必需的政治思想水平、知识水平和品质特征等，主要包括：

① 政治上成熟。具有强烈的政治责任感和社会责任感，自觉遵纪守法，不随风倒、不见风使舵，廉洁自律，有高度的政治敏锐性。

② 品德高尚。正直、诚实、胸怀坦荡、大公无私、言行一致、以身作则、作风正派，不结党营私、不骄横霸道，信任、尊重和依靠群众，谦虚谨慎，有自我批评的精神。

③ 知识广博。勤于学习、善于学习，取百家之长、避诸士之短，有合理的知识结构，熟练掌握包括经济学、管理学、市场学、心理学、哲学、社会学、思维科学、系统科学、创造发明学及法律、金融、财务等方面的知识。

④ 行为果敢。志向远大、眼光敏锐、思维前瞻、审时度势，把握实际、明辨是非、实事求是，及时总结经验，修正失败行为，坚忍不拔、百折不挠、敢于尝试、乐于行动，不空谈、不搞形式主义的东西、不搞花架子。

（3）职业意识。职业意识即基本理念和指导思想，主要包括：

① 文明竞争意识。必须通过文明竞争，使企业追求最大利益，提升竞争力。

② 创新意识。不断创新，鼓励创新。

③ 发展意识。谋求长远发展和可持续发展，追求战略利益，寻求合理扩张。

④ 信誉意识。视信誉为企业生命，重视企业无形资产，诚实守信，童叟无欺，遵纪守法，恪守职业道德。

⑤ 风险意识。敢冒风险，并努力规避风险，承受压力，勇于接受挑战。

案例分析4-2

亚朵酒店耶律胤

亚朵酒店作为规模化的实体企业，在新冠疫情期间非但没有遭受重创，反而实现了盈利，并于2022年11月登陆纳斯达克，正式成为"中国新住宿经济第一股"。

作为亚朵集团的一号位，在耶律胤身上，你很难看到循规蹈矩的气质，而是充斥着一种"侠气"。与普遍印象中西装革履的上市公司创始人不同，他光头锃亮，喜欢穿一身休闲装，亚朵的员工私下喜欢称呼他为"耶律大哥"，蒙古汉子的一些特质仍保留在他身上。耶律胤的个性，注定了他不甘于平庸和模板化的一切，这一点在他的创业道路上也体现得淋漓尽致。

2012年，一次旅行中，耶律胤来到了怒江大峡谷，意外走进了一个村落——亚朵村。住在村子里，耶律胤感觉内心无比安静。他想做的酒店的样子也逐渐成形——不止一个睡觉的场景，还是一种生活方式的载体，一种人与人之间情感的连接，一种能够在浮躁的世界中给人带来内心安静的力量。带着这样的使命，亚朵酒店面世了。

相较传统酒店"拼硬件""拼成本"，亚朵找到一条弯道超车的路径，即"拼软文化"。亚朵的目标始终清晰，要经营人群，而非经营房间。经营人群最重要的是做好人文关怀，让顾客有感受、有体验。"亚朵的很多理念，其实都来自东方的待客之道，即我们中国人常讲的仁义礼智信，"耶律胤说，"住酒店，就像来我们家做客，要把客人照顾好，让客人觉得舒心、开心，而不是只提供房间。"在日常经营中，亚朵把中国体验的理念融入从用户入住到离店的酒店生活的各个场景。这种体验并非靠自己创造，而是来自于对消费者的洞察。

资料来源　邓双琳. 亚朵耶律胤：增长在行业最艰难之时［J］. 中国企业家，2023（3）.

问题：耶律胤是如何将个人的价值观和生活哲学融入亚朵酒店的经营理念中的？

分析提示：耶律胤通过提倡东方的待客之道和强调人文关怀，将个人对于温馨、仁义和内心平静的追求融入亚朵酒店的"软文化"和顾客体验中。

（4）职业能力。职业能力即胜任职业的能力，主要包括：

① 决策能力。管理即决策，善于决策，能够科学决策，在正确判断的基础上，果断决策，不错失时机。

② 预见能力。遇事有远见卓识，能洞察内外环境变化，不拘泥于一时一事，目光长远，有先见之明，不做"事后诸葛亮"。

③ 开拓能力。积极进取，勇于开拓创新，善于想象，把设想化为行动，不断创新局面，拓展新市场。

④ 组织能力。善于用人，知人善任，正确指挥，合理调度，善于激励员工，调动每个人的积极性，发挥员工的特长，善于沟通，遇事有驾驭和控制力，有威信，擅长合理配置资源。

⑤ 表达交往能力。擅长表达，以理服人，以情感人，善于协调，遇事有良好的沟通能力，与人为善，亲近员工，与社会各界和睦相处。

⑥ 反省能力。能自省、反思，及时总结经验教训，能够自我批评，不断提高、完善和超越自己。

2.企业家修炼的方法

企业家的修炼，不仅要加强自身修养，还应借助外力。要借鉴发达国家培训职业经理人的做法，创造行之有效的培训方式，把组织学习、集中培训和企业家自觉行为结合起来，具体包括：

（1）企业内研修。聘请企业外的咨询专家、大学教授、学者等来企业传授企业家所需要的知识。企业高层领导也应该参加部门的培训活动，有效地掌握下一级的看法和想法，及时了解一线动态，进行内部研讨、交流信息、集思广益。

（2）企业外研讨会。企业家可以参加企业外举行的各种战略研讨、专题讨论会等。

（3）参观学习和考察。企业家到国内外相关企业学习和考察，了解前沿领域，掌握信息。一个企业能否获得和保持竞争优势，关键取决于企业家及领导群体是否具有敏锐的洞察力、科学的预见力、丰富的想象力、高超的组织才能、坚强的意志，能否识别各种人才和及时把握机遇，做出正确的决策，凝聚员工，领导企业开拓市场，合理利用资源，服务于客户和整个社会等。

单元二　企业模范人物

一、企业模范人物的内涵和作用

企业模范人物大都是从基层、实践中涌现出来的，被员工推选出来的普通员工，他们在各自的岗位上做出了比较突出的成绩和贡献，因此成为企业员工心目中的模范。

在具备优秀行为文化的企业中，最受人尊重的是那些集中体现了企业价值观的企业模范人物。这些模范人物把企业的价值观具体化、人格化，是企业员工学习的标杆，其行为常常被企业员工争相效仿。

企业模范人物是企业的中坚力量，他们的行为在整个企业行为文化中占有重要的地位。企业模范人物是企业行为文化得以实现的有力保证。那么，这些模范人物对企业行为文化产生什么作用呢？总体来说，企业模范人物最基本的作用就是示范效应。

企业文化专栏4-2

> **标签效应**
>
> 心理学上有一个"标签效应"，一个人被贴上了某种标签后，就会严格要求自己，让自己的行为符合标签的定义，从而起到榜样的作用。因此，为榜样人物定做特别的服饰或其他标识，是一种常见的激励方式。
>
> 例如，某企业普通员工的工作服是天蓝色的，公司评出10名优秀员工以后，让优秀员工穿橙色的工作服。橙色看起来比较醒目，全公司六七千人都是身着天蓝色的工作服，只有10个人的工作服是橙色的，远远就能看到。
>
> 资料来源　马松有．老HRD手把手教你做企业文化（精进版）[M]．北京：中国法制出版社，2022.

二、企业模范的分类

1.根据影响范围不同划分为原发型示范效应和树立型示范效应

根据影响范围不同，示范效应分为原发型示范效应和树立型示范效应两种类型。

（1）原发型示范效应。原发型示范效应即示范原型在没有通过宣传的情况下发生一定影响。通常说的"其身正、不令而行"即是这种类型。大多数企业模范人物最开始是属于原发型的，在没有宣传的情况下影响周边的人。随着影响的扩大，企业发现了这样的模范人物，将其行为和实际行动表现及其所创造的成果与企业的价值观联系起来，然后作为企业员工学习的典范，进行表彰、宣传和榜样化。

（2）树立型示范效应。树立型示范效应即示范原型的言行得到他人和社会的承认和肯定，并通过一定的形式（规定、舆论、宣传媒介等）被确立为某人、某部门、某单位，甚至更大范围的效仿榜样，以此来影响他人和企业行为。

从事物发展的性质看，这两种类型是一致的，都发挥了示范的作用，但两者的影响范围有区别，影响程度也有差异。一般来说，原发型示范效应的影响范围和程度相对较小，树立型示范效应的影响范围和程度相对较大。"原发型"是"树立型"的源泉，"树立型"则是"原发型"的发展和升华，是一种更为高级的示范形式。示范效应一般有三个组成部分，即示范原型、示范环境和示范影响。

案例分析 4-3

汪勇：守护天使勇敢逆行

2021年11月5日，第八届全国道德模范座谈会在京举行。湖北顺丰速运有限公司江汉分部经理汪勇，在人民大会堂接受中央领导的亲切接见，并作为全国道德模范代表发言。现节选如下：

2020年初，突如其来的新冠肺炎疫情改变了我的生活。1月24日除夕夜，我在微信群里看到金银潭医院医护人员的一条求助信息，"我们这里限行了，没有公交车和地铁，下班回不了家，走回去要4个小时"。当时，金银潭医院是武汉收治重症和危重症病人最多的医院。

医护人员上车的一瞬间，我既满怀崇敬，又抑制不住对病毒蔓延的恐惧，紧张得腿脚发抖。以人心换人心，患难见真情。不少医护人员坚持把他们的口罩留给我。当时抗疫医疗物资紧缺，医用口罩花钱也难买到。那一刻，我感受到被人需要的幸福和帮助他人的快乐。第一天，我免费接送了近30名医护人员。

细流汇成江河，微光点亮星空。疫情肆虐，医护人员对车辆的需求越来越多，我就通过朋友圈发布消息招募志愿者，成立了一支约30人的志愿服务队，疫情期间服务医护人员5 000多人次，和他们结下了"过命"的交情。在武汉，越来越多的热心人加入志愿服务队伍，仅志愿服务关爱行动就有3万人参与。

微光成炬，传递温暖，驱散疫情笼罩的阴霾。

2021年2月17日，汪勇被评为"感动中国2020年度人物"。《人民日报》称他是抗疫时期的"生命摆渡人"。《新闻联播》评价他"聚拢温暖、守护英雄"。

资料来源　编者根据相关报道整理。

问题：汪勇属于哪种类型的模范？你会如何评价汪勇？

分析提示：汪勇兼有原发型和树立型模范特征。感动中国2020年度人物组委会评价：没有人能百毒不侵，热血可以融化恐惧；没有人是生来的勇者，责任催促你重装上阵。八方统筹，百般服务。你以凡人之力，书写一段传奇。

2.根据模范人物的主体不同划分为企业模范个体的行为和企业模范群体的行为

根据模范人物的主体不同，模范行为分为企业模范个体的行为和企业模范群体的行为两种类型。

（1）企业模范个体的行为。企业模范个体的行为标准是卓越体现企业价值观和企业精神的某个方面，和企业的理想追求相一致，在卓越体现企业精神等方面取得了比一般员工更多的实绩，具有先进性。他们的所作所为并非常人无法企及，而是普通的

85

人也能完成，所以他们可以成为人们仿效的对象。企业模范个体的行为一般是在某一方面特别突出，而不是在所有方面都无可挑剔，所以对企业模范个体不能求全责备，不能指望企业员工从某一企业模范个体身上学到所有的东西。

（2）企业模范群体的行为。一个企业中所有的模范人物的集合体构成企业的模范群体，卓越的模范群体必须是完整的企业精神的化身，是企业价值观的综合体现。企业模范群体的行为，是企业模范个体典型行为的提升，具有两面性。因此，在各方面其都应当成为企业所有员工的行为规范。

当然，任何先进典型都不可能是自然成长起来的，他们不仅需要自己去奋斗，而且要靠企业的发现和培养。模范人物的成长是需要环境的，成长起来的模范人物发挥示范作用同样也是需要环境的。企业行为文化建设要根据凝聚群体发展企业的需要，一方面借助模范人物将企业文化理念人格化，另一方面也要善于发现模范。发现模范之后，还要实事求是地根据模范人物的实际事例，启迪、教化员工的思想，使企业群体意识适应企业的价值观和发展的需要。只有这样才能够引导一大批企业员工去学习和效仿模范人物，实现企业价值观，形成企业行为文化。

三、企业模范人物对企业行为文化的作用

企业模范人物的示范作用有利于员工形成和坚持正确的价值观念。通常来说，观念对行为的影响，是通过思维方式影响行为方式实现的。从这个方面看，模范人物的言行能吸引企业员工的注意，从自身孕育转化为个人行为，进而影响全部员工，影响企业行为文化。"榜样的力量是无穷的"，在企业通过企业模范人物的先进典范事例对企业员工的行为乃至企业行为文化进行引导时，要多用启发、少用教导，多用示范、少用督导，多用引导、少用强制，这样才合乎企业文化"潜移默化"地发挥功效的要求。很多优秀的企业家之所以把企业的"英雄人物"作为企业文化的一大要素，就在于这些"英雄人物"能够把企业价值观人格化和形象化，使企业员工在看得见、摸得着、学得了的环境中逐步仿效。如此，就能使企业的宗旨和目标外化为企业员工的行为，达到行为引导塑造的目的。

单元三　企业员工群体行为

群体是两人或两人以上的集合体，他们遵守共同的行为规范，在情感上互相依赖，在思想上互相影响，而且有着共同的奋斗目标。

员工群体行为指的是各类员工在工作岗位上的表现和工作作风、非正式企业活动和业余活动等，既包括正式行为也包括非正式行为。

一、群体内行为

1.群体压力下的从众效应

群体压力是指群体对其成员的一种影响力。当群体成员的思想或行为与群体意

见或规范发生冲突时，成员为了保持与群体的关系而需要遵守群体意见或规范时所感受到的一种无形的心理压力，它容易使成员做出为群体所接受的或认可的反应。当一个人在群体中与多数人的意见有分歧时，会感到群体的压力。有时这种压力非常大，会迫使群体的成员做出违背自己意愿的行为。从众效应，也称乐队花车效应，是指当个体受到群体的影响（引导或施加的压力）时，会怀疑并改变自己的观点、判断和行为，朝着与大多数人一致的方向变化。也就是说，个体受到群体的影响而怀疑、改变自己的观点、判断和行为等，以和他人保持一致，也就是通常人们所说的"随大流"。

企业文化专栏 4-3

NASA，最好的工程师文化

NASA是美国国家航空航天局的英文缩写。

简单来说，工程师文化，是一种通过基于事实的讨论来解决分歧的文化。他们总是在努力改进，总是想让事情变得更好。

NASA的工作人员包括来自许多不同专业领域的工程师、科学家、医生、飞行员、航空航天专家、管理人员和支持人员。一个典型的NASA团队成员至少拥有一个硕士学位，其中许多人拥有多个硕士学位并拥有额外的工作经验。该机构吸引了最优秀和最聪明的人，因此，毫不奇怪，知识和学习是事实上被NASA信奉的价值。NASA中存在的许多职业创造了一个混合职业文化的组织。共同元素包括热情、承诺、强烈的职业道德、基于证据或数据的决策、知识和学习能力。

资料来源　威廉姆斯 D，豪厄尔 E. 向NASA学工程师文化［M］. 季节，刘博洋，译. 杭州：浙江教育出版社，2022.

2.社会标准化倾向

社会标准化倾向是指群体成员的行为在群体规范的影响和制约下，差异缩小而趋同的倾向。研究表明，人们在单独的情境下，个体间的行为差异远大于在群体情境下成员间的行为差异。也就是说，人们在群体中常会失去个人的意识而采取一些非本人独处所能采取的行为。群体中的个人往往把注意力从自我行为的标准上转移到群体的行为标准上，群体的规范和标准代替了个人意识和准则。比如，一个生产班组对于生产速度有一定的尺度，虽然没有明确标准，但是员工内心要求大家不要偏离某一标准，如果有人的工作量超过这个标准太多或者低于这个标准太多，都会受到排斥。

二、群体间行为

群体间行为是指不同工作群体之间在工作中发生的各种相互影响和相互作用的行为。群体间行为是以不同群体间的关系为基础的，它是连接不同群体的纽带。群体间行为会显著影响到一方甚至双方的群体工作绩效以及成员的工作满意度。常见的影响群体间行为的因素有：

（1）工作规程。组织内对于群体间工作上的协调规则和程序会影响群体间行为的方式方法，并最终影响质量和绩效。

（2）组织层级设计与计划。组织内部层级设计是否科学合理，以及组织内部工作计划是否能充分利用并有效协调各个部门群体，会显著影响组织内群体间行为。

（3）群体间的沟通渠道。组织内部对群体间的信息能否及时、有效传递，对群体间的竞争与合作关系产生一定影响，因为信息不对称产生的冲突矛盾屡见不鲜。

企业文化专栏4-4

万科的职业经理人文化与阿里的家文化

万科奉行的是科学的公司制度以及西方经典的职业经理人文化，这是源自创始人王石塑造的文化和制度；而在阿里的文化里面，则是一种东方的底蕴，一种家文化的倡导。

举个例子，阿里是鼓励同事之间相互交往，甚至结合成立家庭的，在阿里的内网上就有很多征婚帖。在阿里日的时候，我曾经经过一个角落，那就是征婚角。而且，阿里创始人马云和张英就是夫妻，早期阿里的初创团队中有很多都因为工作结为夫妻，更有太太在阿里工作把先生也招聘进来，先生在阿里工作把太太推荐进来的情况。所以阿里的组织文化中有一个特色：办集体婚礼，马云做证婚人。直到现在，每年5月10日的阿里日，都有集体婚礼的环节。

而万科则不然，在万科只要是男女同事开始有谈恋爱的苗头，人力资源的同事就会找双方谈话提醒。因为万科提倡的是职业经理人文化，不允许夫妻双方在一家公司的关联部门工作，防范由于夫妻关系产生舞弊的风险。另外，万科还有一个不成文的规定，就是两个员工如果恋爱甚至结婚，有一个必须离开公司。这源于王石是军人出身，他信奉的是科学管理的制度，而在制度面前，人人都要服从。

组织文化只有选择，而无关对错。

资料来源　沈老板. 文化场域：从万科到阿里［M］. 杭州：浙江大学出版社，2022.

三、员工群体行为与企业行为文化的关系

企业的主体是企业员工，企业行为文化建设的主体也是企业员工。只有当企业所推崇的价值观、行为准则能够被员工群体普遍认同和接受，并使员工群体在实践中自觉履行，才能形成企业行为文化。企业员工是企业产品的直接生产者、企业服务的直接提供者、企业效益的直接创造者，企业员工在一线与客户、供应商打交道，并充当企业形象的直接代言人，在社会公众的视野里，员工群体行为往往被认为是企业行为。因此，员工群体行为对企业的整体精神风貌和文明程度有着直接的决定作用。同时，企业所推崇的价值观、行为准则能否成功实现也最终取决于价值观、行为准则能否贯彻实施到员工群体的日常操作和服务行为等工作行为当中。

企业文化专栏4-5

"吃亏"的宗艾商人

　　宗艾镇位于山西东部寿阳县北，已有1 500多年的历史，是明清两代晋商东去太行、北进冀蒙、西连晋陕的必经之地。由于肯吃亏、讲信义的良好口碑，宗艾商人成为晋商中一支重要的力量。

　　在宗艾镇老街上，烧饼铺子随处可见，其中蕴藏着一段充满温情的过往。明朝末年，古镇遭遇灾荒，人们的日子越来越艰难。镇上有一个烧饼铺，越来越多的乡亲开始在烧饼铺赊账吃饭，而且越赊越多。后来烧饼铺失火，账本被烧了，有些商人议论道："从卖烧饼到赊烧饼，现在账本也烧了，这下可亏大了。"而烧饼铺掌柜赵善俊说："我这账本记的都是乡亲们的命，要是眼睁睁看着他们饿死，亏的是良心，那才真是亏大了。"

　　清朝中期，宗艾镇上有位茶商叫荣本华，每年都要到江浙一带采购茶叶。由于包装和运输条件简陋，茶叶经过路途颠簸总会有少许压损破碎的情况。在顾客眼里，这点损耗实属正常，可是荣本华心里却过意不去。为了不让顾客吃亏，荣本华在称重完毕后，会另外抓一小撮茶叶添在里面。久而久之，"抓一撮"这一小小的举动就传开了，来店里买茶叶的人越来越多。后来，古镇里的商人们纷纷效仿，不论买卖大小，成交之后，卖家总会随手再添上那么一撮。如今，在宗艾的集市上，"抓一撮"已成为当地买卖人的传统与招牌。

　　资料来源　玉珊."吃亏"的宗艾商人［N］.企业家日报，2020-08-04.

单元四　从人员结构角度看企业行为文化塑造

　　企业行为文化是指企业员工在生产实践、学习娱乐等过程中产生的各种行为活动的总称。它包括在企业经营、教育宣传、人际关系、文娱体育等活动中产生的文化现象。它是企业经营作风、精神面貌、人际关系等的动态体现，也是企业精神、企业价值观等的折射。从人员结构上看，它包括企业家行为、企业模范人物的行为、企业员工的群体行为等。下面从人员结构上来谈谈如何塑造企业行为文化。

一、如何塑造企业家行为

1.成就需要

　　美国社会心理学家戴维·麦克利兰的成就动机理论认为，具有强烈的成就需求的人渴望将事情做得更为完美，提高工作效率，获得更大的成功，他们追求的是在取得成功的过程中克服困难、解决难题、努力奋斗的乐趣，以及成功之后的个人成就感。经济学家熊彼特曾说，企业家存在征服的意志、战斗的冲动、证明自己比别人优越的冲动，他取得成功不是为了成功的果实，而是为了成功的过程和结果带给他生命的尊严。由此可见，成就需求和成功欲望是企业家人格的核心特质，也就是说，真正具备企业家人格的人是一个不甘平庸、不甘平凡、追求卓越、创造卓越的人，一个充满自信、坚定地认为自己运用权力会比别人运用得更好的人，也就是具有强烈事业心的人。

企业家是创造人类幸福的人，是创造实实在在的产品和服务的人，是牺牲自己来创造社会最大幸福指数的人。所以，企业家应该有超越个人本位和金钱本位的更高尚的精神追求。像马克思所说的那样，把个人的幸福和价值建立在为人类崇高的事业而奋斗和为民族振兴的目标而奉献的基础上。这样的精神追求，必然能使企业家行为更为高远，对塑造企业家行为起到推动促进作用。

案例分析 4-4

孟晚舟：破茧成蝶

2022年3月28日，孟晚舟出现在华为年度财报发布会上。这是她回国后首次公开亮相，一袭黑裙配上一枚白色的蝴蝶胸针，寓意"破茧成蝶"。

过去4年，孟晚舟成为华为不在场的主角。

2018年12月1日，加拿大警方逮捕了赴阿根廷开会、在温哥华转机的孟晚舟，并在之后启动了将孟晚舟引渡到美国的"引渡案"。半年后，当地时间2019年5月15日，美国将华为列入"实体清单"，美国芯片断供，谷歌宣布停止向华为手机提供GMS框架服务，华为遭受巨大打击。

在经历了1 000余天的煎熬后，美国司法部在2021年9月与孟晚舟签署延缓起诉协议，美方向加拿大撤回引渡申请。当地时间9月24日，孟晚舟在不认罪、不支付罚金的情况下离开加拿大，踏上返回祖国的征程。

在返国途中，孟晚舟在朋友圈写道："没有在深夜痛哭过的人，不足以谈人生，一次次坠入深渊，又一次次闯入暗夜，曾让我辗转难眠，更让我刻骨铭心。"

2022年4月1日，华为发布公告称，完成监事会换届选举。孟晚舟进入董事会，兼任轮值董事长。华为轮值董事长在当职期间是华为最高领袖，将主持公司董事会及董事会常务委员会。

资料来源　刘哲铭. 孟晚舟：破茧成蝶〔J〕. 中国企业家，2022（5）.

问题：企业家在面对危机时的领导行为对企业发展有何影响？

分析提示：孟晚舟在面对个人与企业危机时展现出的坚持与韧性对于企业恢复信心、维持品牌形象和推动长期发展的重要性毋庸置疑，她的行为成为华为抵御外部压力和挑战的象征。

2.战略头脑

企业家作为企业的统帅，要有科学理性的战略头脑。真正的企业家，一定要有远见卓识，不为眼前某一困难所压倒，不因暂时的挫折而放弃，始终保持冷静和理智，善于思考，胸怀全局，放眼未来，目标明确。企业家可能是冒险家，但不是莽夫，其既要有对理想和目标的执着，又要有实现理想和目标的雄韬伟略。那些目光短浅、只知道起早贪黑的人一定不是企业家。企业家既是心存高远、计划未来的事业家，又是脚踏实地、只争朝夕的实干家。

战略思维是企业家成功的关键。以下是企业家在制定和调整战略时应持续反思的五个核心问题：

（1）我们的企业愿景是什么？

（2）实现这一愿景的路径会是什么样的？

（3）在企业经营过程中，我们面临的主要问题有哪些？

（4）我们的竞争优势和劣势分别是什么？哪些方面领先于竞争对手？哪些方面需要改进？

（5）我们应如何规划人力资源和建设领导团队？

3.冒险精神

风险意味着不确定性；冒险意味着敢于面对和评估风险，做出挑战风险的决策，并自觉承担一切后果。每一个企业的成功都是无法完全复制的。面对日益复杂多变的国内、国际市场环境，企业家需要冒险精神，这是企业家创造性人格的特征，也是人类创造精神的来源。企业家的冒险精神并不是莽夫精神，是基于创业冲动而产生的敢为天下先的开拓意识，是建立在对环境与未来的理性分析的基础上的，是基于科学分析之后的果断与勇气。

案例分析 4-5

彭心：要做全球茶饮品牌

彭心，中国新一代女性企业家，奈雪的茶的创始人。

距离奈雪上市（2021年）已经过去近一年。对彭心来说，相比股价，她更在意10年后、20年后，奈雪品牌对顾客的价值。"上市不是我们的终点，做成全球性茶饮品牌才是我们的梦想。"彭心说。

为创造差异化，彭心找到了属于奈雪瓶装饮品的杀手锏——罗汉果汁代糖。她和研发团队发现，罗汉果的甜度是蔗糖的300倍，但热量很低，作为草本植物，它是一种健康的天然甜味剂。她当下就决定用罗汉果汁作为饮品的甜味剂。罗汉果汁的成本非常高，比市面上大部分代糖高出几十倍，并且萃取技术相对有挑战，市面上目前也没有其他企业用罗汉果汁作为代糖。但彭心坚持这一决定，"你看有别的企业在用罗汉果汁吗？没有我们才有机会"。

2022年2月25日，使用罗汉果汁的两款产品"蜜桃乌龙茶"和"茉莉初雪"在奈雪全国900多家门店与电商平台、便利店和超市同步上架，售价为7~8元/瓶。凭借这两款单品，奈雪的茶悄然进入低糖饮品赛道。

资料来源　刘炜祺.彭心：进军瓶装茶［J］.中国企业家，2022（5）.

问题：彭心想要做成全球茶饮品牌的底气是什么？

分析提示：彭心想要做成全球茶饮品牌的底气来源于她的"梦想和决心"，更来自于她对品牌长期价值的关注、对产品创新和质量的坚持，以及奈雪能在市场上创造差异化竞争优势。

正如德鲁克所指出的："制定决策是不可避免的，而任何决定的实质都是不确定性。""需要确定型的人不可能是好的企业家。"敢于承担风险的精神是企业家特有的一种精神。敢于承担风险的精神指企业家在决策、用人等企业领导活动中所具有的为达到既定目的而敢于承受风险的气魄和胆略。

91

敢于承担风险的精神是企业家精神不可缺少的组成部分。企业家在市场竞争中面临的变数非常多，不管对经营决策进行多么科学详细的预测、论证，风险仍然存在，这是现代市场经济的特点。敢于承担风险并不是不去刻意降低或规避风险。一个企业要生存，首先要降低其风险成本。企业家要尽量掌握信息，降低企业的风险成本。

4.创新精神

企业家是企业发展的带头人，企业家是否具有创新意识、创新意识强不强，直接影响着企业员工创新的积极性，进而决定着能否锻造出创新型的企业。企业长期稳定的利润来源于自身持续的创新能力，而企业的创新能力与企业家的创新精神密不可分。

（1）企业家的创新精神表现为追求产品创新，通过不断追求产品质量和性能的改进与提高，来维护、发展和完善这个品牌，并通过这种创新来获取最大限度的长期收益。

（2）企业家的创新精神表现为追求技术创新，既包括高新技术的创新，也包括小的革新与发明。善于发现新的技术发明，勇于引入新的技术和工艺，不断创造新的生产方式和方法，以此来推动企业技术的不断升级和生产方式的不断发展，是企业家的一个重要使命。

（3）企业家的创新精神表现为市场创新，即能够根据市场经济发展的实际，对市场结构、市场分布进行分析与比较，据此发现和开拓新的市场，占领制高点，提高企业的生产经营效率与收益。

（4）企业家的创新精神表现为敢于和善于进行组织和制度的创新，即不仅要善于学习和模仿别人的成功经验与做法，而且要敢于和善于突破与超越别人的成功经验与做法，同时要敢于和善于在总结和综合前人经验与做法的基础上进行组织与制度的再创新，实现企业组织和制度的新突破，以提高企业的发展力和竞争力。

5.责任感

随着中国经济的发展，环境问题越来越多地暴露出来，中国企业发展的短视问题也越来越多地暴露出来，企业家的社会责任感问题也就越来越多地受到关注。一个有社会责任感的企业家需要认识到企业家的社会责任已经超越了以往只对股东负责的范畴。企业家的社会责任具体包括对企业所有者的责任、对顾客的责任、对债权人的责任、对企业员工的责任、对政府及社区的责任、对社会环境的责任等。企业家最基本的社会责任是企业的法律意识，包括遵守国家的各项法律、不违背商业道德等。在高层次上，其社会责任是企业对社区、环境保护、社会公益事业等的支持和捐助。企业家的社会责任的本质是在经济全球化背景下企业对其自身经营行为的道德约束，它既是企业的宗旨和经营理念，又是企业用来约束企业内部包括供应商生产经营行为的一套管理和评估体系。

案例分析 4-6

涩泽荣一：日本现代商道始祖

在日本近代资本主义发展史上，涩泽荣一是名副其实的"立德、立功、立言"三不朽的伟大实业家。他不仅留下了与西方资本主义接轨的工商业制度体系和数不清的创业实体，影响更为深远的是，他为近现代日本企业家确立了将西方近代资本主义产业、经济制度与东方儒家伦理有机结合的新"商人道"。

涩泽荣一早年亲近孔子，终生嗜读《论语》，他常说：古人靠《论语》治国理政，我靠《论语》从商。涩泽荣一晚年撰写的《论语与算盘》一书，是他毕生从商的心得和体会，他将商业道德伦理与经济规律的"义利观"阐述得精辟透彻："算盘要靠《论语》来拨动，同时《论语》也要靠算盘才能从事真正的创富活动。"一方面，涩泽荣一呼吁整个社会都尊重工商业，积极投入工商业活动，创造盈利光荣的社会氛围；另一方面，他诚勉广大工商界人士信守商业道德，勿忘社会责任，勿忘国家利益。他认为，道德和经济二者必须齐头并进，生产力经济只有在仁义道德的支撑下才能发展，而仁义道德的影响也只有靠经济的发展才能进一步发扬光大……"士魂商才"是现代日本商人必备素质，如果偏于士魂而没有商才，经济上就会招致毁灭，因此要有士魂，还要有商才，而《论语》则是培养士魂的根基。

资料来源　周朝晖. 摆渡人：塑造日本文化的24人［M］. 北京：文化发展出版社，2021.

问题：涩泽荣一对近现代日本商人提出了哪些要求？

分析提示：涩泽荣一要求日本商人在追求经济利益的同时，必须秉持"道德和经济齐头并进"的原则，确保企业活动既要符合经济规律又能促进社会和国家利益的共同发展。从更深层面来看，涩泽荣一所讨论的《论语》与算盘的关系，阐发了传统文明与现代文明的关系，表明了中华优秀传统文化对促进东亚地区经济社会发展所发挥的积极作用。

一个企业能否承担社会责任与企业家个人关系密切。如果企业家能够重视这个问题，愿意为承担社会责任贡献力量，那么这个企业就会做出许多对社会有益的事情；如果企业家不重视这个问题，不愿意承担社会责任，那么这个企业就很难做到这一点。因此，企业家行为对企业文化建设起到决定作用。要想使企业承担社会责任，必须培养具有社会责任感的企业家，这样企业文化建设才能落到实处，才能真正有意义。

6.诚信正直

联想集团总裁杨元庆曾经说过："诚信是一个人乃至一家企业生存的根本。诚信的意义不仅在于一笔交易的成败赚赔，而在于它标志着一个企业的品质。诚信共享是联想文化的根本。诚实做人、注重信誉、坦诚相待、开诚布公是联想人最基本的道德准则，诚信是制度规范、流程透明的最佳土壤，滋养了联想集团宽宏刚健的文化品格。同时，作为一家以人为本的企业，联想集团把为员工创造发展空间、提升员工价值、提高员工工作和生活质量作为企业的使命，员工也把个人追求融入企业的长远发展之中。"诚信是联想集团企业文化中的重要元素。企业的诚信受到企业家诚信的重要影响，要想培养企业诚信行为首先要企业家身体力行，做诚信的表率。在市场经济条件下，有时不讲诚信也可以把企业做大，比如通过走私、逃税等其他方式，但是，可以肯定地说，这样一定不能将企业做长久。不讲诚信的企业肯定不会是一个长寿企业，这一点在西方发达的市场经济国家也不例外。例如，安然公司顷刻之间轰然倒塌就是不讲诚信的后果。现在，我国企业短命现象很突出，有的是因为不熟悉市场经济竞争规则，但也有相当多的企业是因为不讲诚信而丢掉客户、丧失市场。亚当·斯密在其最早的一部著作《道德情操论》中就讲得非常清楚："与其说效用仁慈是社会存在的基础，还不如说信用、诚信、正义是这种基础。不义、偷盗欺诈、杀人、限制他人自由等行为必然会摧毁这个社会的基础，效用仁慈犹如美化建筑物的装饰品，而不是支撑建筑物的地基，信用、诚信、正义犹如支撑整个大厦的主要支柱，如果这根支柱松动的话，那么人类社会的大厦就会顷刻之间土崩瓦解。"

在《德鲁克日志》的第一篇中，德鲁克就向我们提出"领导者必须正直"，企业的精神是从上至下建立起来的。可见，企业家行为对企业行为文化产生了重要影响，企业家是引领企业发展的一面旗帜。现代心理学研究表明，人们一般不会盲目地追随某个人，而是根据自己的价值判断以及对方的人格魅力产生追随行为。无论什么样的单位，如果一个领导者缺乏起码的正直和公平，这个单位一定是人心涣散、秩序混乱的。修炼正直的品格，必须注意以下几点：第一，必须善良、有同情心；第二，必须诚实、坚守信用；第三，必须公正、坚持原则；第四，必须善恶分明、刚正不阿；第五，必须有人文精神、懂得人文关怀，坚持与人为善、与人方便。

7.学习习惯

当今的市场环境是瞬息万变的，企业家必须持续地学习才能跟得上快速变化的环境，才能主动适应新的环境，才能在新的环境中做出有效的决策，才能保持一种持续的创新，才能使企业员工形成一种学习的行为习惯，才能使企业人力资源的素质不断获得提升。

二、如何塑造企业模范人物

1.选才

塑造企业模范人物要以企业员工为基础，要以可以培养的人才为基础，要以具有潜在模范人物特质的人才为基础。选才主要是指企业在招聘员工时，要尽量录用符合企业要求、德才兼备的各类人才。这样的员工能更快地适应企业文化，并能更好地认同企业文化，为以后的工作实践打下坚实的基础。

2.搭建科学的培养平台

按照马斯洛的需要层次论和赫茨伯格的双因素理论，个人的需要是从低到高逐步发展的，或者说，在基本保障得到满足后，就需要得到自我发展的激励。对于企业创新型人才来说，低层次需要是很容易得到满足的，但激励作用更大、持久性更强的是其自我发展、自我实现的高层次需要。塑造企业模范人物并不是要求模范人物只考虑企业利益而不顾员工个人利益，企业要搭建科学的培养平台，使模范人物既能获得个人的职业发展、技能提升，又能为企业做贡献。那么，如何搭建科学的培养平台呢？

首先，要帮助员工进行职业生涯设计，树立以人为本的理念，了解优秀员工的职业发展愿景和自身特点，帮助其确立职业发展目标，使其以此为动力，尽快成长为先进模范人物。

其次，企业应搭建各种正式和非正式的舞台，给予员工各种广泛的创新锻炼和展示自我才能的机会，使其有可能得到领导和其他员工的赏识；给予员工整合团队及其他资源的机会，使其有可能干出业绩，具备成为创新型先锋模范人物的基本要求。锻炼的舞台包括大型工程项目、技术攻关项目、技术"比武活动"、各类竞赛活动、市场推销活动等，应该有意识地让各种创新型人才在这些舞台中不断磨砺成长。为此，相关企业部门每年都要制订计划，并在员工档案中有明确记录。

最后，要为各种潜质好、有一定业绩的创新型员工建立知识、技能的创新培养制度，使其具备胜任工作岗位、超越工作创新要求的条件。

3.筛选

如何在实际工作中筛选出企业先进模范人物呢？尤其在大型企业集团，由于员工众多、机构庞杂，筛选更加难以做到客观、公正。良好的创新先锋模范人物评选机制应该是以创新业绩为评价标准，以企业参与创新的员工所认同的方式进行操作。如海尔的"赛马机制"就是一个可以借鉴的比较好的评选先锋模范人物的方式，通过这种市场化的方式，可以形成广泛的相互沟通机制，广泛地发现人才，同时尽量避免信息失真和人为随意操作现象，激发员工的创新竞争意识，最大限度地展示个人创新业绩和创新潜质。

4.宣传推广

当先锋模范人物被筛选出来以后，企业应该大力宣传其先进事迹，推广其良好的职业风范，激励其更加努力工作，并促使其成为更多人的学习榜样。对于贡献卓越的先锋模范人物，要进一步深入挖掘，并通过内部的宣传渠道和外部的各种媒体大力推广，将其打造成企业的"名片"，以此提高企业的社会知名度和美誉度。

5.激励机制

先进模范人物往往具有甘于奉献的共同品质，具有牺牲精神的共同特点。企业想使先进模范人物能够真正产生正面长期的影响，就不能只停留在口号和精神上，要有效运用激励理论，对企业创新型先锋模范人物建立相应的激励措施，促使大家都尊重先进、争当先进，形成良好的激励氛围。激励机制能够使先进模范人物持续保持模范行为，使其他员工产生学习先进的工作热情，在企业内部营造一种学习先进模范的文化氛围，从而真正发挥先进模范的示范效应。比如，除了对先进模范进行精神激励之外，还要借助一些物质激励手段，比如给予奖金、期权、股份等。

95

企业文化专栏4-6

华为树立的榜样

华为在非物质激励方面做出了许多努力，设立了众多的奖项，充分体现出华为对优秀学习榜样的尊重和认可。

华为的荣誉奖项包括综合KPI绩效奖、DSO冲刺奖、"蓝血十杰"奖、金牌个人奖、金牌团队奖、华为奋斗奖、优秀产品拓展团队奖、优秀交付拓展团队奖、明日之星奖、重大销售项目奖、金网络奖、Top Sales奖、人均效益改善突出团队HR行业秘书体系专项奖、持续奋斗奖、十佳文秘奖以及干部培养突出团队奖等。这些奖项面向所有华为员工，只要符合相关的评选条件便可以参与其中，获奖者在得到奖牌、奖杯、奖金的同时，还有机会站在领奖台上，与台上台下的家人一起分享荣誉。

资料来源　孙科柳，刘佳明. 能力变现——从个体赋能到组织绩效提升 [M]. 北京：中国人民大学出版社，2020.

三、如何塑造企业员工的群体行为

无论是什么行业，无论技术含量有多高，无论团队的规模有多大，人与人之间的关系始终是第一位的，团队协作永远大于个人的力量。而让这种团队力量真正凝聚到一点的，是"钩心"而不是"斗角"。

1.价值观引导

塑造员工群体行为有多种方式，比较有效的做法是进行价值观管理。通过价值观引导、行为规范的约束和行为的不断强化及修正，使员工自觉养成优秀的行为习惯，使员工个人的工作目标同企业发展相融合，主动按照价值观的倡导去规范自己的行为。可见，价值观引导对员工群体行为产生重要的影响。

2.工作目标与个人目标兼顾

塑造企业员工的群体行为，要把员工的工作目标与员工的个人目标联系起来，使员工认识到工作不仅仅是给老板打工，除了能够对企业有贡献之外，也能实现个人的提升，共同实现工作目标与个人目标。

3.建立合理的员工行为准则

建立具有可实施性的员工行为准则，能够使员工知道什么该做什么不该做，从而在日常工作中能够从细微处规范自身的行为。

企业文化专栏4-7

海底捞服务宗旨和员工"四不准"

一个企业的成败是由该企业人才管理成功与否决定的。海底捞的成功跟很多成功企业一样是人才管理的成功。好的员工，必然能够善待客户，让客户开心；得到客户的认可和尊重，员工会更开心，因为他们的付出得到了社会的认可。这种正能量的循环，便是海底捞成功的秘密！

一、海底捞服务宗旨

1.细心、耐心、周到、热情。

2.客人的每件小事要当成大事去做。

二、海底捞员工"四不准"

1.不准给客人脸色看，不准与客人争吵。

2.不准因客人的打扮而轻视客人、议论客人。

3.不准因与客人认识、知道客人的过去而议论客人。

4.客人掉落在餐厅内的物品不能据为己有，应主动上交吧台。

资料来源　编者根据相关资料编写。

4.培养积极的职业心态

积极的心态是一种乐观、进取的心态。它是一种正面的心态，由希望、乐观、勇气、进取、慷慨等正面的特征组成。而消极的心态是一种负面的心态，由悲观、颓废、抱怨、等待等负面的特征组成。培养员工积极的职业心态对群体行为塑造有着不可忽视的影响。

5.建立有效的沟通机制

建立有效的沟通机制是管理艺术的精髓，有效的沟通可以使员工和睦共事，同心同德，形成强大的合力，推动企业的发展。反之，则会造成人际关系紧张，人心涣散。良好的沟通能为组织的决策与执行力提供基本的保障。海底捞公司内部有一个员工分享的平台，员工每天结束工作回到宿舍之后，有一件必须做的事情就是写日记，把今天做的一些有价值的事情，包括好的做法在论坛上公布出来。这样一来，一个门店做得很好的一个小创新很快就会被其他门店看到并效仿，这就是海底捞创新层出不穷的原因。创新层出不穷只是一个"果"，导致这个"果"的"因"在于海底捞有这样一个分享的平台，同时有这么一群员工愿意去分享。

[项目测试]

一、简答题

1.企业家行为有哪些特点？

2.企业模范人物有哪些特点？

3.简述企业员工群体行为和企业行为文化的关系。

4.如何塑造企业行为文化？

二、案例分析题

左晖：一个改变行业的人

左晖是中国最大房产中介公司"链家"的老板，也是中国最大长租公寓运营商"自如"的实控人，他还创立了一家资产管理公司，名叫愿景集团。2018年4月23日，左晖又将一家名叫贝壳找房的居住服务平台推到世人面前。

成立链家的第一天，左晖把自己关到屋里写了两页纸，多年之后再翻出来，自己觉得还是很有道理。"人走着走着，很容易忘了你为什么走着了。"每年，左晖都会找几个高管坐下来，拿出那张纸看一看，思考如何调整。

在贝壳内部，左晖将自己定位在"泼冷水"的位置上。他希望团队能够慢下来，静下来，想一想到底当初为什么干这件事，目标是近了还是远了。在微信朋友圈里，他写道："希望大家问问自己：你还记得当初许下的梦想吗？你每天在做的事是在无限接近它吗？"

从开出北京甜水园的第一家链家门店，到成为"房地产中介教父"，左晖用了14年。从"不吃差价""真房源"再到推出"贝壳"，让他数次处于行业对立面，备受质疑。

资料来源　李艳艳. 左晖的遗产［J］. 中国企业家，2021（6）.

问题：左晖如何通过个人行为影响和塑造了链家的企业文化？

分析提示：左晖通过坚持"不吃差价"和"真房源"的原则，体现了对诚信和透明度的重视，从而塑造了链家的企业文化。他通过亲身实践这些原则，为员工树立了一个以诚信为核心的行为榜样。

［项目实训］

项目名称：分析与实践企业家的成功习惯

项目简介：本实训项目致力于帮助学生理解和分析成功企业家的行为习惯，以及这些习惯如何对企业文化和业务成果产生影响。通过研究不同的企业家案例，亲自实践这些习惯以及反思自身行为，掌握如何将这些习惯应用到自己的职业生涯和团队管理中。

项目目标：

1.理解企业家成功习惯与企业文化之间的关系。

2.分析不同企业家的行为模式和成功因素。

3.实践并培养具体的企业家成功习惯。

4.提升自我管理、团队合作和领导能力。

实训内容与步骤：

1.背景知识学习：成功企业家的典型行为和习惯。

2.案例研究：选择多位不同背景的成功企业家，分析他们的职业生涯、成功习惯。

3.实践习惯挑战：学生选择至少一位企业家的某个成功习惯，制订个人计划并在一定时间内亲自实践，记录体验和成果。

4.反思与总结：学生撰写个人反思报告，总结实践经验和对未来职业发展的意义。

成果检验：

1.习惯实践日志：记录学生在实践过程中的行动、感受和进展。

2.展示材料：包括PPT、视频或其他形式的展示。

3.反思报告：个人总结报告，深入分析实践的影响和对未来行为的指导意义。

[学思践悟]

企业文化热词

道德责任：强调企业家在经营中应遵守道德和伦理标准，对内对外都应体现诚信、公平和社会责任。

自我管理：员工对自己的工作和职责拥有更高程度的控制权和自主性，能够自行设定目标、规划工作进程并对结果负责。

心理授权：员工感觉到他们的工作有意义，能够自主决策，有能力完成工作，保持对工作结果有影响力的心理状态。

敏捷管理：一种以适应性和灵活性为核心的管理方法，它鼓励快速响应变化、迭代进步和持续改进。

组织承诺：关系到员工对企业的忠诚度和归属感，它影响员工的留存率和工作表现。

企业物质文化

【学习目标】

◎知识目标:

1.了解物质文化包含的内容;

2.区分产品文化和品牌文化;

3.熟知企业工作环境设计的注意事项;

4.掌握产品文化、广告文化、工具文化。

◎技能目标:

1.能够对具体企业的视觉识别基本要素进行设计;

2.能够对相关企业的企业内刊和企业网站进行评价。

引例

小米产品的设计风格

随着小米生态链的迅猛扩张,小米产品家族不断壮大,并保持了一脉相承的设计风格。小米的设计风格以纯净的白色为基调,辅以精简的功能性展示:整体造型追求简洁,直线条的运用占据主导,异形设计则不多见;边角多采用圆角处理,柔和而不失美感。

米家台灯便是这种设计理念的经典之作:它由一个圆形底座、一根纯白色的直立支架,以及一条白色扁平的灯管罩组成,简洁而大方。设计中最引人注目的是支架与灯管罩间露出的一根红色电线,这个大胆的设计细节令人难以忘怀。正是这根鲜明的红色电线,使得这款台灯荣获红点设计概念大奖——金奖。一位欧洲评委对此评价道:小米的设计语言是"冷淡中带有一抹鲜艳"!这句评语精准捕捉了小米设计的精髓:在总体上偏爱冷色调,以白色和灰色为主色系,而在灯光和性能展示上则勇于使用鲜明的色彩,如小爱同学顶部的环形显示灯、小米平衡车启动时的炫彩灯光、小米净水器上的饱和蓝色提示灯……这些细节不仅为产品注入了灵魂,也为用户提供了清晰直观的体验,让用户能迅速识别产品的工作状态。

资料来源 高雄勇. 我在小米做爆品:让用户觉得聪明的产品才是好产品 [M]. 北京:中信出版集团,2020.

这一案例表明:小米独特且一致的设计语言,提升了产品辨识度和市场竞争力。企业文化是通过重视产品的开发、服务的质量、产品的信誉和企业形象识别系统等物质表现来体现的。

单元一　企业环境与企业容貌

企业环境与企业容貌是企业物质文化的重要组成部分。企业环境主要是指与企业生产相关的各种物质设施、厂房建筑以及员工的生活娱乐设施等。企业容貌是企业文化的表征，是体现企业个性化的标志，它包括企业的名称、企业象征物和企业布局等。

一、企业环境

1.工作环境

企业工作环境的优劣，直接影响企业员工的工作效率和情绪。优秀企业的工作环境为企业员工提供良好的工作氛围，是企业重视人的需要、激励人的积极性的主要手段。

为企业员工创造一个舒适、安全且有效率的工作环境，是管理者的一项重要的工作内容。优化工作环境涉及的范围很广，主要包括以下几个方面：

（1）照明。工作环境中的采光一般有自然采光和人工照明两种形式。在设计照明时，应尽量利用自然光，因为自然光光线柔和，能够让人感到舒适。通常，照明亮度越高，看得越清楚。但如果亮度过高，反而会造成眩目、看不清楚。一般应以人眼观察物体的舒适度适宜为标准。

（2）色彩。在工作环境中选用适当的色彩，不仅可以调节人的情绪，还可降低人的疲劳程度。适当的色彩对人的生理影响主要表现为可以提高视觉器官的分辨能力和减少视觉疲劳。色彩会对人的情绪产生影响，明快的色彩使人感到轻松愉快，阴郁的色彩则会令人心情沉重。

（3）温度和湿度。工作地点要根据不同的作业性质和不同的季节气候，采取必要的措施，保持正常的温度与湿度。通常，夏季当工作地点的温度经常高于35℃时，应采取降温措施，冬季室内温度经常低于5℃时，应采取防寒保温措施。人体的舒适温度夏季为18℃~24℃，冬季为7℃~22℃。

（4）绿化。绿化是优化工作环境的一项重要工作。绿化不仅能改善工厂的自然环境，还能为工作环境中各种因素的优化起到辅助作用。实践证明，花草树木是工作环境天然的"消声器"、"吸尘器"和"空调机"。绿色植物可以吸收有毒气体，杀死细菌，吸滞灰尘，降低风速，减弱噪声，增加空气湿度，降低温度，净化空气。

（5）音乐。音乐调节是指在工作场所创造一种良好的音乐环境，以此来减轻疲劳和调节情绪。心理学的研究表明，柔和的音乐不但不会分散注意力，反而会提高工作效率。一些悦耳的轻音乐可以对人的神经系统产生良好的刺激，促进细胞的兴奋，增强对信息的感受能力与反应速度，提高工作效率。

启动效应

启动效应是一种心理现象，它描述了我们如何根据周围环境的线索快速调整行为和思维模式。在职场中，这意味着我们可以通过观察会议室的布局来预测会议的性质。例如，一张长桌和显著的领导椅子通常预示着一个以领导讲话为主的会议，而圆桌则暗示着需要团队讨论的会议。

研究表明，环境中的其他元素，如颜色和植物，也能显著影响我们的工作表现。例如，绿色植物能提高工作效率，而不同颜色的背景可能影响我们的情绪和决策。黄色可能激发活力和创意，灰色可能导致疲劳，而紫色可能促进创造力但也可能导致冲动。

因此，企业管理者应该利用这些发现，优化办公环境，以提升员工的绩效和工作满意度。通过精心设计工作空间，可以在无形中激发员工的潜力，创建一个更高效和积极的工作氛围。

资料来源　编者根据相关资料编写。

2.生活环境

生活环境包括居住条件、环境卫生、配套的服务设施等。比如，员工公寓有洗衣房，配备空调；为员工设置文化娱乐场所，其中有图书室、健身室等；建立员工医疗室等。

案例分析5-1

金山办公：用心工作，快乐生活

金山一直以来都在倡导"用心工作、快乐生活"的理念，从办公环境、休闲娱乐、生活美食等方面为员工提供全方位的基于"人"的服务支撑。

海景办公环境：公司位于风景如画的海岸线上，提供了扇形海景办公楼。员工在这里可以享受海景早餐，午休时沿着海边散步或在咖啡厅休息，下午还有精心准备的下午茶，能够呈现出最佳的工作和放松状态。

生活娱乐设施：金山为员工提供了各种生活和娱乐设施，如便利店、咖啡厅、观景露台、健身房、瑜伽室等，满足员工多样化的需求，帮助他们丰富业余生活，释放工作压力。

优质餐饮服务：金山食堂提供多样化的美食选择，从各地特色菜系到西餐和小吃，致力于为员工提供如家般的美食体验，以确保他们在享受美食的同时也能感受到公司的关怀。

简而言之，金山办公不仅为员工提供了一个视野开阔的办公环境，还通过丰富的生活娱乐设施和精心准备的餐饮服务，确保员工能够在工作之余得到放松，真正实现工作与生活的完美平衡。

资料来源　编者根据相关资料整理。

问题：企业如何通过改善生活环境来强化企业文化？

分析提示：生活环境是企业物质文化建设的核心组成部分，通过打造舒适、健康、便利的工作和生活空间，可以有效传达企业的关怀理念，增强员工的归属感和企业文化的凝聚力。

二、企业容貌

1.企业名称

现代企业很注重通过宣传、推广企业的名称来树立企业形象，开拓市场。企业名称一般由专用名称和通用名称两部分构成。前者用来区别同类企业，后者说明企业的行业或产品归属。企业名称中可以包含国别、地名、人名、品名、产品功效等元素。

在企业识别要素中，首先要考虑的是企业名称。名称不仅是一个称呼、一个符号，还可以体现企业在公众心目中的形象。企业的命名除上述以国别、地名、人名、品名、产品功效等作为考虑因素外，还应考虑艺术性，应当尽可能运用寓意、象征等艺术手法。

企业文化专栏5-2

关于奈雪的茶的品牌故事

"奈雪的茶"名称的由来是因为彭心的网名叫"奈雪"。看到这个名字有人会联想到一位漂亮的女孩子在泡茶，有人会想到漫天的飘雪，有人会想到冬天捧在手心暖暖的热茶……总之，希望每个看到这个名字的人都能联想到美好的事物。

彭心从自身体验出发，以自己手的握度尺寸打样，经过18次开模，设计出符合女性纤细易握手感的"奈雪杯"。连杯塞都会被细分为女生是爱心塞，男生是小太阳的图案。杯盖上有一个凹槽也是经过特别测试过的，可以避免女生将口红粘在杯口上。

奈雪的茶以四季变换流转的时间轴作为主线，通过"镜、花、雪、月"四种具象载体，传达四种空间概念风格："春·镜""夏·花""秋·月""冬·雪"。空间设计概念里凝粹东方文化的同时，也与产品核心"中国茶"遥相呼应。

资料来源　编者根据相关资料整理。

2.企业象征物

企业象征物是一种反映企业文化的人工制作物，它可以制作成动物、植物或其他造型，并且一般矗立在企业中最醒目的地方，如厂门、商店入口处，或宾馆大堂、礼堂内等。

企业文化专栏5-3

蜜雪冰城"黑化"

有人突然发现，蜜雪冰城悄悄地把Logo上的白色雪人调成了黑色，把所有社交媒体的官方头像做了替换。一时间，大家都在猜测，这是个什么梗。有人说这是蜜雪冰城的夜间模式，也有人说是因为天气太热，雪王被晒黑了。对这些猜测，蜜雪冰城官方微博不置可否，却用两句反问："连日高温？雪王新皮肤？"再次为"黑化事件"设下悬念。事情发酵了一天之后，官方终于回应了"黑化"的原因：雪王去桑葚园摘桑葚被晒黑了，回应的同时也官宣了新品桑葚果茶。

闹了半天，这是一场主推桑葚果茶新品的营销活动。桑葚果茶是今年夏天各大茶饮品牌的主推品，蜜雪冰城靠Logo变黑事件，用极低的成本赚足了眼球，成了这轮桑葚口味战的最大赢家。

资料来源　编者根据相关资料整理。

3.企业布局

企业布局是指企业的内外空间设计。一个企业的绿化布局、厂房造型、办公区域布局、各车间布局、各种交通布局等，都应给人一种"花园式企业"的感觉。商店橱窗是商业企业形象的重要组成部分，它不仅是一种广告手段，还是反映该企业精神面貌的一面镜子。在进行商店橱窗设计时，应以商品为主体，以道具、装饰面的背景为衬托，并配合灯光、色彩和文字说明等进行合理布局。在进行商品介绍时，应注意艺术性与实用性的统一。

单元二　企业产品文化

一、企业产品文化的内涵

1.企业产品文化的定义

企业产品文化是指以企业生产的产品为载体，反映企业物质及精神追求的各种文化要素的总和，是产品价值、使用价值和文化附加值的统一，也是一类消费者群体在某段时期内对某种产品所蕴含的特有个性的定位。企业产品文化是某一类产品固有的，与产品的发展历史、当地地域和消费文化有关的文化。企业产品文化主要包括三层内容：一是指人们对产品的理解和产品的整体形象；二是与产品文化直接相关的产品质量与质量意识；三是指产品设计中的文化因素。

2.产品文化和品牌文化的联系与区别

产品文化和品牌文化的联系与区别见表5-1。

表5-1　　　　　　　　　**产品文化与品牌文化的联系与区别**

	产品文化	品牌文化
含义	产品文化是指与产品特性相关的文化	品牌文化是在一种产品类型之下由产品文化和企业文化共同作用产生的；品牌文化是指品牌本身的文化
竞争性	产品文化很容易被竞争对手模仿	品牌本身的文化则为企业所固有，竞争对手很难利用和模仿；只要你的品牌进行了规范的商标注册，那么品牌就将受到法律的保护，品牌文化也就受到了保护
价值构成	产品本身的价值是固定的	品牌价值包括品牌文化和产品文化，品牌文化占据更大的比重；品牌价值是真正的附加值

二、产品的整体形象

当消费者接触产品时，首先打动消费者的就是产品的整体形象。产品整体形象是产品在设计、研发、流通、使用等过程中形成的统一形象，是产品内在的品质形象与产品外在的视觉形象形成统一性的结果。产品整体形象包括产品的品质形象、产品的视觉形象和PI（产品形象）手册三个部分。

105

1.产品的品质形象

就产品的品质形象而言，它将产品的内在质量反映到外在的企业形象上，如德国大众公司的奔驰轿车、西门子公司的电子产品等，给人更多的是对德国产品的制造技术、产品性能及严格的质量管理体系的联想，形成"车—奔驰—技术—品质—德国"的联想。产品的品质形象涉及产品的设计管理与设计水平，同时，在产品的功能、性能、材料选用、加工工艺、制作方法、设备条件以及人员素质等方面都实施严格的管理。

2.产品的视觉形象

产品的视觉形象是以视觉化的设计要素为中心，塑造独特的形象个性，以供消费者及社会大众识别认同。产品的视觉形象以企业的标志、图形、标准字体、标准色彩及其组合和使用规范为基础要素，应用到产品视觉设计要素的各个环节上，包括产品的外观造型、包装、服务、促销媒介、展示等。

企业文化专栏5-4

喜茶的完美主义

2023年12月8日，喜茶美国首店于百老汇开业，其广告登上纽约地标时代广场的大屏幕。随着一杯喜茶变换不同的杯身颜色，喜茶Logo瞬息万变为爆炸头阿喜、古风阿喜、芭比阿喜、金色阿喜等多样化造型。

喜茶一开始就在产品上有三个特别的设计。

第一，喜茶调用了茶这个文化系统，丰富了品牌的内涵。

过去奶茶店卖的奶茶喝不出茶的味道，喜茶是第一个把茶跟奶分开的。喜茶把自己定位在"灵感、设计、禅意"，在茶身上下了大量功夫。喜茶首创的芝士茶有金凤、四季春、普洱等不同品种，而且它会在点餐区通过几个放满茶叶的大玻璃罐来强化这种元素。

第二，新鲜、好喝，要直接给你展示过程。

一杯饮料你不知道是怎么做出来的，就只能相信公司。作为新品牌，喜茶为了获取顾客的信任，就把制作过程完完整整展示在顾客面前。比如水果茶，喜茶的水果都是现切的，而现切水果不仅为了好喝，还能让你看到水果是否新鲜，制作过程是否卫生。

第三，喜茶还是用产品来玩新内容的高手。

喜茶不是完全闷头去搞颠覆式创新，而是紧贴着潮流和流行趋势做微创新。比如2019年喜茶有一个产品叫"5倍放大款养乐多"，一个放大版的养乐多罐子，上线几天30万杯就全卖完了。

资料来源　四少. 超级品牌与心动信号［M］. 北京：电子工业出版社，2021.

3.PI（产品形象）手册

PI手册是产品形象设计的最后阶段，综合了产品形象的全部开发项目，并将其整理成册，予以视觉化、系统化、规范化，适合在任何时间、环境、地点进行操作、使用和查阅。

产品整体形象是向消费者展示其内在品质与企业信息的最佳契机和最佳窗口，对树立企业品牌、塑造企业形象、宣传企业文化都是必不可少的。在对产品的不断接触和使用中，产品整体形象让人们逐步接受了其中传达的企业信息和品牌信息，帮助公众认可企业形象，从而树立产品的品质形象。

三、产品质量文化

1. 质量文化的含义

质量文化就是企业在长期生产经营实践中，由企业管理层特别是主要领导倡导、员工普遍认同并逐步形成和相对固化的群体质量意识、质量价值观、质量方针、质量目标、质量标准、检测手段、检验方法、质量奖惩制度等的总和。

2. 质量文化的构成

质量文化由四部分构成：

（1）质量物质文化。它指的是产品和服务的外在表现，包括质量工作环境，产品加工技术，设备能力，资产的数量、质量与结构，科学与技术水平，人力资源状况等。

（2）质量行为文化。它包括在质量管理活动、宣传教育活动、员工人际关系活动等过程中产生的文化现象。从企业人员的结构看，质量行为文化包括领导干部的领导行为文化、企业员工的群体行为文化、质量队伍的专业行为文化等。

（3）质量制度文化。它是约束员工质量行为的规范文化，包括质量领导体制、质量组织机构、质量保证体系、质量奖励与管理制度等。

（4）质量精神文化。它是质量文化的核心文化，包括质量文化理念、质量价值观、质量道德观、质量行为准则等。

案例分析 5-2

小米移动电源：目标最优解

小米成立紫米科技专门做充电宝，目标是打造一款现象级的爆品。一开始，紫米打算开辟两条产品线，一条采用高标准的进口电芯，售价99元，另一条采用国产电芯，售价69元。公司最后决定，集中精力和资源，奔向唯一正确的最优解——采用更高的标准，同时把价格做到69元，成为移动电源品类的第一。

在外观上，当时移动电源的外观材料只有塑料和金属两种选择，塑料在颜色处理上不如金属，同时质感也差很多。小米很自然地选择了金属外壳，也迎来了做移动电源最大的挑战。如果采用普通产品的棱角外形，不仅会增加材料成本，也不符合人体工程学的持握习惯。因此，小米把移动电源的两边设计成自然的弧度，内部采用了跑道型的筋条来固定电芯。这样的设计内部结构最佳、材料最省、成本最优，小米找到了最优解。

10 400毫安、一体成型的铝合金外壳、阳极喷砂工艺、极简设计的外观、价格只有69元，小米移动电源一经发布就成了爆款，第一个月就在小米网售出60万只，第二个月销售150万只，第三个月达到了惊人的300万只。发布产品的第一年，小米移动电源出货量突破1 000万只，成为小米第一款千万量级的爆品。

资料来源 雷军，徐洁云. 小米创业思考［M］. 北京：中信出版集团，2022.

问题：小米移动电源的成功发布对企业质量文化有何启示？

分析提示：注重细节的工艺创新和对用户体验的深刻理解是构建优秀企业质量文化的关键因素。

四、品牌文化

客户购买产品，不仅选择产品的品质和功效，还注重品牌的文化品位。优秀的品牌无不蕴含着丰富的文化内涵，品牌文化赋予消费者情感体验，也造就了品牌的价值。

1.品牌文化的内涵

品牌文化是社会物质财富和精神财富在品牌中的凝结，是文化特质在品牌中的沉积，是消费心理和价值取向的高度融合，是品牌经营中的一切文化现象。品牌文化分布于品牌的各个层面，科学技术、道德规范、宗教信仰、风俗习惯、文学艺术、利益认识、情感归属等都丰富和深化了品牌内涵。人们透过品牌的经济现象，可以解读其中的文化意蕴。

品牌文化由品牌物质文化和品牌精神文化两部分构成，二者分别代表了品牌的有形资产和无形资产。品牌物质文化是品牌精神文化的基础和前提，它决定着品牌精神文化的性质与方向；品牌精神文化是从品牌物质文化中派生出来的，它依附于品牌物质文化。有品牌便有品牌文化，有品牌文化便有品牌物质文化与品牌精神文化的统一，每个品牌都是这样。

2.品牌文化意义

（1）品牌文化意味着品牌的个性差异。任何一个强势品牌势必有一个清晰而丰富的品牌识别标志——品牌个性。品牌个性是品牌独特的身份与标志，是品牌与众不同的价值所在。有个性的品牌才会有竞争力，个性越鲜明，竞争力就越强，在消费者心中留下的印象就越深刻。而对品牌个性的最好投资，是用力塑造品牌文化。把一种风格独特的文化注入品牌，品牌的个性才会生动鲜明。

（2）品牌文化意味着品牌的竞争优势。品牌文化一旦在消费者心目中"注册"，它所代表的功能和利益与消费者认同的价值就会产生共鸣，所释放的能量就会非常可观，就会将无形的文化价值转化为有形的品牌价值，把文化财富转化成差异化的竞争优势，使产品在激烈的市场竞争中保持强大的生命力。因为消费者如果对一种文化产生认同，就不会轻易改变。

（3）品牌文化意味着品牌的超凡魅力。品牌文化是企业经营理念、顾客消费理念与社会价值文化理念的辩证统一，是品牌中能够凸显竞争优势、展现品牌独特理念的人性化和哲理化特征，是品牌形象中最有价值、无法模仿和替代的部分。品牌文化可以超越品牌的物理性能和使用价值，创造品牌感知，丰富品牌意象，提升品牌的理性诉求，强化消费者的购买动机。深厚而持久的品牌文化可以使品牌产生超凡魅力。

（4）品牌文化意味着品牌的生命。从品牌生态学的观点来看，品牌可以分为两大类：经济型品牌和生命型品牌。经济型品牌是指以追求经济利益为根本宗旨，把获得最大市场占有率、最高销售额和最高回报率作为品牌成功的最高标准，不重视品牌文化的建设，结果使品牌成为一部纯粹的赚钱机器，导致其生命快速衰竭。生命型品牌是超越经济利益的生命机体，通过建立优秀的品牌文化而对消费者产生持久的吸引力，它更注重长远利益，它的生存能力和发展潜力随着机体的健康成长而不断延续。

（5）品牌文化是品牌的人格化。品牌因文化而独具个性，这些个性通常用形容词加以描述，如奔驰的自负、富有、世故，锐步的野性、户外、冒险，百事可乐的年轻、活泼、刺激等。在这里，品牌已经不是一个死的事物，而是一种活的生命，它具备了人的性格特征。简而言之，就是把品牌人格化了。如果说"性格决定人的命运"，那么我们也可以认为品牌所包含的精神和价值观决定着品牌的命运。从这个意义上说，品牌文化就是品牌的"人生观"，是决定品牌强弱与成败的关键。

案例分析 5-3

百雀羚：中国传奇，东方之美

关于"百雀羚"的由来，民间有这样一种说法：鸟儿的羽毛根部富含一种油脂，人们将其提炼出来，涂抹在肌肤上，可以起到防冻防裂、滋润皮肤的作用。由此，"百雀羚"的创始人顾植民先生想到了"百雀羚"这一品牌名称。

"百雀羚"意为从鸟羽中提炼出来的油脂精华，体现出了百雀羚天然、安全的护肤理念。而百雀羚的标志设计为蓝底白字的隶书"百雀羚"，将隶书的古朴典雅、方圆相济的美展现得淋漓尽致。标识中的绿色英文"PECHOIN"虚实结合地排布在一个绿色的方形中，象征着小鸟自由地跳动；被两片叶子部分遮盖，象征着绿色、草本、安全的企业理念，也寓意企业生命不息，充满生机和希望。

安全是东方护肤的历史传承和根本之道。百雀羚专设"本草工坊"，成立汉方本草研究所。"天然不刺激，百雀羚草本"的品牌口号，反映了百雀羚鲜明的产品理念，成为其品牌文化的核心。

作为化妆品行业的老字号品牌，百雀羚运用中国传统文化、医药文化元素塑造品牌理念，深受消费者的喜爱。

资料来源　陈立彬. 传统文化元素的品牌呈现方式与传播策略研究［M］. 北京：人民邮电出版社，2020.

问题：百雀羚如何通过其标志和口号传达品牌文化和价值观？

分析提示：百雀羚通过结合传统隶书字体和绿色元素的标志设计，以及"天然不刺激，百雀羚草本"的口号，传达了其对天然、安全、草本护肤理念的承诺和对东方美学的尊重。

3.品牌文化的培育

（1）围绕品牌核心价值演绎。品牌文化的演绎必须围绕品牌核心价值的主线，改变或偏离这根主线往往使消费者雾里看花，对品牌认知产生错乱，自然难以积淀成深厚的文化内涵。

（2）细小之中见伟大。大而全的品牌文化就是没有文化，无法深入人心、引起共鸣。品牌文化从来就是细小之中见伟大，正如原子弹，其巨大的核威力却来自细小的原子裂变。许多优秀的品牌文化以小见大，以少见多，动人心怀。如金帝巧克力"只给最爱的人"表达了情人之间的爱，打动了无数恋人的心；纳爱斯雕牌日化品通过"妈妈，我可以帮你洗衣了"等电视广告围绕母女情来演绎品牌文化。

（3）自然、清新、独特的内涵。从经典品牌的发展历程可以看出，凡是能够穿越时光、跨越国界的品牌往往都蕴含着自然、鲜明、独特的文化内涵，品牌文化自然流露，动人心弦，保持长久的生命。例如，可口可乐的"欢乐、自由"，戴比尔斯的"钻石恒久远，一颗永流传"等。

（4）满足消费者的需求。只有满足消费者需求的品牌文化才是最有生命力的。品牌文化虽由企业建设培育，却由消费者需求而定，所以品牌文化的演绎应该洞察消费者的内心世界，满足消费者的相应需求。

（5）多形式的演绎手段。品牌文化的培育应该是点滴积累、循序渐进的过程，全景式的广告轰炸只能快速提高品牌知名度，却很难积淀品牌深厚的文化内涵。除了广告外，品牌文化的培育还需要多种手段，如公益活动、新闻宣传、公关赞助等。

企业文化专栏5-5

国潮热

在当下，"国潮经济"正在风行，并逐渐渗透到人们日常生活的方方面面。越来越多的国内品牌，都在从传统文化中汲取灵感，寻找破圈的机会。

比如故宫博物院的"国潮+IP"的文创产品，就带火了很多网红爆款；李宁的"中国风服饰"，亮相各大服装周；美加净推出"大白兔奶糖味"的唇膏，一度受到人们的追捧；回力、上海百雀羚、花西子、老干妈等众多品牌，一轮轮的国潮消费热潮在持续升温，横跨服装、美妆、食品、文创等多个领域。

回头看"国潮热"这些年涌现的各类符号、形象、题材，你会发现传统文化、传统审美的复苏迹象越来越明显。一些像甲骨文、祥云、传统神兽形象等文化元素，已经突破了既有的文化圈层，被融入服饰、影音、文创等各类生活载体上，来表达人们独特的审美主张。它们重新定义了"潮"的概念，并引发了年轻人对"东方美学"的追捧。

从这个角度来说，"国潮热"不仅是一种经济现象，还是一种逐渐趋于主流的文化现象。它也意味着，新一代消费者的需求正在发生变化。

资料来源　编者根据相关资料编写。

五、产品的文化设计

产品的文化设计包含四大基本要素，即文化功能、文化情调、文化心理和文化精神。

1.文化功能

文化功能是产品文化设计的核心要素。产品文化设计的主要目的在于赋予产品一定的文化功能。比如，不管什么产品，其操作要求、操作速度、操作频率等都要符合人体运动的力学条件，各种显示件要符合人体接受信息量的要求，使人感到作业安全、方便、舒适。为了达到这样的文化功能，就要对产品进行必要的文化设计，使产品的外部物件尺寸符合人体的尺寸要求，使产品与人的生理特征相协调。成功的产品应当集实用功能、审美功能和文化功能于一体。

2.文化情调

作为最感性直观的要素，文化情调是文化设计的切入点。情调就是通过不同的物质材料和工艺手段构成点、线、面、空间、色彩等要素，构成对比、节奏、韵律等形式美，以及由此形式美所体现出的某种并不具体但却实际存在的朦胧情思，表现出产品特定的文化氛围。比如使用古色古香的陶杯、瓷瓶、铜爵、木盒、竹筒作为酒的包装物，则富有古代文化的情调。

3.文化心理

文化心理是指一定的人群在一定的历史条件下形成的共同的文化意识。对产品的设计要充分考虑人们的文化心理，使产品的形态、色彩、质感产生悦人的效果，而不能给人以陈旧、单调、乏味的感觉，更不能因违背习俗而招致忌讳。例如，就色彩而言，幼儿喜爱红、黄两色（纯色），儿童喜欢红、蓝、绿、金色，年轻人喜欢红、绿、蓝、黑色及复合色，中年及老年人喜欢紫、茶、蓝、绿色。

4.文化精神

文化精神是一个民族或一个时代最内在、最本质和最具生命力的特征，也是最有表现力的特征。文化精神是产品文化的总纲，文化情调、文化功能和文化心理最终都归结和取决于文化精神。所以，一方面，产品设计要体现民族文化精神；另一方面，产品设计要体现时代的文化精神。

企业文化专栏 5-6

文化符号：重现的民族记忆

中国幅员辽阔，千百年来形成的文化博大精深，体现在衣食住行上各有特色，仅在"住"的方面，各地建筑在配色、设计方面都大有讲究。李宁将中国三大建筑的特点融入鞋子的设计当中，共有三种配色，分别是"玄""皖""青"，分别对应京、皖、苏派三种地区特色建筑："玄"的灵感来自京派建筑，京派建筑讲究对称分布，方方正正的四合院代表吉祥、团圆；"皖"代表的是皖派建筑，皖派建筑清秀典雅，青瓦白墙，砖雕门楼；"青"的灵感来自苏派建筑，上有天堂，下有苏杭，苏州园林充满诗情画意的景象让大家心生向往。李宁正是通过阖家欢乐、家和万事兴的和谐观念，让消费者感受到民族文化的温度，创造了"精神家园"。

皮影戏是我国民间古老的艺术形式，但是现在的年轻人很少有机会去现场看皮影戏。李宁将皮影戏这一传统文化元素与鞋子结合，打造了潮系列·逐光叠影·熠，该系列正是吸纳了皮影戏的精华，将非物质文化的魅力展现出来。

资料来源 龙甲茂，唐煜."国潮"品牌文化认同建构——以李宁为例 [J]. 国际公关，2020（2）.

单元三 企业广告文化

企业广告在提高企业知名度、传播企业信息、参与市场竞争、满足市场需要的过程中形成了一种独特的文化，即企业广告文化。

一、企业广告文化的内涵

所谓企业广告文化，即蕴含在广告运动过程中的，逐渐被人们所接受和认同的价值观念、风俗习惯等生活方式的总和，是广告中所蕴含的独特的文化底蕴，是广告中必然的构成要素之一。它是以广告为载体、以推销为动力、以改变人们的消费观念和行为为宗旨的一种文化传播形式。广告的传播过程就是一个人们共享社会文化的过程，也是一个企业价值观念不断被传送、强化和被公众接受的过程。

1.企业广告文化是一种经济文化

广告是目前世界上最普遍、最广泛的一种经济现象。广告既是一种现代商战的利器，也是一种品牌传播工具，各种不同形式的广告将商品信息传播到千家万户，使经济信息的传播取得最佳效果。可以说，广告文化是一种强有力的经济文化。

2.企业广告文化是一种社会文化

广告是一种现代社会中相对独立的文化现象，贯穿于社会生活的方方面面。它不仅在很大程度上支配着人们的消费观念、消费方式，而且影响着人们的世界观、人生观和价值观。

3.企业广告文化是一种大众消费文化

广告文化是随着市场经济应运而生的。以大众传媒为载体、以市民大众为主要对象的广告文化，是目前中国社会文化领域中的一种现代文化形态。它唤起人们的消费激情，潜移默化地影响和改变着人们的消费观念、消费行为和消费方式。

二、广告文化的主要特点

1.传播媒体的多元性

任何广告的发布都必须借助某些媒体。现代企业广告的发布已形成了比较系统的多元化媒体网络，既有传统的广播、电视、报刊出版渠道，也有新兴的互联网门户网站、自媒体平台等。除此之外，广告主通过一切可以利用的媒介自行设计制作的广告更是数不胜数。这使得广告文化具有载体多、传播广、影响力大等独特优势。

2.设计制作的艺术性

为了达到广告的最佳效果，广告发布者都尽其所能、想方设法地增强广告的艺术感染力。因此，广告艺术化是现代传媒的普遍追求，音乐、美术、图文、声像、说唱、戏剧等各种艺术手法经常被综合地运用到广告设计或制作中。

3.内容的思想性

思想性是广告的灵魂，科学性是广告的有效载体。现代多门学科知识、信息技术的运用，使广告的效率大大提高。广告在传递信息的同时，也发挥着教育功能，它激发、鼓舞人们正直、健康、向上的精神，引导人们形成正确的价值观、审美观，造就良好的社会风尚和美好的生活方式。

4.民族差异性

广告文化作为一种文化现象，受不同的经济环境、风俗习惯、民族心理、性格特征、思维方式和价值观念的影响。即使是对同一信息，人们可能产生不同的主观感受，尤其是在跨文化传播中，务必要了解和尊重消费者的文化背景，避免产生沟通障

112

碍。在宗教文化不同、民族区域不同的地方制作广告，其内容和画面应避开宗教禁忌和民族禁忌，避免造成广告传播的障碍。

案例分析 5-4 ——————————————————————

视频时代：为什么海报还没有消失？

电梯广告作为一种"古老"的广告形式，它是前互联网时代的产物，并不玩个性推荐、"千人千面"，而经常是一张海报打天下。奇怪的是，这种古老打法好像没有过时。在互联网广告成为主流的今天，其他传统广告都在大幅萎缩，电梯广告却还在增长。

不但是广告界离不开海报，影视界也非常重视海报。奈飞发现，用户最多为首页上展示的每个视频停留 1.8 秒，那么，一张海报，怎么才能够抓住这 1.8 秒的宝贵时间，让用户选择点击呢？刚才说的"大字标题+主角形象"的配置，就是奈飞算法研究出来的最优解。而且，奈飞在海报上也实现了个性化推荐。同一部作品，观影习惯不同的用户，可能会看到不同的封面。比如，一名常看喜剧的用户，会看到剧集中串场的知名喜剧演员出现在封面上；而更喜欢看爱情片的用户，则可能会在封面上看到一对情侣。

有艺术大师说过，海报这种创意形式，永远不会被视频所取代，因为海报可以被"凝望"，视频却做不到。

资料来源 编者根据相关资料整理。

问题：在广告形式不断变化的背景下，海报广告能保持其有效性的不变要素是什么？

分析提示：海报广告的不变要素是其简洁明了的视觉传达和易于记忆的信息，这使得它能够在短时间内快速吸引受众的注意力并留下深刻印象。

三、企业广告文化传播中值得注意的问题

企业在广告文化传播中值得注意的问题主要有以下三方面：

1.假、大、空现象

所谓"假"，就是有的广告在商品的价格和质量上弄虚作假，欺骗消费者。在价格上标榜"大甩卖""大减价"等，实质上却是故弄玄虚。在质量上有的商品号称最好、最优、最耐用等，而实际上质量却很低劣。所谓"大"，就是有的广告夸张吹牛，动不动就称王称霸，你说"国内第一"，我就说"国际金奖"。所谓"空"就是仅有广告口号，而无实质内容。有的广告词逻辑混乱、自相矛盾、令人费解。

2.广告格调低下、创意不佳

有的广告为了追求感官上的刺激，使用一些低俗镜头或照片，格调相当低下。这样的广告即使在短期内能获得一定的效果，最终也必定失败。另外，一些广告虽然不涉及色情，但是创意的精神境界不高，同样无法令消费者接受。比如，有一家果汁饮料企业的电视广告台词是："只有我甩别人，不能别人甩我。"这种广告词容易对青年人产生误导，同时也让敏感的消费者产生反感。

3.广告文化在深层意义上与民族文化冲突

有些广告在创意时考虑得不够全面,有时会无意中触及有关民族、宗教信仰等敏感问题。这样的广告不但不会起到宣传推广商品的作用,甚至可能会给本企业带来巨大的负面影响。

四、企业广告的文化传统

传统文化是企业广告文化生存的环境之一,广告创意必然会受到传统文化的影响。充分了解传统文化在广告中的延展性,有助于找到现代广告与传统文化的契合点。

1.民族价值观念

文化的基本要素是传统思想观念和价值观,其中尤以价值观最为重要。中国传统文化的精髓——儒、道、禅、墨、法、名、纵横、阴阳诸家学说的传统价值观,在中华民族文化中留下深深的烙印。比如,维护国家大一统的政治秩序,把国家、民族的利益看得高于一切,强烈的国家意识等。现代广告有时艺术地再现了中华民族的这一根本价值观。比如,长虹电器推出"以产业报国、民族昌盛为己任"的企业形象广告,非常可乐"中国人自己的可乐",孔府家酒"孔府家酒,叫人想家",这些价值观体现了民族文化的精神。

2.民族思维方式

广告创造性的思维活动必然受到民族思维方式的深刻影响,但也为传统的思维定式带来突破。中国传统思维方式最显著的特征是唯伦理性,具体表现为直观的思考方式、现实的生活态度和对历史的怀旧心理等。"中庸之道"作为一种传统的辩证思维方式,要求人们自觉调节思想感情和言论行动,讲究和谐与含蓄,使之不偏不倚、无过无不及。

3.理想的民族人格

中华民族传统的理想人格孕育于各家的经典教义中。比如,儒家"孔颜乐处"的圣贤人格,道家"自然而为"的逍遥人格,佛教"与世无争"的忍辱人格,墨家"赖力仗义"的侠士人格等。"道""义"是儒家思想行为的总则,许多企业为了提升自身的形象,在公关活动中重义而乐道,对社会表现出高度的责任感,从而使其品牌的美誉度得到了质的升华。儒家理想人格追求"真、善、美"全面发展的人格境界。许多广告充分利用这一民族传统文化,深入挖掘其深层次的美好东西,使产品的知名度和美誉度都得到很大的提高,收到了良好的广告传播效果。

4.民族道德情感

传统的民族道德情感对内表现为孝、亲,对外表现为忠、信。孝、亲提倡敬养父母、尊敬长辈、敬爱老人,这对每一个中国人来说都是挥之不去的情愫。

5.民族礼仪风俗

中国素以"礼仪之邦"的盛誉而著称于世,风俗是一种历代相袭、积久而成的风尚和习俗,是在广大民众中流行和被认可的不成文的规定。"脑白金"广告中的"今年过节不收礼,收礼只收脑白金"的创意抓住了中国人送礼的风俗。中国人还有辟邪求吉的心理,"金利来"领带把最初的"金狮"改成"金利来",迎合了人们求吉的心理而打开了市场。中国电信形象系列广告"清明篇"，通过抓住清明节传统的节日活动——插柳、放风筝，以及清明节传统食品"翡翠团子"进行诉求，获得了很好的效果。

6.民族文学艺术

中国的民族文学艺术是一个门类众多的意识形态范畴，主要包括诗歌、散文、小说、戏剧、音乐、舞蹈、书法、绘画、雕塑等。广告作为一种社会的文化形态，必然与传统的文化艺术有着千丝万缕的联系。广告首先选择群众最喜闻乐见的艺术形式，并在跨文化传播中使中国的民族文学艺术放出光彩。北京申奥委的会徽，既形似华夏传统的民间工艺品"中国结"，又形似一个打太极拳的人形，行云流水、和谐生动、充满运动感，让全世界的观众都能理解。

案例分析 5-5

中国传统文化元素中的颜色

自古以来，国人对颜色的象征寓意都极为重视，甚至在不同的朝代，其所崇尚的颜色也不尽相同。受此影响，为提高广告设计效果，很多广告在设计时都会引入这一元素。例如在春节时，家家户户都张灯结彩，并且大多数以红色为基调。老台门酒便以此为基础，以"地道中国酒"为设计主题，制作了一个以红色背景为主的平面广告，极大地凸显了其形象和地位。中国历史悠久，早在古代五色就从"五行说"中发展而来，以白、青、黑、赤、黄五色与金、木、水、火、土的五行相关联。比如，在京剧脸谱中红色代表忠勇，黄色代表彪悍，黑色代表刚直，白色代表奸诈，青色代表勇敢。在古老的太极图中，黑白两色象征阴和阳、虚和实。在民间色彩当中，红色是喜庆的颜色，而黑白蓝则多象征死亡、凄凉。

资料来源　刘亚夫. 现代广告设计中的中国传统文化元素 [J]. 大观，2020（5）.

问题：中国传统文化元素在现代广告设计中有何应用价值？

分析提示：中国传统文化元素应用到广告设计中，不仅可以提高广告设计的文化内涵和审美价值，还可以极大地凸显现代广告设计的个性化特点，避免出现设计作品同质化的问题，有利于广告设计行业的可持续发展。

单元四　企业工具文化

一、企业服装服饰文化

1.企业服装服饰的内涵

企业服装服饰包含企业制服和企业工作配饰两个部分。所谓制服，指的就是上班族在其工作岗位上按照规定所必须穿着的，由其所在单位统一制作下发的，面料、色彩、款式整齐划一的服装。制服是为不同的工作需要而特制的不同服装。企业制服包括经理制服、管理人员制服、员工制服、礼仪制服、文化衫等；配饰包括领带、工作帽、纽扣、肩章、胸卡等。

制式化的工作服有助于打造企业纪律，强化企业文化凝聚力，增强员工的企业归属感，营造良好的企业秩序。工作服凝聚着企业的标准与规范，体现了协调与和谐的团队精神，对外传递着企业尊严与企业信心。

2.企业制服的价值

（1）企业制服可以提高企业的凝聚力。员工穿制服能够增强员工对企业的归属感和员工之间的认同感，从而提升企业和团队之间的凝聚力以及员工和员工之间的协作力。

（2）企业制服可以树立企业形象。员工穿制服既是个人形象的包装，也是企业形象的体现。成功企业的经验告诉我们，一家具有优秀形象的企业更容易在商海的竞争中脱颖而出，优秀形象能够成为企业在市场和客户面前的制胜法宝。

（3）企业制服可以创造独特的企业文化。企业制服是穿在人身上的，其不仅能反映员工的精神风貌，更能体现出企业的文化内涵。比如，深色调和款式保守的制服体现的是企业稳健的作风，而颜色亮丽、款式时尚的制服能表现企业的创新和开拓精神。

（4）企业制服可以规范员工行为。穿上制服后，员工可以迅速进入工作状态。制服是自律、专业以及忠于职守的体现，这无疑能起到规范员工行为、增强员工纪律观念的作用。

3.企业制服设计要求

（1）适用性原则，即既要考虑员工的岗位，也要考虑季节因素，应设计多套服装。服装要能反映员工的精神风貌，体现出企业的文化内涵。根据特定对象进行系统、完整设计的制服是企业或群体核心精神理念的体现。优秀的企业制服设计能够使企业或群体的形象更具特色，是展现精神风貌的"风景线"。

（2）要基于企业理念，体现企业特色，表现出企业是现代的还是传统的，是创新开拓的还是温和亲切的企业形象属性。企业制服在注重功能的同时，还要充分考虑到设计作品的原创性和艺术性。

（3）要基于行业特色，表现出医院、学校、宾馆、商业等已为大众认同的服装模式。

（4）要考虑视觉效果，通过色彩、标志、图案、领带、衣扣、帽子、鞋子、手套等表现出整体的视觉形象。企业制服制作构思可以从每一个要素出发进行创意，也可以从整体角度出发进行创意；可以用新元素进行创意，也可以用常规元素超常理构成进行创意。总之，企业制服制作构思要出奇、出新、出彩，要有创造性。

（5）可以和已设计好的视觉识别基本要素相搭配。比如，在保持整体风格一致的前提下，将企业的标准字做成工作牌或标徽或直接绣在制服上，并以标准色作为制服的主要色调，以其他不同的颜色区别不同的岗位性质。

案例分析5-6

快递小哥好时髦

曾经有这么一个段子：天冷了，马路上的行人都穿上了冲锋衣，黄的像美团、蓝的像饿了么、红的像京东、黑的像顺丰，可见印象中的快递就是这些颜色的代表。

2018年，顺丰为员工定制了工服，据说还是"NIKE"高配版，并且价格不菲，新款工服瞬间在顺丰内部引发了轰动，被员工称为"黑色闪电战衣"。

菜鸟裹裹联合国内户外品牌探路者发布联名概念工服"菜鸟羽衣"。这次"菜鸟羽衣"系列工服的发布并没有邀请专业模特，而是别出心裁地由30名菜鸟裹裹及其合作伙伴百世快递、德邦快递的一线员工、快递员穿着新工装直接走上了T台。

天猫也为快递小哥专门量身打造了两款工装，适合春夏和秋冬。纯黑色、连体衣，让快递小哥从一片大红大绿中走出来，成了酷酷的时尚达人。考虑到快递员常年在户外工作，需要带些零散小物品，设计师采用了多口袋的夹克装设计。

京东配送员工服整体外观设计更加美观时尚，集安全性、实用性及舒适性于一体，让"京东红"的辨识度更强。京东新款配送工装增加多处高亮热压反光条设计，背面Logo采用反光面料，提高了配送员的安全系数。左前胸增加带盖贴兜，所有口袋均采用加大加深设计，方便配送员放置手机。此外，新款配送服帽子可脱卸，帽檐采用弧形设计，在护住脖子的同时，露出背面反光Logo。

资料来源　制服设计. 快递小哥现在好时髦！您觉得哪家快递公司的工作服最好看？[EB/OL].［2024-01-02］. https://zhuanlan.zhihu.com/p/129730303.

问题：企业统一工装的意义何在？

分析提示：在企业形象建设中，视觉识别是一项非常重要的工程。大到企业商标，小到企业门牌和信封，都在向外界传达一个企业的性格和审美取向。

二、企业办公用品文化

1.企业办公用品文化内涵

企业办公用品是企业信息传达的基础单位，办公用品在企业的生产经营中用量极大，扩散频繁，而且档次、规格、式样变化多端。因此，办公用品是企业视觉识别的有力手段，具有极强的稳定性和时效性。

2.企业办公用品文化设计

企业办公用品主要指纸制品和工具类用品。办公用品的设计涉及纸制品规格标准的设计、纸制品的形式和格式设计、运用于办公用品中的基本要素的选择及组合、办公用品的空间布局、办公用品的统一设计等。在设计中，应注重以下几个环节：

（1）引入的企业识别标志和变体、字体图形、色彩组合必须规范。

（2）所附加的企业地址、电话号码、邮政编码、广告语、宣传口号等，必须注意其字形、色彩与企业整体风格协调一致。

（3）对于办公用品视觉基本要素的引入，以不影响办公用品的使用为原则，并在此基础上增加美感。如纸张中涉及的企业基本信息要素，应位于边缘一带，并根据心理学的视觉法则，一般应位于整个版面的左上方，以给其使用留出足够的空间。

（4）对于办公用品的选择，一般应选择质量较好的制品，不能出于成本原因而因小失大。

三、企业交通工具文化

企业的交通工具是塑造、渲染、传播企业形象的流动性媒介和渠道。交通工具外

117

观的设计，重在企业识别标志和其变体的构成组合，尤其是同车体、车窗、车门构成组合的协调。在设计时，应注意以下几个方面：

（1）车辆外观的设计应和企业名称设计、产品名称设计、标准字的运用、标准色的选取等相一致。

（2）由于车辆形体、大小、车型不同，在应用时还应注意和具体的交通工具相结合，使车辆对企业的宣传得体、恰当。

四、企业视觉识别系统手册

1.企业视觉识别系统手册结构体系设计

（1）概念的诠释，如VI概念、设计概念、设计系统的构成和内容等。

（2）基本设计项目的规定，主要包括各设计项目的概念说明和使用规范说明等，如企业标志的意义、定位、单色或色彩表示的规定、使用说明和注意事项，标志变化的开发目的和使用范围，具体禁止使用的例子等。

（3）应用设计项目的规定。

2.手册的装订形式

（1）将基本设计项目规定和应用设计项目规定按一定的规律编制装订成册，多采用活页形式，以便于增补。

（2）将基本设计项目规定和应用设计项目规定分开编制，各自装订成册，多采用活页和目录形式。

（3）根据企业机构（如分公司）或媒体的不同类别，将应用设计项目分册编制，以便使用。

3.手册的具体内容设计

（1）引言部分，如领导致辞、企业理念体系说明和形象概念阐述、导入VI的目的和背景、手册的使用方法和要求等。

（2）基本设计项目及其组合系统部分，如基本要素的表示法、变体设计等。

（3）应用设计项目部分。

（4）主要设计要素样本部分，如标志印刷样本或干胶、标准色样等。

单元五　企业物质文化设计 ////////////◦◦◦◦◦◦◦◦◦◦◦

一、视觉识别基本要素设计

1.企业名称和品牌设计

在诸多要素中，企业名称是首先要重视的，好的名称能产生一种魅力，是企业形象的重要组成因素。人们对一个企业的记忆和印象直接来自其名称，俗话说"名不正言不顺"，企业的名称对企业形象有重大影响。如果企业名称不适于信息传递，将会直接影响到企业的商业活动。从传播学的角度来说，企业定名的要诀在于：

（1）简洁。易读易记的名称是理想选择。越简单、明快的名称，越易于与消费者进行信息交流，易于刺激消费者的遐想。根据日本经济新闻的调查，企业名称的字数对认知度有一定影响，名称越短越利于传播，4个字的企业名称在被调查者中的平均认知度为11.3%，8个字的则只为2.88%。雷同、重复或易混淆是企业定名之大忌。

（2）创新。新和特有时不可分离，唯有富含新鲜感、有创意的名称，才有可能是独特的。以全然未出现过的词语作为新企业的名称，往往引人注意，但也要冒着能否被大众接受的风险，所以，反复进行宣传是有必要的。BYD（比亚迪）三个字母商标的英文拼写为build your dreams，意为"成就你的梦想"。

（3）响亮。发音响亮、朗朗上口的名字，比那些难发音或音韵不好的名字容易传诵。企业拥有一个响亮的名称，是让消费者"久闻大名"的前提条件。如音响中的著名品牌健伍（Kenwood），原名为特丽欧（Trio），其发音节奏感不强，最后一个音"o"念起来没有气势，后改名为Kenwood，ken与can谐音，有力度和个性，而wood又有短促音与和谐感，整个名称节奏感强，颇受专家好评和消费者喜爱。

（4）巧妙。巧妙地利用联想的心理现象，使企业名称能给人以好的、吉利的、优美的、高雅的等多方面的提示和联想，能较好地反映出企业的品位，在市场竞争中给消费者好的印象。"娃哈哈"这个名称，使人自然地联想起天真活泼的孩子，反映出企业的本质和促进少年儿童身心健康的企业宗旨。

企业文化专栏5-7

"新东方在线"为什么要改成"东方甄选"？

2023年1月31日，新东方股东大会通过改名决议，新东方在线正式改名为东方甄选。完整的说法应该是，新东方在线科技控股有限公司改名为东方甄选控股有限公司。

要知道，对企业来说，名字可不仅仅是一个称呼，它更像是一个积攒信任的容器。比如，耐克、苹果、可口可乐，大家对你的信任，都是积累在这个品牌名字上的。

从这个角度看，改名可是一件大事。你知道新东方在线为什么要改名吗？首先，过去开展的教育培训业务几乎不做了。其次，它们几乎是完全换了一个新的赛道，那就是电商，而且这个赛道做得还不错。最后，大家都看好电商业务，新东方在线改名也能向投资人表达做这个业务的决心。有了这几个关键前提后，新东方在线才敢有改名的念头。

资料来源　编者根据相关资料编写。

2.企业标志设计

在视觉要素中，标志是核心要素。企业标志是指那些造型简单、意义明确、统一、标准的视觉符号，一般是企业的文字名称、图案记号或两者相结合的一种设计。标志具有象征功能、识别功能，是企业形象、特征、信誉和文化的浓缩。一个设计杰出的、符合企业理念的标志，会增加企业的信赖感和权威感，在社会大众的心目中，它就是一个企业或某品牌的代表。

标志就其构成而言，可分为图形标志、文字标志和复合标志三种。

（1）图形标志。图形标志是以富于想象或与企业相联系的事物来象征企业的经营理念、经营内容，借用比喻或暗示的方法创造出富于联想、包含寓意的艺术形象。

（2）文字标志。例如，麦当劳黄色的"M"字形标志醒目而独特。汉字的标志设计则多是充分发挥书法给人的意象美及组织结构美，利用美术字、篆、隶、楷等字体，根据字面结构进行加工变形做艺术处理，但要注意字形的可辨识性，并力求清晰、美观。

（3）复合标志。文字、图案复合标志指综合运用文字和图案因素设计的标志，有图文并茂的效果。

在标志的设计中应注意以下几个方面：

第一，好的标志应简洁鲜明、富有感染力。无论用什么方法设计的标志，都应力求形体简洁、形象明朗、引人注目，而且易于识别、理解和记忆。

第二，优美精致、符合美学原理，也是一个成功标志所不可缺少的条件。

第三，标志要被公众熟知和信任，就必须长期宣传、广泛使用，因此稳定性、一贯性是必需的，同时也应具有时代精神。

第四，在各应用项目中，标志运用最频繁，它的通用性便不可忽视。标志除用于商品包装、装潢外，还要适宜电视传播、霓虹灯装饰、建筑物、交通工具等使用，以及适宜各种工艺制作及有关材料，包括各种压印、模印、丝网印和彩印等，在任何使用条件下确保其清晰、可辨。

3.企业标准字体设计

标准字体是企业形象识别系统中的基本要素之一，应用广泛，常与标志联系在一起，具有明确的说明性，可直接将企业或品牌传达给观众，与视觉、听觉同步传递信息，强化企业形象与品牌的诉求力，其设计与标志具有同等重要性。

标准字体的设计可划分为书法标准字体、装饰标准字体和英文标准字体的设计。

4.企业标准色设计

标准色是象征经营理念或产品特性的指定颜色，是标志、标准字体及宣传媒体专用的色彩。在企业信息传递的整体色彩计划中，具有明确的视觉识别效果。标准色设计应尽可能简单、明快，以最少的色彩表现最多的含意，达到精确快速地传达企业信息的目的。

标准色的一般规律见表5-2。

表5-2　　　　　　　　　　　　　　　　标准色的一般规律

色系	适用行业
红色系	食品业、交通业、百货业、药品业
橙色系	食品业、建筑业、石化业、百货业
黄色系	百货业、化工业、建筑业、电器业
绿色系	金融业、农林业、建筑业、百货业
蓝色系	药品业、交通业、化工业、高科技产业
紫色系	化妆业、服装业、出版业、药品业

5.辅助要素设计

辅助要素设计包括象征图案和特形图案的设计。

（1）象征图案。象征图案又称装饰花边，是视觉识别设计要素的延伸和发展，与标志、标准字体、标准色保持宾主、互补、衬托的关系，是设计要素中的辅助符号，主要适用于各种宣传媒体装饰画面，能够加强企业形象的诉求力，使视觉识别设计的意义更丰富，更具完整性和识别性。

（2）特形图案。特形图案是象征企业经营理念、产品品质和服务精神的富有地方特色的或具有纪念意义的具象化图案。这个图案可以是图案化的人物、动物或植物。选择一个具有意义的具象物，经过设计，赋予具象物人格精神以强化企业性格，能够突出产品品质。

二、企业文化视觉传播网络设计

企业文化视觉传播网络设计是营造好气氛的一种有效手段，通过视觉传播系统，把企业的价值观用直接快速、耳濡目染的方法传递给员工，营造良好的企业氛围。

1.企业内刊设计

企业内刊是企业文化的外在表现形式，是企业文化的重要载体。企业发展到一定阶段，就会形成一定的文化氛围和底蕴。企业文化的演进过程，在很大程度上是企业对自身历史和未来不断阐释和描绘的过程，而这种阐释和描绘不能仅仅停留在口头传播的形式上，它必须以文字的形式"固化"，才能持续并广泛传播。企业内刊是企业递出去的一张亮丽名片，也是员工学习企业文化和掌握企业信息的重要阵地。

企业内刊一般有报纸、杂志两种形式，随着信息化的发展，还可以有电子报刊，有周报、月刊、半月刊、双月刊、季刊等。

（1）企业内刊刊名设计。可以参考知名企业内刊，但要具备自身特点，刊名可叫"××之窗""××天地""××报""××人"等（"××"代表企业名称）。

（2）企业内刊的栏目设计。内刊栏目的设计要结合企业的背景、行业特点、企业自身特点等因素，设计能体现企业特色的栏目，当然也要兼顾内刊作为宣传物品的固有栏目。

一般可以从以下几个栏目着手："论坛视窗""总裁论道""企业动态""管理平台""市场扫描""精英风采""实战课堂""媒体链接""信息之窗""员工天地""企业文化"等。对这些栏目还可以进一步细分，如"员工天地"栏目可以细分成"我与同事""员工之星""员工心声""工作交流""生活万花筒"等。

（3）设计制作。设计制作环节不外乎三种模式：自聘、兼职和外包。随着经济水平的提高和社会专业分工的不断发展，期刊设计的外包模式正日益受到欢迎，主要原因是专业制作公司具有较高的设计水平和规范的工作流程，刊物的设计质量较高，且可以相对稳定地维持在一定的水准上，可以使编辑最大限度地将精力集中在内容采编上。

2.企业文化标语

在企业文化建设中，简明扼要、节奏鲜明、朗朗上口的文化标语是文化沟通的必要形式。

121

　　企业文化标语就是将企业管理理念和管理方法浓缩为简短的语言，辅以生动的场景、卡通、漫画等元素，设计并制作成标语、挂图，供企业张贴或悬挂在车间、办公室等场所，使工作环境变得轻松、活泼、阳光、进取。这不仅有助于提升整体形象、塑造团队精神、提高员工士气、增强凝聚力，而且具有在生产现场和办公室等场所直接培训员工的价值，帮助企业真正实现以最低的成本，最大限度、最大范围地对员工进行培训和教育。

案┐例┐分┐析 5-7

<h3 style="text-align:center">自嘲而乐观的企业文化</h3>

　　乐视这些年负面事件缠身，老板跑路，惨遭退市，欠债上百亿元。不过，留在乐视的员工并没有"躺平"，为了不被用户遗忘，他们每隔一段时间就"整活儿"一次，经常上热搜。

　　其中最经典的是 2021 年春节前，当时各大 App 又掀起了红包大战，还把红包金额写进 Logo，比如抖音 Logo 上有"分 20 亿"，快手有"分 21 亿"，一副财大气粗的样子。而堪称业内最穷的乐视也来凑热闹，我是缺钱，但是不缺话题啊！他们把乐视视频 Logo 下的标语改成"欠 122 亿"，把吃瓜群众全逗乐了。

　　在 Logo 下面，乐视还写过"关键控好资金链""老板造车美利坚"等标语，一副要把自黑进行到底的架势。不少人调侃，"乐视视频"可以改名叫"乐观视频"了。在这波反向营销的带动下，乐视视频 App 下载量涨幅接近 20%。

　　资料来源　编者根据相关资料整理。

　　问题：乐视视频通过将自身财务困境作为标语内容的策略，对企业文化和品牌形象产生了怎样的影响？

　　分析提示：乐视视频的自黑策略塑造了一种自嘲而乐观的企业文化，增强了品牌的亲和力和人性化形象，成功地引起了公众的共鸣和关注。

　　3.企业文化展馆

　　一些有历史积淀的企业，为了弘扬企业文化和企业精神，强化外部宣传，建设了一系列以展示为主的企业博物馆或者企业文化展厅（馆）。

　　（1）企业博物馆。博物馆首先为企业服务，馆内藏品与企业密切相关。博物馆展示企业实力、企业文化和企业形象，也是企业与消费者沟通、激发消费者热情的平台。企业博物馆在国外有很长的历史，奔驰、波音、可口可乐等跨国企业都有自己建的企业博物馆。中国也有不少企业办了自己的博物馆，比如海尔集团办了家电博物馆，青岛啤酒办了啤酒博物馆，红蜻蜓集团办了鞋博物馆，宁波贝发集团办了文具博物馆，北京自来水集团办了自来水博物馆等。

　　（2）企业文化展厅。企业文化展厅是综合企业文化的场所，一般分为几个展室，有文字、图片、道具、参观者参与项目等。展厅将展示的内容集企业文化大成于一体，能让参观者从中感受企业文化的整体风貌。可以说，企业文化展厅既是企业员工学习企业文化的场所，也是企业对外宣传企业形象的窗口。

　　4.企业网络

　　网络号称文化传媒的"第四媒体"，具有即时性、开放性、平等性和主动性等特点，彻底抛弃了传统媒体单一枯燥、费时费力、严肃有余、活泼不足等弊端，给企业文化建设带来新的气象和新的格局，更好地实现了企业文化的内部沟通。

（1）传播制度文化。在内部网站上，建设制度汇编栏目，并经常性地出台一些制度修订或制度解释，方便员工查阅，使制度不再躺在领导的文件夹里，不再存放在档案室的铁皮柜里，使制度变得鲜活起来。

（2）网上培训基地。在知识经济时代，在企业团队塑造学习型组织的过程中，员工培训显得尤其重要。内部网站是进行培训的理想工具。

（3）网上员工俱乐部。在企业网站中建设员工之家版面，将工会文化活动移植到网站上，成立网上乐队、网上篮球队、网上乒乓球队、网上歌咏队等，形式喜闻乐见，内容丰富多彩。这无形中增加了团队的亲和力与凝聚力。

（4）企业的信息沟通平台。内部网站建设的根本宗旨就在于促进信息的交流与共享。在内部网站中建设"企业动态""通知通告""部门园地""经营管理""员工论坛"等栏目，搭建企业的内部邮件服务器，使员工关心企业的一举一动，在企业内部营造一种良好的沟通文化，最终为企业的经营管理服务。

5.新媒体运营平台

除了利用企业App进行推广外，企业还可以根据自身产品特色和用户画像来选择不同的新媒体运营平台，利用不同平台的特点和内容流量倾斜来实现企业文化的推广目标。这些新媒体运营平台包括音视频平台（如直播平台、视频平台、音频平台等）、社交平台（如微信平台、微博平台、问答平台）和自媒体平台（如头条号、企鹅号、搜狐号等）。

[项目测试]

一、简答题

1.企业环境包括哪些内容？

2.简述产品文化和品牌文化的联系与区别。

3.品牌文化的培养包括哪些方面？

4.产品的文化设计包括哪些内容？

5.广告文化的主要特点是什么？

6.简述企业文化视觉传播网络设计的内容。

二、案例分析题

厨邦酱油：格子战略

2010年，厨邦酱油只是一个地方品牌，主要在广东、广西、海南这几个主要市场销售。

厨邦作为一个地方酱油品牌是如何异军突起，成为全国一线超级品牌的呢？

1.超级符号"绿格子"，让厨邦一夜之间成为亿万消费者的老朋友

消费者可能不知道厨邦，却都知道绿格子。看到绿格子，消费者就立刻觉得这是一个熟悉的、亲切的品牌。首先，绿格子极大地提高了产品的能见度。顾客在超市的两排货架中间穿行，从45°视角向前看货架上的商品。在45°视角上连成一片绿格子的阵列，创造了鹤立鸡群的优势。其次，绿格子极大地提高了品牌的传播效率。

2.用品牌口号释放产品优势

品牌口号能够通过一句话打动消费者，并绕开消费者的心理防线。与北方酱油工艺不同，厨邦传承南派酱油老传统，须经过自然晒制，这也是厨邦最大的价值。广告中提出"晒足180天，厨邦酱油美味鲜"的品牌口号，用一句话释放厨邦酱油的优势。

3.包装即媒体，把包装当海报用

在厨邦酱油的颈标印上"有图有真相，晒足180天"的酱油大晒场。到了2018年，公司把消费者关心的"氨基酸态氮含量"1.3毫升放到正面标签上，侧面放上生产工艺。

2023年，厨邦从拥有2大销售过亿元品类发展出了7大销售过亿元品类，成为销售额达到50亿元规模的绿格子食品王国。

资料来源　华杉. 华与华品牌五年计划［M］. 南京：江苏凤凰文艺出版社，2023.

问题：厨邦酱油的品牌口号是如何增强消费者对品牌价值认同感的？

分析提示：厨邦酱油的品牌口号"晒足180天，厨邦酱油美味鲜"简洁生动地传达了对传统制作工艺的坚持，从而加深了消费者对其品牌价值的理解和认同。

［项目实训］

项目名称：班级文化衫设计

项目简介：班级文化衫设计项目旨在通过设计和制作独特的班级文化衫，让学生深入理解企业物质文化，并体验如何将企业文化具象化为物质文化元素。学生将通过团队合作，发挥创意，展现班级特色，体会企业物质文化在塑造企业形象和加强员工归属感方面的作用。

项目目标：

1.认识企业物质文化的概念和重要性。

2.学习如何将抽象的文化理念转化为具体的物质表现。

3.增强班级凝聚力和归属感。

4.锻炼学生的创意设计和项目执行能力。

实训内容与步骤：

1.设计前研讨：组织班级讨论，确定班级文化的核心理念和希望传达的信息，以及如何在文化衫上体现这些元素。

2.创意设计：分组进行文化衫的创意设计，设计应包括标语、图案、色彩等元素，并需体现班级文化和特色。

3.设计评选：举行班级内部的设计方案展示和投票，选出最能代表班级文化的设计方案。

4.制作实施：根据选出的设计方案，联系厂家定制文化衫，或自行制作样衫。

5.文化衫展示：组织一次班级活动，全体成员穿着文化衫进行展示，并讨论文化衫对班级文化的影响和意义。

成果检验：

1.设计方案：每组提交的文化衫设计稿，包括设计图和设计说明。

2.投票结果：记录设计评选的过程和结果，反映班级成员的偏好和选择。

3.制作报告：记录文化衫制作的过程、成本和时间等详细信息。

4.展示活动照片：记录展示活动的照片或视频，展现班级成员参与和互动的情景。

[学思践悟]

　　企业内部报刊深刻记录企业发展改革历程，始终传承企业文化精神，成为信息共享、文化相融的重要平台。作为落实党的宣传思想工作重要载体，在记录时代发展和企业变革、承载精神价值和文化传承方面，企业内部报刊发挥着不可替代的重要作用。

　　《华为人》是一份体现华为核心价值观、人文精神的报纸。

　　需要进一步了解《华为人》的办刊风格和特色，可以扫描二维码查阅《华为人》2024年第一期。

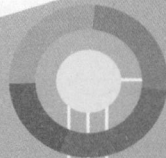

企业文化传播

【学习目标】

◎知识目标：

1. 了解企业文化传播内容与范围；

2. 熟悉企业文化传播过程与时机；

3. 掌握企业文化传播载体；

4. 掌握企业文化传播技巧。

◎技能目标：

1. 能够根据企业文化的内容和范围，设计并实施有效的传播策略；

2. 能够应用各种传播技巧，增强企业文化的吸引力和影响力。

引例

瑞幸研发小组致7%的一封信

瑞幸之所以能凤凰涅槃，其背后精心策划的营销传播策略功不可没。他们不仅能巧妙地抓住各种社会热点，还精通于所谓的"反向营销"，将逆境转化为机遇。一个实例尤其引人注目：瑞幸推出了一款名为"水果冰萃系列"的新品，将鲜果与浓缩咖啡的独特搭配呈现给消费者。然而，市场反响平平，仅有7%的用户对其表示喜爱。面对这样的市场反馈，瑞幸并未选择悄无声息地撤下产品，而是采取了一个大胆的策略，发布了一封充满自嘲精神的《瑞幸研发小组致7%的一封信》。信中这样写道：

在这些年的咖啡探索旅程中，我们创造了厚乳、生椰、丝绒、椰云等广受欢迎的爆款，而水果冰萃系列虽然只有7%的支持率，却也是我们"小众爆款"实验的一个有趣证明。虽然这款产品有可能被关进"小黑屋"，我们还是想和7%的偏爱者们说：很开心得到你们的喜欢。

结果，这封信引发了用户的热烈讨论，大家纷纷表示，要去再尝试一下这款"水果冰萃"，再给它一次翻红的机会。

资料来源　编制根据2022年8月16日得到App发布的消息整理。

这一案例表明：即使在逆境中，企业通过创造性的自我调侃和诚实的沟通，也可以有效地传播企业文化，增强品牌的亲和力，并在消费者心目中建立起独特的正面形象。

企业文化建设的关键在于"落地生根"。无法"落地"的文化就只是口号，只有倡导者的激情，却没有响应者的行动；无法"落地"的企业文化更像是空中楼阁，即使建构起健全的文化体系，也只能悬在空中。因此，企业文化建设需要通过有效的方式传播，将理念转化为认知与行动，从而确保文化的"落地"，这就离不开企业文化的传播。

单元一　企业文化传播概述

一、企业文化传播的内涵

1.传播与文化

传播是信息传送者（传达者）和信息接受者（被传达者）之间通过符号和媒介交流信息的过程。文化与传播的关系是如此密切，以至于有人认为文化的本质是传播，一切文化都是在传播的过程中得到发展的。

文化作为一种十分重要的社会现象，它不是瞬息万变的，而是一种深厚的符号积累和沉淀。文化传播是将文化中的精华保留下来、传播出去，使之世代相传并与其他文化碰撞、融合的过程。传播使文化在历史长河中得以沉淀和积存。

2.企业文化传播的含义

企业文化的传播是对企业文化的全部内涵和组成要素进行全方位的推广和扩散。

企业文化的传播与一般文化的传播有一定的共性，但也有自己的特殊性，无论是传播内容，还是传播方式、传播媒介、传播目的，都与一般文化的传播有很大的不同，因此不能照搬或套用一般文化传播规律，而是要研究发现其特有的规律。一个企业的企业文化的传播半径、影响深度与该文化的质量密切相关，是优质文化还是劣质文化，是强文化还是弱文化，决定着企业文化的传播效果。

一般文化传播与企业文化传播的区别见表6-1。

表6-1　　　　　　　　一般文化传播与企业文化传播的区别

区别	一般文化传播	企业文化传播
传播内容	知识、艺术、宗教、神话、法律、风俗及其他社会现象	企业价值观、信念、规范行为、企业形象等
传播方式	人际传播、组织传播和大众传播	主要是组织传播
传播媒介	电视、网站、广播、报纸、杂志、体育、饮食、服饰、旅游等	电视、企业网站、企业广播、企业内刊、宣传栏、展示中心、博物馆、厂徽、厂歌、商标、信息平台、主题活动等
传播目的	将文化中的精华继承下来、传播出去，使之世代相传并与其他文化碰撞、融合	内部的文化认同，外部的文化认可，不断增强内在凝聚力和外在影响力

3.企业文化传播的分类

（1）按照受众不同可以分为内部传播和外部传播。

① 内部传播。企业文化内部传播指的是通过各种手段和方式，在企业全体员工中加强、深化交流和沟通，形成对企业物质文化、制度及行为方式、企业精神和价值观的共识，以减少甚至消除企业内部冲突和分歧，从而便于整合和形成一体化的风貌。企业内部的文化传播又分为个体传播和组织传播。个体传播是指企业里认同与支持企业文化的员工，通过自己的实际工作行为去传递企业文化信息；组织传播是指企业通过完善的组织机构或者渠道，比如宣传部门、橱窗栏、内部刊物等来宣传与推广企业文化。

② 外部传播。企业文化外部传播是公开对外宣传本企业的文化，最终在社会公众心目中建立良好的认知，塑造企业形象，提升企业的知名度和美誉度，促进企业与其他社会组织和合作企业之间良好关系的形成与协调，为企业打造良好的外部运作环境。

（2）按载体不同可以分为产品传播、人员传播和媒体传播。

① 产品传播。产品传播即企业在生产和销售产品的过程中传播自己的企业文化。一般而言，企业是以畅销产品为主流载体，让消费者在认识和使用产品的过程中接受企业文化，并由此使得企业的品牌价值得到提升。

② 人员传播。人员传播即通过企业领导者和员工的语言与行为等符号系统传播企业文化。

③ 媒体传播。媒体传播即通过各种大众传播媒介传播企业文化。

案例分析 6-1

京东"618"初心不变宣传策略

每年6月18日是京东店庆日。从2010年开始，京东每年都会举办"618购物节"活动。2015年京东周年庆的"618 party on"成功掀起一阵电商狂潮。其宣传活动如下：

（1）"初心不变"主题广告

京东商城在活动预热期携手李娜、谢霆锋、刘强东推出"初心不变"系列广告。京东在推出"初心不变"系列广告的同时推出了由小柯作词作曲、杨宗纬演唱的同主题歌曲《我变了，我没变》，歌曲在发布当天就占据了流行歌曲排行榜第一名的位置。京东利用走入用户内心、激起共鸣的创意方式提高了其品牌形象，同时获得了巨大关注。

（2）"要庆祝总要有理由"视频广告

活动以"欢乐""庆祝"为主要营销点，推出"要庆祝总要有理由"视频广告，视频中展现主人公面对逆境时的乐观精神，用勇往直前点燃更多希望来表达"欢乐"的情绪。

（3）地铁手绘百人长图

京东在北京青年路地铁站张贴了长约60米的海报，海报欢乐的表达方式让路过地铁站的人们感受到了购物节的气氛，增强了体验感，促使人们拍照甚至是上传到社交媒体，间接促进了京东"618购物节"的宣传推广。

（4）"全民寻找618"互动游戏

京东为了继续吸引用户，推出"全民寻找618"互动游戏。只要在规定时间内找到指定数量的"618"，就算挑战成功。互动游戏的设置成功地吸引了更多的网络用户关注。

（5）"618号列车"车厢广告

京东包下宁波地铁广告位，将"618购物节"广告贴满车厢，利用色彩鲜明的红色让地铁乘客感受到购物节的欢快气氛。

（6）明星宣传

京东同样利用明星效应，请出李小鹏、李晨等众多明星为全国7大城市送上惊喜包裹。京东在成都举办了首届以自己品牌命名的"京东音乐节"，邀请了陶喆、郑钧、蔡健雅等众多明星为音乐节助力，使自己的品牌形象深入消费者内心。

资料来源　李纯青，张文明. 强京东：管理模式的进化［M］. 北京：中国人民大学出版社，2022.

问题：如何评价京东通过"初心不变"系列广告在企业文化传播方面取得的效果？

分析提示：京东"初心不变"系列广告有效地传递了品牌的持久价值观和对消费者承诺的坚守，通过与知名人物的故事共鸣，加强了品牌忠诚度和市场影响力。

二、企业文化传播的意义

企业文化的传播是通过不同的工具和途径，将已设计出来的企业理念、核心价值观等有针对性、有计划地呈现出来，并为企业内部和外部所认知、认同的过程。企业文化只有通过有效传播，才能真正对企业的发展起到促进作用，企业的理念和价值观才能真正融入企业的生产和经营管理中去。传播企业文化的具体意义表现在：

1.为企业的发展创造良好的环境

通过传播积极的企业文化，企业能够塑造一个鼓励创新、重视团队协作、强调诚信和责任的工作氛围。这样的环境能吸引和留住优秀的人才，也能促进员工个人的成长与发展，为企业带来长远的竞争优势。

2.为企业创造文化品牌，提升产品或服务品牌的附加值

企业文化是品牌个性的重要组成部分，它能够赋予产品或服务更深层次的意义。通过有效的文化传播，企业可以在消费者心目中建立独特的品牌形象，从而提高产品的市场认可度和消费者的支付意愿。

3.增强客户或消费者对企业和品牌的忠诚度和依赖感

企业文化的传播有助于建立与客户之间的情感联系。当消费者认同企业的价值观和品牌精神时，他们更可能成为品牌的忠实拥护者，并通过口碑传播帮助企业吸引新客户。

4.以文化的感召力影响社会

企业文化的影响力可以超越商业领域，对社会产生积极的影响。企业可以通过承担社会责任、推广可持续发展等活动，展示其对社会福祉的承诺，从而提升企业的社

会形象，并为社会进步做出贡献。

企业文化建设的最高境界是让文化理念融在思想里，沉淀在流程中，落实到岗位上，体现在行动中，要达到这一境界，企业文化传播必不可少。

三、企业文化传播的内容

1.物质层文化传播

企业文化中的物质层文化，是企业文化的外表部分，它包括企业生产的产品、企业提供的服务、企业的生产环境、企业的形象、企业厂房建筑、企业产品包装与设计、企业员工衣着、企业技术服务、企业环境保护、社会赞助等。物质层文化就是以物质形态作为载体，以看得见、摸得着、能体会得到的物质形态来反映企业的精神。

2.制度层文化传播

企业文化中的制度层又叫企业的制度文化。在企业中，企业制度文化是人与物、人与企业运营制度的结合部分，它既是人的意识与观念的反映，又是由一定物的形式所构成的。同时，企业制度文化的中介性，还表现在它是精神和物质的中介。制度文化既是适应物质文化的固定形式，又是塑造精神文化的主要机制和载体。企业制度层文化传播能够将企业物质文化和精神文化更规范地表现出来，能够更多地使企业物质文化和精神文化得以延续、推广和扩散。

3.精神层文化传播

企业精神文化，是指导企业行为的规范、集体意识与价值观，以企业精神为核心的价值体系。这种精神是员工在长期活动中形成的，由企业家总结提炼而成的思想成果，代表企业的优良传统和精神支柱。企业精神体现了企业的人格，反映传统、文化、管理哲学，展现企业的经营思想、风格、信念及集体意识。它要求优化生产力、经营战略、管理和人员素质，促进领导与员工、个人与组织的团结，共同推动企业发展。

案例分析 6-2

小米的新媒体传播

小米的新媒体团队一开始就有近百人，其中小米论坛30人，微博30人，微信10人，百度、QQ空间等10人。由此，小米建立了一个强大的小米粉丝矩阵。除了渠道建设之外，小米还加强了自媒体内容部门建设。可以看出，小米根本放弃了中心化的传播结构，直接建设了无中心化的矩阵传播结构，凭此实现了互联网营销的巨大成功。

但随着小米的高速发展，围绕用户的流量闭环出现了一些明显的缺口。小米拓展了外部电商平台，从小米网走向了全网电商，同时在更多的新媒体平台建立官方矩阵，侧重于获得新平台的流量红利，但自有用户社区的运营反而松懈了。

为此，小米在2021年启动了小米社区的重建计划，对原有的产品、运营策略、团队进行全面调整。2021年年初，小米还启动了小米顾问计划，邀请米粉朋友来公司面对面交流，现场倾听并回答他们的疑问、建议或者批评。

从早期的小米爆米花、米粉家宴、橙色跑，再到新增的小米顾问计划、米粉OPEN DAY活动，小米在不断尝试把跟用户的沟通做成一个个极致的产品，固化、强化、持续迭代，让米粉、用户始终有足够多的触点和平台与小米进行沟通交流。

资料来源　雷军. 小米方法论的演进思考［J］. 销售与市场，2022（11）.

问题：小米的新媒体传播策略如何体现公司的用户中心化企业文化？

分析提示：通过建立无中心化的传播矩阵和强化用户社区的互动，小米将用户的反馈和参与置于企业运营的核心位置。

四、企业文化传播范围

企业文化传播范围包括企业内部和企业外部两大部分。

1. 企业文化内部传播

（1）企业文化内部传播的范围。企业内部传播范围包括纵向范围传播和横向范围传播。纵向范围传播包括领导层、管理层和员工层之间的传播，以及母公司与子（分）公司之间的传播；横向传播包括员工与员工、部门与部门、子（分）公司与子（分）公司之间的传播。

（2）企业文化内部传播的对象。企业文化的对内传播实际上就是对企业内部员工及管理者进行的文化培训、教育、宣传、灌输。企业文化对内传播具有辅助企业文化形成的功能，又兼有使企业文化得到传承和发扬，从而激发员工战斗力的功能。企业文化的形成、发展、积累都与企业文化对内传播有密切的关系。

（3）企业文化对内传播的通道。企业发展过程中的种种事迹、故事案例等，是对内传播的无形通道；将企业文化用语录、标语、口号等形式表达出来，就成为对内传播的有形通道；企业管理者对下属的要求及个人行为、作风等，构成对内传播的主要通道；企业文化培训、考核、激励机制的制定与实施，是对内传播的重要通道；企业举办的一系列活动、仪式、庆典等，是对内传播不可缺少的通道。

企业文化专栏6-1

从小米上市一窥小米文化

2018年7月9日，小米成功上市，小米的员工也收到了一份特别的礼物，那就是一件印有小米文化内涵的T恤。T恤正面写着大大的"厚道"二字，旁边有一行小字——厚道的人运气都不会太差，背面则是一行拼音"傻人有傻福"。这展现了小米草根文化的特色：以"和用户交朋友，做用户心中最酷的公司"为愿景，用厚道的价格走自己的路，形成公司内部的工程师文化，以及公司与用户间紧密连接的"米粉文化"。

在上市前给员工的一封公开信中，雷军写下了这样一段话：

"伟大的公司都是把好东西越做越便宜，把每一份精力都专心投入做好产品，让用户付出的每一分钱都足有所值。

用户是我们一切业务运转考量的核心。小米前进的路上，我们一直在思考：从古至今，商业世界变化纷繁，跳出形形色色的商业模式话题之外，始终不变的是什么？

用户对'感动人心、价格厚道'的产品的期待，这就是小米的答案。"

资料来源　编者根据相关资料编写。

2.企业文化外部传播

（1）企业文化外部传播范围。企业文化外部传播范围包括本企业与社会公众、本企业与行业内竞争对手、本企业与其他行业企业之间的传播。企业文化对外传播具有树立企业形象、提高品牌忠诚度和竞争力的功能，也兼有推动社会精神文明建设、促进社会文化进步的作用。

（2）企业文化外部传播对象。企业文化的对外传播是一种文化交流，不是单向的文化输出。全面准确地对外展示、传播本企业的文化能最终在社会公众心目中留下一个美好印象，塑造良好的企业形象。社会公众即组织的外部沟通对象群体，包括消费者、政府部门、社区居民等。企业将自己的企业文化向社会公众传播，让最具评价力的社会公众来充分认识自己的文化，并塑造良好的公共形象，推进企业发展。

（3）企业文化对外传播的通道。对外传播的途径主要有企业文化的主动输出式传播、企业文化的示范传播、企业文化的交流合作。

企业文化传播是全方位的，内部传播是一个企业文化的生成和发展的问题，外部传播是一个企业形象的塑造和社会声誉的形成问题。并且，无论是内部传播还是外部传播，都有一个主动传播和自然传播的问题，也有一个良性传播和恶性传播的问题。

单元二　企业文化传播过程

一、企业文化传播的过程

1.企业文化传播三阶段

对于企业文化信息，其接受者的反应是由初级阶段的注意、认识向更高层次逐步发展的，这种从信息接触到行为活动的各个阶段被诸多学者模型化，称为传播效果的层次模型。其主要包括以下三个阶段：

（1）企业文化认知阶段，包括注意、认知、理解、学习、信念等变量。

（2）企业文化情动阶段，包括兴趣、关心、评价、感觉、态度、确信、信服、感情等变量。

（3）企业文化行为阶段，包括行为倾向、行为举动、具体工作行为等变量。

2.文化传播五要素

一个基本的传播过程，由以下五个要素构成：

（1）传播者。传播者指的是传播行为的引发者，即是指主动发出信息传播给他人的人。在社会传播中，传播者包括个人、群体、组织。

（2）受传者。受传者指的是信息的接收者和反应者，传播者的传播对象。受传者不是完全被动的信息接受者，受传者可以通过对信息的反应来影响传播者。受传者包括个人、群体、组织。在传播过程中，受传者和传播者双方是互动关系，有时会发生角色置换。

（3）信息。信息指的是传播者和受传者之间的传播内容。信息是传播者和受传者之间互动的中介，通过信息，传播者和受传者发生交流，达到互动的目的。

（4）媒介。媒介指的是传播通道、渠道。媒介是信息传播的工具，也是将传播过程中的各种因素相互连接起来的纽带。

（5）反馈。反馈指受传者对接收到的信息的反应或回应，也是受传者对传播者的反作用。反馈是体现社会传播的双向性和互动性的重要机制，其速度和质量根据媒介渠道的性质而有不同，但它总是传播过程中不可或缺的要素。

二、企业文化传播的时机

企业文化传播的时机问题，主要是站在企业文化建设的角度，就企业文化塑造者主动传播企业文化来说的。因为对于隐性的文化传播，企业文化的塑造者是不能把握和控制的，也无法掌握时机。在企业文化的传播过程中，选对传播时机对于推广企业文化来说能起到事半功倍的效果。常见的企业文化传播时机主要有以下几种情况：

1.重大事件

当某个事件能引起受众的积极关注时，受众会很期待进一步了解事件。此时，受众对事件的理解与接收更为主动，也愿意花时间去关注，企业可以利用这个时机去传播企业文化，使受众及时了解事件、了解企业。

2.危机事件

企业在成长过程中，必然遇到一些困难与挫折，甚至面临经营危机。企业在看到危险的同时，也要看到机会，主动引领公众视线，主动展示企业经营理念，主动化解危机，使企业由面临危险到捕捉机会。北汽福田集团在"非典"期间，并没有放弃企业文化推广，利用人们对健康的关心，及时满足了消费者心理需要，也使产品被消费者认可，这既提高了企业销售业绩，也推广了企业文化。

3.典型事件或典型人物

企业在经营过程中会产生一些典型事件或者典型人物，其可能是正面典型，也可能是负面典型。企业尤其要利用正面典型，对其加以推广宣传，使企业员工更好地提升职业技能，使社会公众更好地了解企业文化。

4.企业变革

企业为了适应环境变化，在成长过程中会择机变革。变革期是企业员工和外界非常关注企业的时期，也是企业文化传播的良机。企业可以利用变革期人们对企业的关注来传播企业的价值观念、经营理念、新产品特色、企业战略愿景等，这个时期进行企业文化传播也非常有效。企业变革时期要积极地推广企业文化，积极地利用人们的关注，在员工和社会公众心目中建立好的企业形象，这对企业文化传播极为重要。否则，变革时期可能产生的多种猜测会影响企业形象。

三、企业文化传播的载体

1.会议传播

（1）会议传播的范围。

会议传播是企业文化传播的常用手段。会议一般具有正式、严肃的特点，是企业经营管理中的常用手段。企业会议有销售会议、经销商会议、技术会议、管理者会议、董事会会议、股东会议等。除了企业会议之外，还有一些社团、协会会议，例如行业协会会议、科学协会会议、教育协会会议以及技术协会会议等。

（2）会议传播的注意事项。

① 采用会议传播要考虑会风问题。会风问题不是某个单独的会议所能解决的，它受到多种因素的影响，比如企业的体制、相关的企业文化理念、员工的行为习惯等。

② 采用会议传播还要考虑会议效果问题。会议效果往往受到企业高层的影响，同时受到与会人员素质的影响。如果企业的会议决定总是不能实施，那么企业员工对企业会议就会越来越漫不经心、不予重视；如果企业的会议决定总能够落到实处，那么企业员工就会积极参与会议，并在实践中认真履行。

案例分析 6-3

李彦宏：百度风清气正才能赢

在2017年8月13日的百度夏季年会上，李彦宏在演讲中继续强调百度已经在强调的两件事。

第一件事情是百度的技术属性。李彦宏说："只有百度愿意为技术付费，我们会去买技术公司，其实这只讲了事实的一小部分。事实的更大部分是，只有百度愿意重奖技术，愿意重奖技术创新。"夏季年会上李彦宏为4个技术团队分别颁发了100万美元的"百度最高奖"。获得这个奖项需要三个条件：项目足够重要；结果远超预期；团队不能多于10个人，而且不能有总监级的人。

另一件事情是"风清气正"。什么是风清气正？用户至上的理念，就是风清气正；胜则举杯相庆，败则拼死相救，就是风清气正；不唯上，是风清气正；说话不绕弯子，是风清气正；公司没有政治，是风清气正；每个人都要捡起地上的垃圾，是风清气正；总是把最好的结果传给下一个环节，是风清气正。

2019年8月，百度职业道德委员会向全体员工通报了内部查处的12起严重违纪案件。其中涉事14人被辞退，部分员工被警方正式刑事立案侦查并被采取刑事拘留强制措施。

资料来源　段秋斌. 互联网企业反腐密码［M］. 北京：中国人民大学出版社，2021.

问题：李彦宏提出的"风清气正"理念如何影响百度的企业文化？

分析提示：李彦宏在年会上提出的"风清气正"理念强调了诚信、透明、公平和责任，影响百度企业文化向着更加正直、开放和高效的方向发展，同时对内强化了道德规范和纪律底线，对外树立了以用户为中心的品牌形象。

2.企业制度传播

（1）企业制度传播范围。

企业制度传播是一种正式的组织传播形式。将企业的理念、价值观、行为规范等形成各种制度，并在工作实践中指导员工的行为，比如形成员工指导手册、企业规章制度等，这对企业制度的传播和传承发挥了不可忽视的作用。

共同的价值观和行为规范是规章制度的内核，在企业发展过程中，规章制度是刚性约束，企业文化是柔性约束。企业只有在制度体系中浸润企业文化的核心理念，以企业文化的核心理念统领制度建设，用制度来展现企业文化核心理念的内涵，企业文化与制度才能做到宽严并济、理念与行动统一。

（2）企业制度的传播效果。

制度是企业所有员工共同遵守的行为准则。从制度规范的内容来看，可以分为两类：一类是用来惩罚某些行为的惩罚性制度，目的就是抑制或者杜绝某种企业不提倡的行为，我们可以理解为惩罚性制度；另一类是用来奖励某些行为的奖励性制度，目的就是使企业提倡某些行为，我们可以理解为奖励性制度。企业可以将企业核心价值观里面所提倡的行为，通过奖励性制度的制定予以保障，一旦有这样的行为出现，马上通过制度进行奖励，鼓励这样的行为。对于那些企业不希望出现的行为，企业可以通过惩罚性制度进行制止，以减少这样的行为出现，保障企业核心价值观的权威性。

企业文化专栏6-2

"阳光诚信联盟"品牌

2017年2月，由京东、腾讯、百度、沃尔玛中国、宝洁、联想、美的、小米、美团、唯品会、李宁、永辉超市等知名企业以及中国人民大学刑事法律科学研究中心共同发起倡议，共同打造"阳光诚信联盟"品牌，积极倡导企业诚信经营，营造阳光、诚信的职场氛围，推广廉洁与合规的文化，共同营造阳光、透明的商业环境。

截至2021年1月，阳光惟诚服务平台的会员单位已经有超过500家企业成为"阳光诚信联盟"品牌会员，其中互联网企业260余家，占比超过50%。

资料来源　段秋斌. 互联网企业反腐密码［M］. 北京：中国人民大学出版社，2021.

3.培训传播

（1）培训传播的范围。

培训也是常用的企业文化传播手段。从培训主题来看，培训传播分为两种：一种是专门的企业理念、企业精神的企业文化培训；另一种是对企业员工进行的其他各种专业技能的培训。

（2）培训传播的效果。

培训传播的效果受到培训的组织、培训的教师、接受培训成员的素质、培训的环境、培训课程的设置等多种因素影响。例如，企业常常对新员工进行培训，而新员工不了解企业，所以这种培训就要求培训讲师能够准确、巧妙地传递企业文化，使新员工能够快速认同并接受企业文化。企业也经常对老员工进行专业技能培训，在专业技能培训过程中，也要贯穿企业理念，体现企业文化。另外，在运用培训传播的时候，要结合接受培训成员的素质，设计不同的培训课程，使培训能够有针对性，并能激发学员的学习热情。

4.媒介传播

（1）媒介传播的范围。

借助媒介传播是传播企业文化的重要途径。从传播企业文化的角度来讲，媒介传播包括对内传播媒介和对外传播媒介。对内传播媒介主要指企业内部的信息传播交流平台，例如企业内部刊物、企业内部电视台、企业内部广播电台、企业内部阅报栏等；对外传播媒介主要指大众报纸、大众广播、大众电视、大众杂志、大众广告牌、大众交通工具、企业产品、企业产品包装袋等。

（2）媒介传播的效果。

对内传播媒介往往能直接影响到本企业内部员工，企业要利用这一特点进行企业文化传播，通过内部企业文化传播，增强员工对企业的理解认同，增强员工的忠诚度和满意度，塑造企业员工精神，及时传播企业文化。比如，科龙集团在进行"万龙耕心"企业文化塑造的系统工程中，内部企业文化传播就借助定期刊物、信息走廊、意见箱等对内传播媒介进行企业员工价值观培养、企业行为信条培养、企业组织管理培养。对外传播媒介往往是企业对社会公众亮相的媒介，是企业建立社会信誉度、提高知名度的关键，企业要利用对外传播媒介的特点科学地进行企业文化传播。

（3）媒介传播的注意事项。

通过媒介传播企业文化，有些人是受到直接影响，有些人是受到间接影响。例如，从对内传播媒介角度来看，对本企业员工而言，受到了本企业文化传播的直接影响，对本企业员工家属而言，受到了间接影响。从对外传播媒介角度来看，企业文化传播是一种社会行为，一部分社会大众是受到本企业广告的直接影响，一部分社会大众只是通过口口相传而对企业有所了解。中国有句俗话叫"好事不出门，坏事传千里"，尤其是当企业面临公关危机的时候，一些负面信息会传播很快，这个时候企业尤其要注意对外传播策略，甚至可以借助一些专业的公关公司及时处理，以便把负面影响降到最低。

5.网络传播

网络传播是指通过互联网这一信息传播平台进行企业文化传播。网络传播和传统媒介相比，有着较多的优点，例如：信息量大、速度快、传播手段多样；传播过程多向互动、交流具有开放性、传播主体广泛等。企业文化传播可以积极利用互联网这一信息传播的优点，使受众能够更快、更多、更及时地了解企业文化。同时，由于互联网的普及，人们资讯获得渠道越来越多地依赖于网络，企业文化传播应该重视这一趋势，充分利用互联网的优点对企业文化进行推广。同时，我们也要认识到网络传播也有一定的弊端，就是负面信息传播也非常迅速，当出现不利于企业的信息时，企业要及时监控管理，防止负面信息蔓延，从而避免对企业造成恶劣影响。

企业文化专栏6-3   137

"自媒体13条"

2023年7月10日，中央网信办公众号"网信中国"正式发布了《关于加强"自媒体"管理的通知》，详细列出了关于自媒体经营的13条规定。该通知也被称为"自媒体13条"，这是中央网信办第一次将自媒体相关的管理措施进行完整、集中的展示，是对自媒体产品形态、资质管理、运营规范甚至盈利模式的集成管理和全面覆盖。

6.VR技术

VR技术结合了计算机仿真技术、计算机图形技术、显示技术、传感器技术等多种学科技术，在多维信息空间上创建一个虚拟信息环境，使用户具有身临其境的沉浸感，具有与环境完美交互的能力，并有助于启发构思。VR技术的核心建模与仿真，已被很多企业应用到产品交互体验中，将在企业文化传播中发挥越来越大的作用。

单元三　企业文化传播技巧

一、企业文化传播内容美化与包装的技巧

1.比喻法

在对传播内容进行美化与包装的过程中，可以采用比喻法。比喻法是指借助具体感人的形象来表达抽象的理念，它往往采用人们熟悉而又能轻易接受的具体事物来表达某种文化思想或观点。比如，华为公司用"狼"来解释自己的企业文化内涵，西安杨森制药有限公司大力宣传以"鹰"为代表形象的企业文化。

2.假借法

在对传播内容进行美化与包装的过程中，可以采用假借法，有目的地把企业文化理念与大众普遍接受或者喜爱的美好事物联系起来，使人由于对假借事物有美好感情进而对本企业文化产生美好认知。

企业文化专栏6-4

假借法的应用举例

耐克：耐克经常通过与顶级运动员的合作，将其产品与卓越的运动表现和励志故事相结合。这种假借法让消费者将耐克产品与成功、毅力和健康的生活方式联系起来。

宝马：宝马汽车采用"驾驶的乐趣"的口号，将其产品与驾驶乐趣、性能卓越和高质量工程相假借，塑造了一个高端、动感的品牌形象。

星巴克：星巴克不仅卖咖啡，它通过营造一个"第三空间"的概念——在家和工作之外的一个舒适的社交场所，将其品牌与社交、舒适和休闲的生活方式相假借，成功地将消费者对美好生活体验的向往与星巴克的咖啡文化相结合。

3.引证法

在对传播内容进行美化与包装的过程中，可以采用引证法，引用事实材料和数据理论资料来证实自己的企业文化价值。运用引证法所选取的材料必须真实可靠，不能任意编造，不能过分夸大事实造成对受众的误导。例如，一些企业在进行新产品介绍时，往往借助一些科研院所的数据来证明本企业产品的科学性。

4.明示法

在对传播内容进行美化与包装的过程中，可以采用明示法，将所要传播的核心思想进行提炼、浓缩、总结，采用直接表述的方式来表明这种核心思想。例如，微软公司的使命是"致力于提供使工作、学习、生活更加方便、丰富的个人电脑软件"；沃尔玛提出"尊重每一个人"；美国通用电气公司提出"以科技及创新改善生活品质，在对顾客、员工、社会与股东的责任之间求取互相依赖的平衡"；惠普公司的使命是"为人类的幸福和发展做出技术贡献"。

二、企业文化传播礼仪与仪式

1.企业文化传播礼仪与仪式的必要性

礼仪和仪式是公司日常生活中一些系统化和程序化的惯例。企业通过日常行为表现（即企业生活中的礼仪）和盛大的典礼（即企业仪式），向员工表明它们期望的行为方式，生动而有力地提供了公司支持和赞赏的范例。

古人云：人心齐，泰山移。一个公司的员工如果没有团队精神，就如同一盘散沙。我们清楚地认识到，随着经济全球化进程的加快和企业间竞争的加剧，企业越来越重视凝聚力等软实力的较量。企业如何把这一信息传递给员工呢？这就离不开恰当的仪式。

企业文化专栏6-5

员工职业里程碑关怀

腾讯的"法定退休方案"曾引起巨大的社会反响。2021年11月，腾讯再度宣布，全面升级"职业里程碑"关怀方案。在这份新方案中，员工"职业里程碑"将从过去的3个节点升级为6个节点，原来是1年、10年、20年，升级之后，新增了5年、15年、法定退休3个节点，每个节点对应不同的特色权益。

升级后的方案显然更加完整，特别是法定退休的节点在互联网企业中很少会被考虑，腾讯是公开首推者。据悉，退休权益包含定制纪念品、长期服务感谢金、退休荣誉金。其中，长期服务感谢金为6个月固定工资，而退休荣誉金有"服务年限金"和"50%的未解禁股票期权"两个方案，员工可以自由选择其一。

资料来源　许育忠.点赞腾讯：员工职业里程碑关怀升级，首推退休［EB/OL］.［2024-01-01］. https://zhuanlan.zhihu.com/p/432549070.

2.企业文化传播中的游戏

这是企业生活中富有创造力的一面，它能缓解紧张气氛并鼓励创新活动。虽然它本身并没有特别的目的和规则，但各种形式的游戏能将人们团结在一起，并能减少冲突，产生新的远景规划和文化价值观。通过鼓励创新，它有助于企业文化的不断更新。**IBM**等公司会在工作时间内提供许多游戏的机会，例如工作坊、体育活动、啤酒聚会、娱乐、不定期的战略研讨会。

3.企业文化传播中的工作仪式

企业工作中的仪式指导着人们的行为，它是企业的基本文化价值观的体现。仪式提供了地点和脚本，让员工能够体验其中的意义。如果没有这种联系，那么仪式不过是一种惯例，除了给人们以某种安全感和确定性外，起不到其他作用。

案例分析 6-4 ————————————————————————

星巴克的伙伴文化

所谓的伙伴，英文是 partners，也是星巴克称呼自己员工的方式，当然也代表了星巴克对待员工的态度。这种称呼显示了其独特的企业文化和公司氛围。

"伙伴"其实说到底，就是平等和尊重。

星巴克打造了一个良好的内部晋升机制，给公司员工营造一种对自己工作的自豪感。星巴克的围裙有三种颜色：绿色、黑色和棕色（也就是咖啡色）。

绿色的围裙代表普通的店员，黑围裙在星巴克内部是一种身份的象征。你必须学习各种高级的咖啡知识，懂得咖啡生产地，咖啡豆的风味、故事，懂得如何给客人传授咖啡的文化和知识，最终通过每年一次的严格等级考试，包括笔试和面试，才能获得"黑围裙"的称号。这种围裙等级制度把工作变成了一种游戏，就像打怪升级一样。当然在这个过程中，员工也会对咖啡文化更感兴趣，也增强了对自己工作的自豪感。最终，这些东西都会转化到星巴克对消费者的服务上面。

资料来源　杨伟国，郭钟泽. 人力资本经营思维 [M]. 北京：中国人民大学出版社，2022.

问题：星巴克如何将不同的围裙颜色作为一种工作仪式，增强员工对企业文化的归属感和认同感？

分析提示：不同的围裙颜色作为一种象征和成就的标记，激励员工通过学习和考核来提升自己，增强了他们对星巴克文化的自豪感和对工作的热情。

4. 企业文化传播中的庆典

当员工完成了某种里程碑式的工作时，庆典活动有助于公司体现出对英雄人物、传奇事迹、神圣象征的赞颂。庆典活动使企业文化得以充分展现，并提供了那些能被员工铭记在心的经历和体会。如果做法恰当，庆典会将价值观、信仰和英雄形象深深地刻在员工的脑海和心灵中。

如果缺乏富有表现力的事件，任何企业文化都会消亡。没有了仪式与庆典，那些重要的价值观就难以对人们产生影响。庆典活动与文化的关系就如同电影与剧本、音乐会与乐谱、舞蹈与音乐的关系，用任何其他方式都难以很好地表达出来。每一个优秀的企业及其管理者都应该懂得，创造一整套仪式和庆典，使文化以具体的形式表现出来，能够带来丰厚的回报。

企业文化专栏 6-6

不一样的企业周年庆

滴滴：

2020年，滴滴8周年庆。采用吐槽大会的形式，这也是滴滴第二次举行吐槽式庆典。基层员工齐上阵，吐槽自己的同事、领导，甚至是公司的领导。这种自嘲的形式，不仅应和了当今的达观、直面疑问的严肃态度，更能够鼓励员工把真实想法表达出来，给所有人一个释放的渠道，同时让企业文化更加开放透明。

小米：

2021年，小米11周年庆。采用的是线下奔跑的形式。雷军带着大家一起围绕小米科技园跑了3圈。跑道单圈长度也是精心设计的，816米（2011年8月16日，小米发布了第一款手机，这个数字正是纪念这个出发的时刻）。更特别的是，此次周年庆的主角并不是小米员工，而是从全国各地赶来的米粉。

科大讯飞：

2021年，科大讯飞21周年庆。科大讯飞举办了千人攀爬大蜀山的庆祝活动，董事长刘庆峰与千余名员工共同参与了这一活动。登顶大蜀山，也是科大讯飞周年庆的"保留节目"。

5.增强礼仪与仪式感的方法

（1）每年的周年庆典。企业是什么时候成立的，是如何一步一步走过来的，这些都要作为企业重要的文化予以传承。企业的周年庆典要作为一个很重要的活动来举办，让每个人参与其中。

（2）每年的客户联谊会。这是与外部沟通的重要活动，是企业实力积累的外延，是外部各种资源参与并见证企业成长的重要形式。在资源整合越来越重要的今天，每年的客户联谊活动是必不可少的。

（3）每年至少有一次大的新品发布会。新品的研发与发布往往决定了企业的生死。企业日常的不断升级、不断迭代多是以局部、微调为主，但大的新品发布会是每年必须有的。例如，华为公司每年的新品发布Mate系列、P系列都是推动企业不断进步的引擎。

（4）新员工的入职仪式。新人作为企业发展的新鲜血液是宝贵的资源，通过新人入职仪式可以让新人熟悉自己的企业和自己的职责定位，尽快投入新的工作，融入新的环境。

三、企业内刊编制的技巧

现在，不少企业都办有自己的内部报纸。它既是企业宣传贯彻经营管理方针的喉舌，也是建设企业文化的重要阵地，更是员工抒发胸臆的田园。因此，企业内部报纸对企业的发展、和谐、增强凝聚力发挥着独特的作用。

企业内部报纸是企业内部刊物的一种形式，一般为四版，定位以企业内部员工和企业的重要客户为主，内容多涵盖企业的经营管理决策、企业重大事项、职业培训、员工生活、客户信息反馈等。企业内部报纸虽小，但对从前期准备到编印、内容和栏目的策划、发放等环节却要求很高，是一个系统工程，每个环节都需要认真对待。

1.前期准备

这是办好企业内部报纸的基础，包括：

（1）取得支持。首先是取得企业领导的支持。报纸编辑人员要经常就编排、内容等工作向主管领导请示；企业主要领导也要关心、过问企业内部报纸，并给予必要的经费支持。其次是取得企业员工的支持。报纸内容来源于员工、映射于员工，因此要采取激励、互动等手段，激发员工的关注热情。例如，对投稿被采用的员工给予一定的稿酬，并不定期地以座谈会、笔友会、旅游等形式与投稿积极、稿件质量高的人员进行交流，年底还要评选优秀通讯员、优秀稿件，这会取得较好的效果。

（2）确定刊名。报纸的刊名要与本企业的名称或所处行业、发展方向等紧密结合，避免过于突兀、不知所云的情况。刊名可以请企业主要领导或社会知名人士来书写。

（3）版面划分。各版面都要在一段时期内有相对固定的主题，其编采的稿件要紧紧围绕这个主题来进行。版面划分大致是：一版为企业动态，以企业的经营管理信息、企业大事、产品服务信息等新闻性稿件为主；二版为培训园地，以工作心得、优秀事迹介绍、案例讲评、客户信息反馈等为主，从而提高员工的职业道德和服务技能；三版为理论版面，多以理性探讨、介绍行业先进经营管理理念为主，从而提高员工的理论水平和综合素质；四版为娱乐生活，以员工的文艺作品、节日祝福、生活常识、热点话题等为主，与员工互动。

同时，还要注意在报纸的合适位置注明期刊号、主办单位、企业地址、通信方式、投稿方式等内容，服务类行业最好把企业各主要的客服电话也一并写清楚。

（4）编采网络建设。首先是编辑人员的确定，包括总编辑、主编、责任编辑等，其中总编辑可以邀请企业的主要领导担任；编辑可以由专职人员负责，也可以由相关人员兼职。其次是建立通讯员网络，需要在每个部门设定一名兼职通讯员，大的部门也可以多设定几名通讯员；要求每名通讯员都要定期投稿，及时反馈本部门或相关部门的信息，并根据报纸编辑人员的要求进行组稿。对于企业的大型活动，可以组织跨部门的通讯员联合组稿。

（5）选定印刷单位。一家好的编排、印刷单位会根据版面的需要对文章的编辑和修饰形式提供有益的建议，而且其版面的文字、图片等的印刷质量也会相对较高。

2.编印

这是决定企业内部报纸质量的根本，包括：

（1）统稿。各版面统稿时要根据版面的主题、时效性、稿件质量、字数需要等综合考虑，采取"广种薄收"的方法，细选、精选稿件。除非情况特殊，文章一般不要太长，每版还要多选出1~2篇稿件以备用。各版负责统稿的责任编辑不但要选稿，而且对相关的文章要加以剪裁、润色，"去芜存菁"，并对其中涉及的行业术语、统计数据及重要人物的职务称呼等进行核实。

（2）审稿。责任编辑统稿后，交由主编审稿。主编审稿后，最好再交由企业主管领导审核、把关。

（3）划版。首先是版面安排。一般来说，最重要的新闻要放在头版头条，即报头正下方的位置；次级重要的新闻或公告、人事任命、奖励等内容要放在"报眼"，即报头右侧的位置；其他内容依次下排。每版最好有1~3幅照片或图片，位置、大小要安排合理，注重整个版面的平衡、协调，其内容要和文章紧密结合，也可以独立编辑成图片新闻。其次是标题安排，方向上分为横向、纵向或不规则形状。头条的新闻标题最好用黑色实体字，字号要比其他新闻的标题大些；各文章标题的排列方向和字体要有所区别、要穿插开，还可以通过底纹、报花等进行修饰。在文章位置的安排上，既忌讳"横平竖直"、过于呆板，也不要"龙飞凤舞"、毫无章法；文字的分栏线要尽量错开，必要时还可以采取文字的竖排法，以增加版面的活跃度。

（4）校版。通常为三校。一校、二校要由责任编辑逐字、逐句地校对，并对已校出的错误跟踪复核；三校由主编把关，对整个版面和重点内容进行调整、审核。

（5）交付印刷。报纸的印数、用纸等要充分考虑受众面、档次及成本、经费的情况。报纸印出来后，还要进行认真检查，确认无误后，再予以发放。

（6）存档。每期报纸都要留有一定的数量存档，以备查阅。每年年底，还可以将全年的报纸制成"合订本"，分送给重要的部门和客户。

3.内容和栏目的策划

内容和栏目的策划是办好企业内部报纸的关键，包括：

（1）内容要及时、准确、有深度，尤其是涉及企业的经营管理决策和重要人物的新闻，不能出现错误，以免误导员工或造成不良影响。

（2）栏目要追求多样化，在突出版面主题的前提下，每期都要有所不同；内容要新颖，以贴近员工的工作、生活为主，可以设立诸如"双语文章""疑难解答""热点话题讨论""生活小百科""猜谜语""明星小档案"等栏目，与员工产生良性互动，激发员工的参与热情。

（3）文章要以宣传正面典型为主，弘扬优良的企业文化。即使对不良现象进行批评时，也要注意表达方式，可以以幽默、图片、讨论等形式进行劝导。

4.发放

这是使企业内部报纸发挥应有效果的保障。发放的地点主要有：

（1）客人经常驻留的地方，如前台、会议室、企业大堂等处。

（2）员工经常驻留的地方，如员工通道、员工食堂、员工宿舍等处。

（3）邮寄给重要客户、上级机关、友好单位、新闻媒体等。

重视企业内刊创办，是企业领导者和思想政治工作者开展工作的有效手段，是企业文化建设进步的成果。万事万物皆文化，拥有一份优秀的企业内刊，企业文化建设必定会如虎添翼，企业精神也必定会传承不衰。

［项目测试］

一、简答题

1.简述企业文化传播内容与范围。

2.企业文化传播载体有哪些？

3.简述企业文化传播过程与时机。

4.为什么说企业文化传播仪式感很重要？

二、案例分析题

茅台加咖啡，要不要来一杯？

2023年9月4日，茅台联名瑞幸咖啡以"美酒加咖啡，就爱这一杯"为口号推出了酱香拿铁。原价38元一杯，假如使用平台优惠券，实付价是19元一杯。它被很多人称为"人生中最便宜的第一口茅台"。

这次联名火到什么程度？说两件事你感受一下。

第一，酱香拿铁的首日销量，足足有542万杯，销售额超过1亿元。茅台作为

"成功人士的标配"，自降身价到打工人的一杯咖啡里，自然成功吸引了不少消费者买单。

第二，酱香拿铁开卖的第二天，瑞幸的小程序一度因为访问人数过多而崩溃。很多瑞幸的门店门前都排起了长队。同时，整个产品的传播节奏把握得非常好。瑞幸全程与网友一问一答，让酱香拿铁的热度越来越高。有人问，喝酱香拿铁能不能开车？很快这个话题在微博上的阅读量就超过6亿人次。紧接着，瑞幸就进行了回应，酱香拿铁酒精含量低于0.5度，但不建议孕妇、驾驶员以及未成年人饮用。网上有人质疑，这里面能有几滴茅台？结果瑞幸马上就公布了生产过程，而且在瑞幸的公众号里，给Logo上的小鹿加了个红脸蛋。

不管其口感怎么样，也不管一杯咖啡里到底加了多少茅台酒，大家喝酱香拿铁，就是追求新奇与新鲜感。

资料来源　喵萝个咪咕. 瑞幸联合茅台出"酱香拿铁"，联名营销是怎么"火出圈"的？[EB/OL]．[2024-01-02]. https://zhuanlan.zhihu.com/p/655356743.

问题：茅台和瑞幸咖啡如何通过这次合作传递各自的企业文化？

分析提示：茅台通过这次合作展现了其品牌文化的开放性和创新精神，而瑞幸咖啡则传递了其快速响应市场和追求消费者体验的活跃品牌形象。

［项目实训］

项目名称：班级文化传播活动策划方案

项目简介：该实训项目旨在通过策划和执行一次班级文化传播活动，让学生学习企业文化传播的策略和方法，并实践如何将班级文化有效传达给更广泛的受众。

项目目标：

1.学习并应用有效的文化传播策略和技巧。

2.提升团队协作、活动策划和执行能力。

3.增进班级文化的外部认知度和内部凝聚力。

4.创造性地展现班级文化特色。

实训内容与步骤：

1.班级文化分析：分析并确定班级文化的核心价值和特色，作为传播活动的基础内容。

2.活动策划：学生分组，根据班级文化特色设计一系列文化传播活动方案，包括活动目标、主题、内容、形式、预算、时间表和预期效果。

3.方案评审：邀请老师和其他班级学生对各组的策划方案进行评审，选出最佳方案。

4.活动执行：根据评审结果，执行最终选定的文化传播活动方案。活动过程中注意资源调配、时间管理和团队协作。

5.传播效果评估：活动结束后，收集反馈数据，评估活动的影响力和效果，包括参与度、受众反馈和媒体覆盖等。

6.总结报告：撰写活动总结报告，分析活动的成功之处和改进空间，总结经验和教训。

成果检验：

1.策划方案：每组提交的完整活动策划方案文档。

2.活动执行记录：包括活动筹备、执行和后期处理的详细记录，如时间线、任务分配、预算使用等。

3.总结报告：包括活动策划和执行的总结与反思。

[学思践悟]

文化的健康发展与媒体的传播之间有非常重要的关系。自媒体对于企业文化传播的迅速扩大有着促进作用，是一种不可以被忽略且十分重要的传播途径。凭借互动强、更新快、传播广等特点，自媒体吸引了大量用户。然而，一些自媒体存在着传播虚假信息、制作发布谣言等问题。为加强对自媒体的管理，压实网站平台信息内容管理主体责任，健全常态化管理制度机制，推动形成良好网络舆论生态，中央网信办发布了《关于加强"自媒体"管理的通知》，提出"严防假冒仿冒行为""规范信息来源标注""规范账号运营行为"等13条工作要求。

需要进一步了解《关于加强"自媒体"管理的通知》的内容，可扫描二维码查看。

企业文化创新

【学习目标】

◎知识目标：

1.掌握企业变革的原因及变革时机，了解企业变革的内容及可能遇到的阻力，掌握企业文化变革的策略和步骤；

2.掌握企业文化融合的内涵及其对策、建议，了解文化融合中常见的问题；

3.掌握企业文化创新的四个趋势；

4.了解文化网络的存在形式、功效及企业文化网络的类型。

◎技能目标：

1.能够运用工具和方法来诊断现有的企业文化；

2.促进不同背景员工之间的相互理解和协作。

引例

李想：从创业明星到文化塑造者

李想将自己的创业经历分成5个认知楼层，分别是普通人、优秀的人、管理者、领导者、顶尖的领袖。前几个楼层里，他靠敏锐的商业嗅觉和出色的执行力，成就了一个年少成名的创业明星。高中毕业便开始创业的他，成立了3家企业，分别是发布IT产品信息的泡泡网、全球访问量最大的汽车网站汽车之家和造车新势力理想汽车。现在，夹在第4层和第5层中间，李想看到了自己无限野心当中的自我局限。

在李想看来，作为一个"从0到1"的企业，最重要的事情是品牌，因为品牌承担了两个任务：第一，向内回答我们是谁、要到哪里去、以什么样的方式走过去；第二，品牌要向消费者回答清楚我们是谁、提供什么样的价值。

李想对企业文化进行了反复强调和唤醒。理想汽车的使命"创造移动的家，创造幸福的家"，指引团队始终关注和服务家庭用户；理想汽车"到2030年，成为全球领先的人工智能企业"的愿景，也让团队敢于在科技研发上重金投入。

在不断的学习、迭代中，李想确立了自己的战略思维，也不断擦亮企业的文化价值观，统一大家的理念和认知，指明方向。

资料来源　梁坤. 李想和他的巴别塔［J］. 企业家信息，2023（8）.

这一案例表明：企业领导者在企业的不同发展阶段要进行角色演变。在李想的"认知楼层"中，从普通人到顶尖的领袖的转变，不仅仅是能力的提升，更是对企业文化重要性认识的深化。

　　企业文化创新，是指为了使企业的发展与环境相匹配，根据本身的性质和特点形成体现企业共同价值观的企业文化，并不断创新和发展的活动过程。企业文化创新的实质在于在企业文化建设中摆脱与企业经营管理实际相脱节的僵化的文化理念和观点的束缚，实现向新型的创新经营管理方式转变。

单元一　企业文化的变革

一、企业文化变革的原因

　　与其他组织变革的发生相似，任何企业的文化变革也有其产生的原因，按照变革动力来源可以分为内因和外因。

　　1.企业文化变革的内因

　　企业文化变革的内因是企业文化本身产生的冲突。

　　只要存在文化，随着文化的发展，一定会产生冲突，但企业文化冲突不像企业社会文化冲突那样复杂、剧烈，因为企业文化的时间跨度、空间跨度、民族与国家的跨度以及文化冲突的动因都是有限的。企业文化的冲突可能通过矛盾的缓和、转化而直接得到解决，但也可能引发一场文化危机，结果就会产生企业文化的变革。可能产生企业文化冲突，进而产生企业文化变革的因素主要有以下几个方面：

　　（1）企业经营危机。当企业陷入重大危机时，除了个别的不可抗力或偶然的重大决策失误原因以外，多半有深刻的根源。将这种根源与企业的旧文化联系起来，就会让管理者意识到危机是文化冲突的结果，从而为新文化的形成提供了心理基础。

　　（2）企业主文化与亚文化的冲突。企业文化包括了一组对立统一的文化——企业主文化与企业亚文化。所谓企业亚文化，相当于企业的副文化，即企业在一定时期里形成的非主体的不占主导地位的企业文化，它是企业文化的补充文化、辅助文化，也可能是企业的对立文化、替代文化。如果目前的主文化是落后的、病态的，适应内外部环境的亚文化在发展的过程中就会受到主文化的打压和限制，就会带来文化冲突，甚至可以取代主文化而成为新的主流文化。

　　（3）群体文化与个体文化的冲突。企业文化虽然是企业成员共同遵守的价值观和行为规范，但企业文化作为群体文化并不是个体文化的简单叠加，因此个体文化与群体文化的冲突是普遍存在的。在同一组织内，由于不同的利益诉求或者不同的价值观认知，就可能产生个体文化与企业文化之间的冲突。

　　2.企业文化变革的外因

　　企业文化变革的外因是企业主动适应环境变化。

　　今天企业所面临的经营环境是瞬息万变的，既没有所谓的常胜将军，也没有所谓的万能战略。企业在竞争日益激烈的情况下必须主动地进行战略调整，从行业调整到规模调整，而行业调整和规模调整的过程往往都伴随着文化的转变、冲突和融合的问题。

　　还有一个重要的外因是企业高层管理者的更迭。众所周知，企业文化与高层管理者有密切的关系，因此，高层管理者的更迭是可能引起企业文化变革的另一因素。

案例分析 7-1

IBM百年嬗变：企业文化与战略转型共舞

回顾IBM的百年发展历史，企业每一次战略转型与跃升，都伴随着企业文化的嬗变与革新。

IBM由老托马斯·沃森创立。老托马斯·沃森的人生观和价值观包括：努力工作；体面的工作环境；公平；诚实；尊重；无可挑剔的客户服务；工作是为了生活。他秉持的这些观念成为IBM最初的企业文化，为公司的快速发展提供了价值指引。

小托马斯·沃森子承父业，继承了其父的经营理念和作风，并结合自己的管理经验和体会，写成了《一个企业的信念》一书，将IBM的价值观总结为三句话：尊重个人；追求卓越；服务客户。这三句话一度被称为IBM的"基本信念"，让IBM公司坚守了几十年，并引领其成为"蓝色巨人"。

20世纪90年代，郭士纳接掌IBM，当时公司陷入了困境。在郭士纳时代，为促进IBM的战略转型，郭士纳为IBM确立了适应转型时期特点的核心价值观"赢、团队、执行"，并将其演变成IBM新的绩效管理系统。所有IBM的管理者和员工每年都要围绕这三个方面制定他们的"个人业绩承诺"，并列举出在来年所需要采取的行动。

彭明盛担任CEO后，一方面通过集思广益确立了"成就客户、创新为要、诚信负责"的新核心价值观，另一方面同样沿袭运用"个人业绩承诺"将其纳入公司的绩效管理系统。

资料来源　奥马拉 M. 硅谷密码：科技创新如何重塑美国［M］. 谢旎劼，译. 北京：中信出版社，2022.

问题：我们从IBM的文化变革中能够得到哪些启示呢？

分析提示：时代在发展，环境在变化，企业文化也要随之进行变革，消除阻碍企业持续发展的旧观念、旧体制，帮助企业克服管理中的突出问题。

二、企业文化变革的时机

21世纪是知识经济时代，知识化、信息化、全球化对企业经营与发展产生了全方位的影响，企业只有变革，才能适应不断变化的环境和企业持续发展的要求。

至少在以下五种情况下最高管理层应考虑把重塑新文化当作最主要的工作。

（1）当企业一贯以价值观为动力，而环境正在发生根本变化时，最高管理层应重视重塑企业文化工作。处在已发生急剧变化的环境中的企业，传统的价值观若不改变，将导致严重灾难，或者严重衰退。

（2）当本行业竞争激烈而环境迅速变化时，最高管理层应重视重塑企业文化工作。这实际上就是一种专门应对环境变化的企业文化。在技术或市场领域中可能遭遇迅速变化的任何企业，都应该深入地考虑一下自身的文化，对发展变化持开放观点。要想使一种真正的适应能力制度化，唯一的办法可能就是建立一种反应迅速和具有应变能力的企业文化。

（3）当企业成绩平平或每况愈下时，最高管理层应重视重塑企业文化工作。企业一旦陷入这种状况，就是将要或已经进入了衰退，企业必须着手进行全面改革，重点是要重塑企业文化，先从企业精神上扭转衰退。

（4）当企业确实创业成功或就要成为一家大型企业集团时，最高管理层应重视重塑企业文化工作。随着企业创业的成功和企业规模的扩大，官僚主义会慢慢抬头。此时，原先的文化和支撑它的价值观往往受到威胁，而且如果文化要在向大型企业环境转移的过程中继续生存，有可能需要重新构筑。因此，完成了创业的首次冲刺而转向稳定和成功的大多数企业，都应该暂停下来，深入检视一下自己的文化。

（5）当企业十分迅速地成长时，最高管理层应重视重塑企业文化工作。有时候，新生企业特别是高技术企业成长十分迅速，这就意味着每年需聘用大量的新员工，而这些新员工对企业并不了解。因此，迅速成长的企业应该对自己的企业文化是否扎实多多思考。

三、企业文化变革的内容

企业文化的变革是企业所有变革中最深层次的变革，涉及对企业成员从认知到行为两个层次上的改变，具体来讲，主要包括以下几个方面：

1.企业价值观的变革

这种变革既涉及对企业整体的深层次把握，也涉及对企业环境变化的重新认识。在企业价值观中，管理哲学与管理思想往往随着企业的成长和对外部环境的不断适应发生变化。以海尔为例，在海尔全面推行其国际化战略后，创新或者说持续不断创新成为其最主要的经营哲学，在海尔的宣传中，也可以看到以"海尔永创新高"代替了海尔发展早期的"真诚到永远"。

2.企业制度和风俗的变革

企业制度和风俗变革主要包括员工和管理者行为规范的调整，企业一些特殊制度和风俗的设立与取消。比如，有些企业在建立学习型组织的过程中，制定了从员工到管理层的学习制度。当然，这些变化都是为了体现核心价值观的变化，是核心价值观的行为载体。

3.企业标志等符号层的变化

企业标志等符号层的变化多数是为了建立企业文化的统一形象，并树立个性鲜明的企业形象和品牌形象。

企业文化专栏 7-1

海尔的创新之路

2005年海尔摒弃了西方管理界推崇的"股东价值第一"，逐步改为"员工价值第一"，最终提出"人单合一"，这也成为海尔的核心思想。

"人单合一"怎么理解？"人"就是员工，"单"即客户需求，"合一"即员工的劳动付出及价值实现与客户的需求直接合而为一，员工直接对客户负责。

2007年海尔开始正式实施"人单合一"变革，将员工的自我价值实现和客户的价值实现直接合而为一。其方法是建立并运行以员工自主经营、自主管理、自主驱动为核心的"自主经营体"，目的是将企业成本、费用中心改造成为价值创造中心。

"人单合一"需要海尔企业成为一个平台，所有员工在这个平台上运作。于是张瑞敏将"人单合一"所需的海尔进行"倒金字塔"式变革，将金字塔"倒过来"，顶部就成了一个平台。海尔"倒金字塔"平台化之后，高层领导、中层领导都没有了，只有三类人，第一类人叫"平台主"，是为加入创业平台的创业者提供服务的群体；第二类人是"小微主"，"小微"是微型创业团队，通常不超过8人，自己拥有决策权、用人权、分配权；第三类人叫"创客"，每一个员工都已转变为创业者，按项目需要，自愿聚散，极大地释放每个人的能量。张瑞敏认为"人人都是企业，人人都是CEO"，从而实现"自驱动"，实现个体崛起。

　　资料来源　白勇.一场"因人而起"的战略革命［J］.商界，2023（9）.

四、企业文化变革所面临的阻力

　　文化有很强的惯性，变革过程中会遇到各种障碍和阻力。比如，变革对员工来说意味着未来的不确定性，与生俱来的对变化的恐惧心理和反抗心理形成了文化惯性阻力；企业中的既得利益集团在利益受到损害时，为维护自身的利益会反对变革等。因此，企业文化的变革会遭遇来自各个层面和各个方向上的阻力。这些文化障碍表现在以下五个方面：

　　1.守旧的思维习惯

　　企业绝大多数员工都喜欢按习惯的方法思考、分析和解决问题，对熟悉的事物有一种亲切感，越是目前效益比较好的企业，员工的创新意识越差。很多人具有守旧的思维惯性，其结果是表现出安于现状的惰性和对学习新知识的抵触，对改变原有工作习惯的恐惧，缺乏学习和创新的积极性。这是企业变革的最大阻力，因为企业变革不只是企业领导的事，它还需要企业全体员工的积极参与。

　　2.注重个人利益或小团体利益的陋习

　　许多员工包括部分管理人员把自己定位在打工者的位置上，这种错误的定位导致他们缺乏大局观念和责任感。他们往往会产生失去原有职位的恐惧和失去原有权力的担忧等，出于个人或小团体的利益，对企业变革做出抵触行为或进行谋权活动等，从而阻碍了企业变革。

　　3.传统企业文化的特有惯性

　　企业文化是在一定的历史环境中，在企业经济活动和各种文化因素的影响下，在生产经营管理实践中逐渐形成的具有企业特点的共同思想、作风、价值观念和行为准则。传统企业文化的特有惯性是指企业文化具有稳定性，它存在于组织中每个员工的信仰、价值观和规范之中，一旦形成，不容易变化。它是特定环境下的产物，当企业的内外环境发生变化时，企业文化也应随之变革，否则，传统的企业文化就会成为企业生存和发展的阻力。

　　4.传统企业文化中创新精神的缺乏

　　由于企业文化的形成本身就是观念和思维方式的同一化，新聘任的员工在原同事的影响、要求或者约束下，会逐渐适应或者效仿企业共同的思维及行为方式等，这种同一化会扼杀员工个性的发挥和创新精神。这实际上就是企业共同价值观与个性理念文化的冲突。如果企业文化缺乏这样的创新精神，就会直接导致企业的发展停步不前。

　　5.跨文化冲突

　　经济全球化使企业越来越多地开展跨国经营活动，跨文化管理已经成为中国企业管理的新趋向。随着市场竞争的加剧，企业也在向跨地区、跨行业的横向联合方面发展，同样存在跨文化管理问题。在跨文化企业中，员工的观念、态度和行为上存在差异，这些差异无形中就会导致企业管理中的混乱和冲突，使决策和执行活动变得更加困难。

企业文化的变革阻力是无法完全排除的，但如果在变革实践中探索出一套有效的策略，则可以将变革的阻力降到最小。

企业文化专栏7-2

老字号的创新与发展

2017年2月，商务部等16个部门发布《关于促进老字号改革创新发展的指导意见》。随着长三角区域一体化发展上升为国家战略，长三角地区越来越重视老字号发展。中共上海市委、上海市人民政府印发的《打响"四大品牌"率先推动高质量发展的若干意见》，对重振老字号指明了方向。

各地老字号各具特色，有的以产品精良、风味独特见长，有的以信誉第一、服务上乘著称，有的以技术领先、始终站在潮流前沿而屹立，领时代风骚、开风气之先。

资料来源　姜卫红. 品牌：深刻地改变一切［M］. 北京：商务印书馆，2022.

五、企业文化变革的策略和步骤

1.企业文化变革的策略

勒温曾指出，不管是对个体、群体还是对组织的变革，都会经历解冻、变革和再冻结三个阶段。管理者应深入企业的各个部门之中，花费很大一部分时间，尽可能多地与组织中的人员接触。通过频繁的沟通让员工理解新的文化，可以适时地改变不符合新文化的行为和制度。

总而言之，符合企业现实情况的变革才是成功的变革，核心策略主要包括以下四个方面：

（1）理通。推进变革就是要把变革的原因和道理充分地与员工沟通和交流，让员工明白并争取大家的支持，尤其是要培育和创造一种符合企业实际、催人向上的企业精神。如果管理者"一向不会做太多的解释"，会使员工"感觉如坠云雾之中"，那么员工对变革的感受大都是负面的。

（2）情顺。除了让员工理解变革的意图以外，企业变革更要顾及员工的感受，而经常的警告和责骂只能让员工产生更大的反感情绪和抵制心理。

（3）法到。无论如何，员工在变革中肯定会有一些抵触情绪存在，所以，恰当的制度保证是必需的。

（4）人正。企业文化变革推进过程中，领导人以身作则非常重要。要求员工做到的自己首先做到，要求员工不做的自己坚决不做，用良好的形象带动广大员工做好企业文化创新和变革。

2.企业文化变革的步骤

（1）构建清晰的变革愿景和战略。变革推进者要确立合理、明确、简单而振奋人心的变革愿景及相关战略，并将它传达给所有员工，用"理通"的策略让所有人员达成共识，建立责任感和信任感。

（2）组织变革团队。成功的变革领导者会在变革伊始就召集那些有着一定的可信度、技能、关系、声誉和权威的人员，组成一支指导团队来担任变革过程中的推进工作者。

（3）营造危机意识。既然变革对于企业的发展来说是历史发展的必然，那么，除了因客观危机造成的不得不变革以外，企业还要学会营造危机紧迫感，改变员工对待变革的态度，激发他们追求变革、适应变革的内在动力。

（4）创造短期成果。变革推进者要尽可能在变革实施后的最短时间里创造业绩和凸显成果，这样不仅可以使参与者得到激励，更能让员工产生信心和动力。

（5）巩固提升战果。在取得一些短期成果后，团队的信心已经被调动起来，变革措施也开始得到理解和认可。这时，变革领导者绝不能放松努力，而应加紧推进，直到彻底实现组织变革的愿景。

（6）稳固变革成果。变革取得成功后，领导者还需要用较长的一段时间来巩固成果，整个组织还需要不断取得新的成果，以证实变革措施的有效性。

总之，企业文化变革不是轻而易举的，组织在一段时间内会蒙上一层"外壳"而不易改变，人们的观念也会穿上"铠甲"而不愿改变，所以，组织文化的变革会经历阵痛。跨越了这个阶段之后，企业就会形成与新业务和新发展规划相适应的组织文化。

企业文化专栏 7-3

企业家的危机意识

2022年8月，任正非在华为内部论坛上说："把活下来作为最主要纲领，边缘业务全线收缩和关闭，把寒气传递给每个人。"

葛洛夫也有一句名言，即"唯有忧患意识，才能永远长存"，并说英特尔公司一直战战兢兢，不敢有丝毫懈怠，"让对手永远跟着我们"。

企业管理者们对危机的感受是深刻的，一般员工并不一定能够感受到这些危机，因此，企业管理者有必要向员工灌输危机观念，重燃员工的工作激情。同时，这样做也有助于员工理解和支持企业将来开展的管理变革。

资料来源　编者根据相关资料整理。

单元二　企业文化的融合

文化发展离不开文化融合，文化融合会产生更为优秀的文化，这是文化发展的规律。企业文化的融合不是简单的文化替代和渗透，而是文化的提升和再造，文化间的共生、共创与共荣成为企业文化融合的必然取向。

一、企业文化融合概述

1.文化融合的含义

文化融合指具有不同特质的外部文化和内部文化通过相互接触、交流进而相互吸收、渗透并融为一体的过程。文化融合是文化调整的方式之一，是两种比较接近的文化体系接触后，原来的文化体系随之消失或改变其形貌，从而产生一种新的文化体系的过程。文化发展历史上的断裂、冲突、融合都是常见的事。文化在发展分化中，由于特殊

153

环境而形成独特的文化。文化在发展交融中，因为交流融合，也在创造新的文化。

2.文化融合的过程

（1）接触。两种文化由传播而发生接触，这是文化融合的前提。

（2）撞击和筛选。每种文化都具有顽强地表现自己和排斥他种文化的特性，两种文化接触后必然发生撞击。文化在撞击过程中进行社会选择，即选优汰劣。

（3）整合。从原来的两个文化体系中选取的文化元素，经过调适整合后融为一体，形成一种新的文化体系，如现代美国文化就是多种文化融合的结果。

3.企业文化融合的内涵

（1）企业文化的融合不是简单的文化替代和渗透。企业兼并首先要解决的就是文化认同问题，即共生、共创、共荣。无论是企业的兼并还是重组，都要让企业每个员工有主人翁的感觉。文化认同得不到真正解决，企业就会产生各种隐患，一旦遇到合适的条件，这种隐患就会爆发出来。所以，企业文化的融合过程实际上是文化的提升和再造过程。文化融合追求整体成功再造，甲、乙两个企业在重组过程中，最后生成的新文化一定是再造的文化，而不是一个简单的"1+1=2"的结果。

（2）企业文化融合首先应立足管理实际。简单地把国家的大政方针，特别是眼前的大政方针拿过来作为自己的企业文化，结果容易造成企业文化泛政治化。不是说国家的大政方针不好，而是很难和企业的经营实际联系在一起，企业文化更多的是要解决特色性的企业文化认同问题。

（3）企业文化融合要正视文化差异、各美其美。两个企业文化在融合过程中，要正视文化差异，不要简单粗暴地用一种文化替代另一种文化。文化传统是几代人传承下来的，简单地忽略这种企业认同，会产生这样或那样的矛盾。每个企业的文化都有历史，要看到不同资源的独特价值。文化只有通过各美其美、美美与共，才能形成文化"合金"，打造出一个"合金"企业文化。"合金"意味着新文化形态的形成，而不是简单的原有文化的相加。

企业文化专栏 7-4

中华文化的开放胸怀

古往今来，中华文明在同其他文明的交流互鉴中不断焕发新生机。

2023年5月18日至19日，中国-中亚峰会在西安举行。百花齐放、礼乐和鸣，中亚各国元首在唐风古韵中，感受中华文化海纳百川、包容四海的雍容气度。中华文明自古就以开放包容闻名于世。从历史上的佛教东传、"伊儒会通"，到近代以来的"西学东渐"、新文化运动、马克思主义和社会主义思想传入中国，再到改革开放以来全方位对外开放，中华文明同世界其他文明互通有无、交流借鉴，始终在兼收并蓄中历久弥新。

诚如习近平总书记所言："今天，我们要铸就中华文化新辉煌，就要以更加博大的胸怀，更加广泛地开展同各国的文化交流，更加积极主动地学习借鉴世界一切优秀文明成果。"

资料来源　新华述评：从中华文明包容性看中华文化开放胸怀——中华文明的突出特性系列述评之五 ［EB/OL］．［2023-06-16］．https://www.gov.cn/yaowen/liebiao/202306/content_6886704.htm.

二、文化融合中的常见问题

1.集而不团，忽视文化跟进

虽然整体的协调到位了，但是企业的文化变革没有跟上，常常导致企业文化融合"出师未捷身先死"。很多时候，在企业的运作过程中，各部门的办事风格和部门文化存在着一定的差异，由于部分文化风格和企业的整体文化风格有着一定的差异和区别，因此容易导致文化的融合和统一在很多时候仅停留在表面上，没有深入跟进和贯彻。

2.漠视员工归属感和文化认同

对于文化认同的问题，企业的老板不应以一种强势的行政命令方式来解决。因为企业文化是一种"塑心"工程，即塑造心灵的工程，而制度不一样，制度是"束身"工程，即制度是约束规范人的身体行为，所以文化的提升是从身体到心灵的提升工程。同时，文化认同是最难做到的，因为文化认同要大家从内心拥戴企业的价值观。与员工的心理沟通需要时间，对员工精神境界、思想观念的塑造也是一个非常难的过程。

3.貌合神离，形连心不连

好多企业重组后又各奔东西，最后也没有真正地解决心理的沟通和认同问题。貌合神离，说明企业文化建设没有落到实处。因此对于企业文化的灌输和深入，一定要按层级做好员工的思想工作，使企业上下对文化融合的问题统一认识，让其对企业的变革调整和文化的融合产生服从的心理，该工作对于企业管理者而言，无疑是一项较大的挑战和考验。

4.文化传统、资源的流失

应通过有效的途径把我们的传统资源保持住，一个社会越走向现代化，它越有一种文化的记忆，而这种文化的记忆是让一个人心理认同的外在标志性的东西。例如，我们可以通过一些电子手段，把企业的旧厂房拍下来，建一个数字化的档案馆，留给后代一些生动的回忆；另外，也可以让一些老员工讲讲过去，留些音像资料，形成企业记忆。历史很重要，而人一走就把这段历史全部带走了，要进行抢救式管理。文化的最大特点就是它的时间性，它是和记忆、历史连在一起的，有历史的文化才能够得到大家的认同。

三、文化融合的对策建议

1.培育核心价值观、愿景

在企业文化的建设过程中，最急需解决的就是企业核心价值观和企业愿景的塑造。企业应确立一个非常独特的、能真正体现企业性格的企业精神。企业精神和企业价值观的内容是企业文化的精髓、企业文化的核心，人们往往对在企业再造中改变企业精神心存疑虑，担心这样做会对企业的整体产生影响。

2.包容、理解和信任机制的建立

文化需要包容，一定要认真面对我们所整合的企业文化资源，考虑员工的感受。在国家与国家的交流互通中，强势文化要考虑弱势文化的感受，企业与企业之间也是如此。再造企业文化要特别关注弱势文化方的感受，比如兼并了一个小企业，但小企业也有历史，也可能具有深厚的文化传统，只有建立包容、理解和信任机制，才能做到良好沟通。

3.打造文化融合的优秀团队

文化重组后，为了让新的文化尽快实现文化再造，可以在企业中成立一个试验区，从一个车间或班组开始，首先把优秀文化示范性成果展示出来，并流传下去。

4.建立有效的文化沟通渠道

一旦在文化重组中出现文化冲突、文化摩擦，应该有一个文化沟通的渠道，不要把文化冲突和摩擦的情绪积累下来，企业应在一些细微的方面及时化解矛盾、化解文化冲突，减少文化摩擦。

案例分析 7-2

京腾计划

2015年10月17日京东推出了京腾计划。随着京腾计划的逐步推进，双方的合作渐入佳境，品牌客户越来越多，目前京腾计划已经成为互联网巨头之间强强联合的成功范例。

京东和腾讯这两家公司的文化冲突很明显。腾讯是典型的互联网公司，在腾讯看来，商业边界不需要严格区分，如果没有宽松自由的环境，就没法琢磨出新点子；京东是重运营、重执行力的公司，效率是生死线，强调结果达成。京东决策链比腾讯短，执行的快速反应能力比腾讯强，这是电商业务模式决定的，而管理方法又是为业务模式服务的。比如，腾讯首页的分类调整相对比较随意，而京东实行非常严格的报批机制。

京腾计划实施初期，还遇到了大量人员管理问题。腾讯是一家薪酬福利很好的公司，腾讯股票价格也很高，员工愿意来京东吗？刘强东对京东人力资源部门提出三个要求：第一，不主动解雇；第二，承诺不降薪；第三，所有留任员工给予签约奖励和留任奖励。

事实证明，三分之二的战略联盟在开始时都有严重的问题，70%的合作会以失败告终。信任才是战略联盟中重要的战略资源。一旦彼此相互信任，合作伙伴之间的监督成本会降低，联盟企业可利用机会实现价值最大化。

资料来源　李纯青，张文明. 强京东：管理模式的进化［M］. 北京：中国人民大学出版社，2022.

问题：在京腾计划中，京东和腾讯如何在各自不同的企业文化基础上，实现有效的文化融合？

分析提示：京东和腾讯通过建立共同的价值观和目标，相互尊重和学习对方的业务优势和管理方法，实现了有效的企业文化融合。

四、文化融合的模式

企业文化融合包括四种模式：注入式（也称替代式）、渗透式（也称融合或整合式）、改造式（也称改进或促进式）、分离式（也称隔离式）。

1.注入式文化融合模式

注入式文化融合模式是指合资一方（多是取得合资企业控股权的一方）以其强势文化注入合资企业，而他方则全盘接受，使合资企业文化成为该强势文化的延伸。这种模式多在强势组织与弱势组织合资合营时采用。

2.渗透式文化融合模式

渗透式文化融合模式是指合资各方在相互学习和吸收他方文化优点的基础上，各自进行不同程度的调整，相互渗透、相互融合，使各种不同背景的文化最终融合成一种能被各方认同、被员工接受、具有合资企业鲜明特色的新型企业文化。这种模式多在合资各方都具有优秀的企业文化，且都欣赏他方企业文化的优点，乐意调整自身文化中的一些不足的情况下采用。

3.改造式文化融合模式

改造式文化融合模式是指合资各方企业文化的优、缺点都相对突出，为了避免优质文化和劣质文化产生相互抵消的现象，既要改进优质文化，增加其强势，又要改造劣质文化，削弱和遏止其影响力，使合资企业形成一种新型的、强势的优质文化，以强化合作关系，促进企业发展。这种模式由于要在内部进行一些改革，将触动某些团队或个人的利益，转变他们的观念，因此往往会受到很大阻力。

4.分离式文化融合模式

分离式文化融合模式是指各方文化背景和企业文化风格截然不同，甚至相互排斥或对立，这给文化融合带来了极大的难度，可能会付出较大的代价。因此，一段时间内或某个特定区域内如果能保持各方文化的相对独立，避免文化冲突被激化，反而更有利于企业的发展。但这毕竟是权宜之计，通过较长时期的潜移默化和人员的调配重组等方式，合资企业最终仍应形成不再相互排斥、风格趋于大同的企业文化。

这四种文化融合模式并非完全独立，而是相互转化、相辅相成的，甚至可以多管齐下加以运用。

案例分析 7-3

吉利与沃尔沃的战略并购与协同发展

2010年8月，吉利正式完成对沃尔沃的全部股权收购。至此，中国汽车行业史上最大规模的一次海外并购案画上了圆满的句号，吉利与沃尔沃之间的融合之旅也宣告开始。

为了防止简单的融合导致（沃尔沃员工）水土不服，避免整合给吉利员工带来更多的排斥感，李书福奉行了"沃人治沃"的原则，在他看来，吉利与沃尔沃是兄弟关系，而不是父子关系。沃尔沃自有能力独立生存与发展，不需要被吉利吸收和消化。

吉利分割了沃尔沃豪华车模块和吉利大众车模块，而后通过提供资金、战略赋能、市场赋能，迅速激活沃尔沃。通过成立吉利汽车欧洲研发中心、联合入股领克等形式，逐步从财务、生产制造、采购到技术研发等领域实现与沃尔沃的全方位融合，并取得了丰硕的成果，这为双方的持续健康发展打下了坚实基础，也成了行业协同发展的典范。

资料来源　魏江，刘洋. 李书福：守正出奇［M］. 北京：机械工业出版社，2020.

问题：吉利与沃尔沃战略性隔离与协同为什么能获得成功？

分析提示：吉利与沃尔沃战略性隔离与协同过程有力地证明了"利益共同体塑造者"所有的智慧。"吉利是吉利，沃尔沃是沃尔沃"，以这种隔离方式起步可以规避能力、文化等差距带来的整合失败的可能性。

单元三　企业文化创新的实践 /////////........

面对日益激烈的国内外市场竞争环境，越来越多的企业管理者不仅从思想上认识到创新是企业文化建设的灵魂，是不断提高企业竞争力的关键，而且逐步深入地把创新贯彻到企业文化建设的各个层面，落实到企业经营管理的实践中。

一、企业文化创新的含义

企业文化创新，是指为了使企业的发展与环境相匹配，根据本身的性质和特点形成体现企业共同价值观的企业文化，并不断创新和发展的活动过程。企业文化创新的实质在于企业文化建设中突破与企业经营管理实际脱节的僵化的文化理念和观点的束缚，实现向贯穿于全部创新过程的新型经营管理方式的转变。

二、企业文化创新的重要性

1.企业竞争的核心在于企业文化

继技术竞争、管理竞争、营销竞争、品牌竞争之后，现代企业竞争的核心转移到企业文化方面。企业文化能使企业保持长久的竞争力，企业文化创新也由一种全新的文化理念转变为对提高企业竞争力有决定作用的新型经营管理模式。企业文化有助于增强企业的凝聚力，增强产品的竞争力。企业文化的核心是思想观念，它决定着企业员工的思维方式和行为方式，能够激发员工的士气，充分发掘企业的潜能。一个良好的企业文化氛围建立后，它所带来的是群体的智慧、协作的精神、新鲜的活力，这就相当于在企业核心装上了一台大功率的发动机，可为企业的创新和发展提供源源不断的精神动力。

2.企业文化创新是企业可持续发展的重要依托

现代企业文化更紧密地把企业文化活动与企业的实际收益联系在一起，或者说直接挂钩。因此，它在企业中的地位就愈发重要和突出。当企业内外条件发生变化时，企业文化也相应地进行调整、更新、丰富、发展。成功的企业不仅需要认清发展环境，还要有意识地依托合适的企业文化应对挑战，只有这样才能在激烈的市场竞争中靠文化带动生产力，从而提高竞争力。

文化创新会直接作用于人的观念意识、思维方式，进而影响人的行为。一个企业无论实力多么雄厚，它的企业文化建设一旦停滞不前，失去了创新的动力，这个企业的发展必将会成为强弩之末。

案 例 分 析 7-4 ————————————

从挫败到复兴：TCL的文化创新之路

在很多商学院的教材里，TCL的国际化被当作失败案例，理由是公司管理层低估了跳跃式并购国际化过程中的艰巨性。

并购前，TCL移动的管理层简单地认为，阿尔卡特手机公司不到1 000人，没有工厂，只有研发和营销体系，因此就自己设计了收购方案。看似节省了几百万欧元咨询费，但并购后仅2004年第四季度就出现3 000万欧元亏损，因此埋下了隐患。

在团队建设上，初次尝试出海的TCL也吃了没经验的大亏。当时，中方外方虽然都装在一个合资公司里，但文化和做事方法却是"两张皮"，没有一个统一的领导核心，对于问题的处理也不够及时和坚决。能力和目标不匹配，是并购遭到挫折的重要原因。

自2017年起，TCL根据业务吸引力和战略配合度，在3年里陆续重组和剥离、关停、出售了110家非核心业务的公司。如此大的力度，就等于给自己动刀子。

通过这次改革，TCL的组织结构得到优化，战略上的清晰和执行上的果敢程度进一步加强，也让TCL聚焦到两个主航道上：智能终端和半导体显示。

2021年，在坚定的国际化战略下，TCL海外销售额已占52%，在全球建立42个研发中心、32个制造基地、10家联合实验室，拥有12 000余名研发人员。

从管理方法到组织架构，再到企业文化，一场场刀刃向内、再塑肌体的改革，成就了今天的TCL。能够在如此败局之下力挽狂澜，重回正轨，或许是和"失败案例"一样重要的商业智慧。

资料来源　梁坤. 李东生向实而生［J］. 商界，2021（12）.

问题：如何避免并购中的文化冲突？

分析提示：通过建立跨文化沟通平台和混合管理团队，强化共同价值观，实现文化的有机融合和互相尊重。

三、企业文化创新与管理创新、制度创新的关系

1.管理创新首先要推行文化创新

管理的方式与文化总是密切相关的，企业进行管理创新，必须先推行文化创新。企业要进行管理创新，必须变革约束创新的思维、观点，打破现有文化模式。为了在新的竞争环境中求生存、谋发展，企业必须进行一场深刻的、彻底的管理变革，这就涉及深层次的方面。企业管理理念化、企业精神等方面根源于企业经营者的思想深处，要求企业必须创新建立健全具有自身特色的企业文化。

2.制度创新的基础就是文化创新

没有文化的创新，制度创新就是一句空话。企业在深化改革、完善企业制度的过程中，应切实重视企业文化的建设，把创新与企业文化结合起来，以企业文化创新为载体推动制度创新，真正为企业注入持久的文化推动力。制度创新是企业文化创新的主要现实表征。其中两类制度创新比较重要：一是对内部员工的激励导向制度的创新，比如工资制度、福利制度、培训制度、考核制度、干部制度、招聘制度等；二是对业务流程和制度的创新。

四、企业文化创新基本思路

企业文化创新要以对传统企业文化的批判为前提，对构成企业文化的诸要素，包括经营理念、企业宗旨、管理制度、经营流程、仪式、语言等进行全方位系统性的弘扬、重建或重新表述，使之与企业的生产力发展步伐和外部环境变化相适应。

1.企业领导者观念的转变

企业文化创新的前提是企业经营管理者观念的转变。因此，进行企业文化创新，

159

企业经营管理者必须转变观念，提高素质。

（1）对企业文化的内涵有更全面、更深刻的理解。要彻底从过去那种认为搞企业文化就是组织唱唱歌、跳跳舞，举办书法、摄影比赛等的思维定式中走出来，真正将企业文化的概念定位在企业经营理念、企业价值观、企业精神和企业形象上。

（2）积极进行思想观念的转变。要从原来的自我封闭、行政命令、平均主义和粗放经营中走出来，牢固树立适应市场要求的全新的发展观念、改革观念、市场化经营观念、竞争观念、效益观念等。

（3）全面提高管理能力并拓展管理视野。要认真掌握现代管理知识和技能，积极吸收国内外优秀的管理经验，并且在文化上积极融入世界，为企业走国际化道路做好准备。

（4）强烈的创新精神。思维活动和心理状态要保持一种非凡的活力，紧盯国际、国内各种信息，紧盯市场需求，大脑中要能及时地将外界的信息重新组合构造出新的创新决策。

2.企业文化创新与人力资源开发相结合

（1）加强企业文化相关内容培训。全员培训是推动企业文化变革的根本手段。企业文化对企业的推动作用得以实现，关键在于全体员工的认同与身体力行。为此，在企业文化变革的过程中，必须注重培训计划的设计和实施，督促全体员工接受培训学习。

（2）制定激励和约束机制予以强化和保障。相应的激励和约束机制是企业文化创新的不竭动力。价值观的形成是一种个性心理的累积过程，这不仅需要很长的时间，而且需要给予不断强化。新的企业文化的建立和运行过程必须通过相应的激励和约束机制予以强化和保障，使之形成习惯并稳定下来。

（3）增强团队凝聚力。顽强的企业团队精神是企业获得巨大成功的基础条件。要把企业成千上万名员工凝聚起来，只靠金钱是不够的，企业必须具备共同的价值观、目标和信念。对共同价值的认同会使员工产生稳定的归属感，从而吸引和留住人才。

企业文化专栏7-5

颠覆性创新

1995年，克莱顿·克里斯坦森（Clayton Christensen）提出了商业界最具影响力的思想之一：颠覆性创新。他提出了一个著名的问题：为何伟大的企业在事事做对的情况下还是失败了？克里斯坦森的答案是：在位企业专注于用最好的产品为最苛刻的客户提供服务，因为利润率高。因此，新进入企业就向低端的小众市场提供简单、廉价、"性能欠佳"的解决方案。在位企业通常会忽视利润率低、产品"低劣"的细分市场，最后被新企业打败。如果要将克里斯坦森的忠告变成一句格言，那可能就是"像小气鬼一样思考"。

不过，这不是创新者唯一的困境。伟大企业也会被不涉及新技术的创新所干扰，被廉价、低性能产品或者对价格敏感的目标所干扰。在位企业太专注在当前定义的品类中胜出，未能发现其根基中的裂隙。少数企业采取了文化创新的途径，首先找出现有品类的弱点，然后重塑这一品类的意识形态和象征意义。因此，想要创新的在位企业要记住第二条格言："像文化创业者一样思考。"

资料来源 霍尔特 D. 文化创新因何制胜［J］. 哈佛商业评论，2020（10）.

3.建立学习型组织

建立学习型组织和业务流程再造，是当今最前沿的管理理念。为了在知识经济条件下增强企业的竞争力，世界排名前100家企业中已有40%的企业以"学习型组织"为样本进行脱胎换骨式的改造。成功的企业将是学习型组织，学习越来越成为企业生命力的源泉。企业要获得生存与发展，提高核心竞争力，就必须强化知识管理，从根本上提高企业综合素质。

五、企业文化创新趋势

企业文化创新，现已成为提高企业竞争力的一种重要方式。当前，国内企业文化创新出现了一些新趋势。

1.确立双赢价值观的趋势

在传统市场经济条件下，企业奉行非赢即输、你死我活的单赢价值观。这种价值观既有迫使企业实现技术和产品更新的驱动力，也有滋生为打垮对方而不择手段以致恶性竞争的弊端。以高科技为基础的知识经济的崛起，在使这种狭隘价值观受到致命冲击的同时，也催生出与新的经济发展要求相适应的双赢价值观。一个企业只有奉行双赢价值观，才能不断地从合作中获得新知识、新信息等创新资源，提高自身的竞争实力，从而在激烈的竞争中左右逢源，立于不败之地。

2.选择自主管理模式的趋势

传统的企业管理模式，将人视为企业运营过程中按既定规则配置的机器零件，忽视人的自主精神、创造潜质和责任感等主体能动性；在管理过程中，较多地依赖权力、命令和规则等外在的硬约束，缺乏凝聚力。随着市场竞争的深化，人的主体价值在企业运营中的作用日益重要，旧的管理模式越来越难以适应新的竞争形势，而体现人的主体性要求的自主管理模式逐渐成为企业的自觉选择。

3.既重视高科技又"以人为本"的趋势

高科技可以在一个阶段成为企业制胜的法宝，但更深层次的竞争最终体现在理念方面，"科技以人为本"这句话就隐含着这层意思。随着高科技的发展，现代人对生产和消费产生了日益强烈的人性化要求。在这一背景下，企业创新只有把高科技与"以人为本"密切结合起来，才能提供既有高科技含量又充满人性关怀的新产品、新服务，才能开拓新的市场空间。否则，企业即使兴盛一时，终究会因受到消费者的冷落而退出历史舞台。

4.提高企业家综合素质的趋势

实践证明，企业家只有具备了融通古今中外科技知识与人文知识、管理经验与民风习俗，善于应对各种市场变化的智慧，才能具备不断创新的实力，掌握市场竞争的主动权。

[项目测试]

一、简答题
1.简述企业文化变革的原因和内容。
2.企业文化变革的策略和步骤是什么？

161

3.简述企业文化融合的内涵。

4.企业文化融合的四种模式是什么？

5.企业文化创新的四个趋势是什么？

二、案例分析题

李锦记：百年，味之道

李锦记创办于1888年，至今已有近135年的历史，李锦记在这期间曾两度遭遇"家变"，令家族和企业都陷入危机。

第一次"家变"发生在1922年，原因是二代成员对企业发展的判断产生分歧。第二次"家变"发生在1984年，是由第三代的李文乐提出分家引发。李文达先生对两次"家变"发生的原因进行了深入的剖析，发现没有家族内部的团结和睦，家族企业的永续经营便无从谈起，于是尝试建立起现代化的家族治理结构，在家族内部引入了家族价值观、家族委员会、"家族宪法"等现代化家族治理机制，以达到"治未病"的效果，自此，李锦记家族开启了教科书式的家族治理之路。

1.家族价值观。李锦记企业核心价值观："务实诚信""永远创业""思利及人""造福社会""共享成果"。李锦记家族在完整的治理结构正式形成前，先从家族价值观等文化方面的内容入手，引导家族成员奉行"思利及人"的家族核心价值观，避免了分裂的重演，维护了家族的和谐。同时通过"永远创业"这一企业核心价值观激发出家族成员的创业精神，带领李锦记在代代传承中不断地发展壮大。

2.家族委员会。为化解家族内部的分歧和矛盾，2002年，李锦记家族建立家族委员会，作为家族的最高权力机构，也是家族的"立法机构"和沟通平台。家族委员会下设业务集团（即酱料集团和健康产品集团）、家族投资、家族基金、家族学习及发展中心、家族办公室五个机构，各机构分工细致、职责分明。

3."家族宪法"。家族委员会成立后的第一件事，便是制定"家族宪法"。这部"宪法"由家族第三代和第四代成员共同协商产生，作为今后每个家族成员必须遵守的行为准则。"家族宪法"中规定了血缘关系贯彻企业股权传承过程的基本原则。

资料来源　马冬.李锦记百年，味之道［J］.商界，2022（7）.

问题：李锦记的"永远创业"核心价值观如何促进了企业的持续创新和发展？

分析提示："永远创业"核心价值观激励家族成员保持创业精神，鼓励不断探索和创新，使得李锦记能够适应时代变化，持续发展壮大。

[项目实训]

项目名称：创新企业文化短视频制作挑战

项目简介：本实训项目旨在引导学生探索和实践企业文化创新的理念，并将这些理念通过短视频这一新兴的宣传工具进行有效传播。学生将通过团队合作，运用创意思维和多媒体技术，制作出反映企业文化创新的短视频作品。

项目目标：

1.理解企业文化创新的重要性和实践方法。

2.学习并应用短视频制作技巧，提升数字媒体应用能力。

3.增强团队合作和项目管理能力。

4.提升创新思维和实际操作技能。

实训内容与要求：

1.团队组建与分工：每3~5名学生组成一个团队，团队内分工明确，包括策划、编剧、拍摄、剪辑、演员等角色。

2.理论学习：学习企业文化创新的最新理论和案例；研究短视频趋势和用户偏好；了解短视频平台的特性和规则。

3.创意策划：确定短视频的主题，围绕企业文化创新进行创意构思；撰写短视频剧本，设计拍摄计划和剧情流程。

4.技术准备与拍摄：使用智能手机、相机或其他拍摄设备进行实地拍摄。

5.视频剪辑与制作：运用视频编辑软件进行剪辑，添加特效、字幕、背景音乐等；完成短视频的后期制作，并确保视频符合短视频平台的上传标准。

6.发布与传播：在指定的短视频平台上发布作品，并运用社交媒体进行推广。

成果检验：

1.短视频展示：在课堂活动中，组织短视频展映会。

2.评比与奖励：通过同学投票，评选出最佳短视频作品，给予表彰和奖励。

【学思践悟】

老字号是指历史悠久，传承独特产品、技艺或服务、理念，取得社会广泛认同的品牌，具有鲜明的中华优秀传统文化特色和深厚的历史底蕴，具有广泛的群众基础和丰富的经济文化价值。

"黍稻必齐，曲蘖必时，湛炽必洁，陶瓷必良，火候必得，水泉必香"……百年老字号的文化传承往往具备"质量至上、精益求精"的工匠精神和"以德兴商、诚信为本"的商业道德，这赋予了老字号品牌强大的生命力。老字号的继承者、经营者以此为遵循，认同践行这些文化理念，保障了企业的持续发展，擦亮了老字号的招牌。

为推动老字号创新发展，充分发挥老字号在建设自主品牌、全面促进消费、坚定文化自信方面的积极作用，更好满足人民美好生活需要，商务部等8部门发布了《关于促进老字号改革创新发展的指导意见》。

需要进一步了解《关于促进老字号改革创新发展的指导意见》，可以扫描二维码查看。

中国特色企业文化

【学习目标】

◎知识目标：

1. 掌握中国传统文化对企业文化的影响；

2. 理解中国文化建设的特点；

3. 了解中国企业文化的认识误区；

4. 明确中国企业文化建设的主要问题。

◎技能目标：

1. 能够运用中国传统文化元素分析和评估企业文化影响力；

2. 能够辨识并纠正对中国企业文化认识上的常见误区。

引例

曹德旺：用心做事

2020年2月10日，纪录片《美国工厂》拿下了第92届奥斯卡金像奖最佳纪录长片的大奖。纪录片以2008年金融危机为大背景，讲述了通用汽车的俄亥俄州代顿工厂倒闭，中国福耀集团接手，将其改为玻璃制造工厂并雇请上千位蓝领美国员工的故事。曹德旺和他的福耀玻璃，因为这部纪录片再次走入国际视野。正是因为他博大的胸襟、坦荡的人格让全世界了解了中国的企业文化。

2011年，曹德旺夫妇将持有的70%福耀玻璃股份捐出，用以成立河仁慈善基金会，这是中国第一家以捐赠股票形式支持社会公益慈善事业的基金会，也是中国目前资产规模最大的公益慈善基金会。河仁基金会的名称，来自曹德旺先生的父亲曹河仁。曹德旺说，这一名称中蕴藏了"上善若水，厚德载物"的深意。

2021年，曹德旺出资100亿元建设福耀科技大学。他说："我去办一所大学不是为了让中国多一所大学，而是要做一次探索和改革。"

资料来源　紫云. 曹德旺 用心做事的"中国首善"[J]. 青年文摘（彩版），2022（10）.

这一案例表明：中国企业家曹德旺通过国际化经营、慈善捐赠和教育投资，体现了企业的社会责任和对国家未来发展的坚定承诺，也体现了中国企业家身上开放包容、刚毅拼搏、家国情怀、智慧通达等特质。

单元一　中国企业文化特点

中国传统文化是以儒家文化为核心，博采道、佛、法、兵、墨等各家之言的多元传统文化。传统文化中的优秀思想对中国企业文化的建设有着深远的影响，主要表现在以下几个方面：

1.集体主义和团队精神

中国传统文化重视集体主义的力量，其有利于在企业中培育忠诚的企业文化和团队精神，有助于形成团队凝聚力和竞争力，有助于企业整体目标的实现。在中国企业文化中，员工重视集体的力量，希望通过集体的努力实现个人的愿望，在团队中看重的是长期的结果和长远的利益。

2.以人为本的思想

中国传统文化中蕴含着深厚的人本思想。首先，把人看成是天地万物的中心，深信人是价值的源泉。其次，强调"爱人"思想。孔子把"爱人"作为"仁"的重要思想内涵，而"仁"则是他学说的唯一原则和最高道德标准，强调无私奉献、舍己为人的精神思想。墨子也提出"爱人若爱其身"的思想，主张要像爱自己一样爱别人。中国传统文化中的人本思想在企业里就体现为"重视人、尊重人、相信人、培养人"的人本文化。

企业文化专栏8-1

2023年7月，第五届中国卓越管理公司（Best Managed Compa-nies，以下简称为"BMC"）获奖企业名单出炉，这是当前中国唯一针对民营企业管理体系进行全面评估的国际奖项。历经6个月的企业家访谈和专家调研，运用成熟的"卓越管理标准"全球框架，通过严谨的评选流程，第五届中国BMC项目共有58家企业进入榜单，包括11家新晋企业、16家金奖企业和31家连续获奖企业。

2023年新晋获奖企业在国际化、创新方面均有突出的表现，而金奖企业穿越周期、保持韧性成长实属不易。

资料来源　赵健，桂晏. 卓越进化，焕然一新第五届"中国卓越管理公司"名单出炉[J]. 哈佛商业评论，2023（7）.

3.求真务实精神

在中国传统文化中，儒家、道家和法家的文化都表现出了鲜明的求实精神，如儒家的"经世致用"思想、道家的"无为无不为"观念、法家的"奖励耕战"做法等。中国传统文化中的求实精神，首先表现在积极入世的人生态度，重视环境对人思想的作用；其次是朴实无华的民族性格，讲究踏踏实实地经商治学，重视内涵修养。

4.和谐发展的思想

中国传统文化重视天人和谐的思想，在对待人与自然关系的问题上，比较重视人与自然的和谐发展，把人生处世的理想目标确立为"天人和谐"，重视人与人、人与自然的平衡，追求管理的和谐与稳定。受这种观点影响，中国企业会运用适度的原则，以保证经营管理活动的准确性、合理性，有意识地避免企业经营管理中的极端思想，遵守自然规律，保护生态平衡，使人和自然融为一体。

企业文化专栏8-2

中国文化的精髓——"和合"文化

中华文化源远流长，瑰丽灿烂。"和""合"二字最早见之于甲骨文和金文。"和"的初义是声音相应和谐；"合"的本义是上下唇的合拢。"和合"这个词，较早见于《国语·郑语》中：商契能和合五教，以保于百姓者也。

秦汉以来，"和合"概念被普遍运用，"和合"思想自产生以来，作为对普遍的文化现象本质的概括，始终贯穿于中国文化发展史的各个时代、各家各派之中，而成为中国文化的精髓和被普遍认同的人文精神。"和合"文化的基本内涵从"和"与"合"两字字面上就可以体现出来，概括起来主要是两方面：一是承认各个事物各不相同，比如阴阳、天人、男女、父子、上下等，相互不同；二是把不同的事物有机地合为一体，如阴阳和合、天人合一、五行和合，等等。和合的范畴显然比和平、和谐或合作、联合的内涵更为丰富，外延更为广泛，层次也更深入。到了现代，"和合"文化最为显现的定义就是"和谐"二字，只有重视"和"与"合"的价值，保持完满的和谐，万物才能顺利发展。

资料来源　编者根据相关资料编写。

5. 求索开拓精神

中华民族有着很强的求索和开拓精神，具体表现在反抗强暴、至死不屈的品格上，在危急关头挺身而出、为探索真理锲而不舍，以及为国为民奋斗不息的性格上。屈原的"吾将上下而求索"就是这种精神的凝结。正是传统文化中的开拓创新精神激励着中国企业探索创新途径，开拓市场，推动科学技术的进步。

6. "修己安人"的企业家精神

中国传统哲学认为，企业家必须重视自我修养，从自身的修炼开始，"修身、齐家、治国、平天下"，这样才能有益于社会，才能管理好企业。企业家修身正心包含了"仁""德""智"等各方面的修养，要成为道德表率，通过言传身教的方式，借助有形的教育和无形的感化影响员工，从而达到管理上"安人"的目的。

7. 勤劳自强精神

数千年来，以农业为主的中华民族劳动人民形成了勤劳勇敢、淳朴务实的精神，同时形成了忍辱负重、自强不息的民族性格。在现代企业文化中培养勤劳自强的民族传统，对中国企业的发展壮大、开拓创新具有重要意义。吃苦耐劳、勤俭节约的美德是企业生存的基础，是中国企业文化中的精神财富。

案例分析8-1

蒙牛乳业：种植未来，走向全球

2021年，蒙牛乳业启动了全球品牌升级战略，对外发布全新公司愿景：草原牛，世界牛，全球至爱，营养二十亿消费者。

　　同一年，蒙牛开始全面打造整个奶源的产业链，在全国范围布局建立了 10 多个"种养加"奶产业园，推动"百万头奶牛、百万亩草场、百万吨牛奶"的奶源建设规划落地实施。这个计划基于"一杯好奶是种出来的"的理念，从种草开始，涵盖牧养、加工全产业链、全流程。目前，该计划已初见成效，蒙牛 2021 年的整体奶量相较于 2020 年增长超过了 20%。

　　与此同时，蒙牛也不断走出国门，在印度尼西亚、澳大利亚和新西兰等国家进行了非常扎实的产业链布局。蒙牛选择以东南亚为起点来发展整体的全球化战略，提出"营养二十亿消费者"口号，也就是中国 14 亿人口加上东南亚大约 6.5 亿人口。这是一个审慎思考后的结论。很快，蒙牛收购了澳大利亚的贝拉米，紧接着，蒙牛又收购了新加坡的艾雪，以期实现"整个亚洲乃至全球冰激凌第一"的目标。

　　2022 年 6 月 15 日公布的《凯度 BrandZ 最具价值全球品牌》显示，蒙牛的品牌价值大增 15%，增速居中国乳业首位，是唯一一个中国快消行业实现双位数增长的品牌。

资料来源　邓勇兵. 长期主义和精神共鸣：蒙牛打造卓著品牌的底层逻辑［J］. 哈佛商业评论，2022（12）.

　　问题：蒙牛文化体现了怎样的中国传统文化？

　　分析提示：蒙牛乳业通过在海外市场的积极扩张和收购，展现了其对全球乳品市场深远的战略布局和对国际消费者需求的洞察，是中国企业家开拓精神的体现。

单元二　中国企业文化赏析

一、阿里巴巴企业文化

1.背景资料

　　阿里巴巴集团是一家由中国人创建的国际化的互联网公司，经营多元化的互联网业务，致力为全球所有人创造便捷的交易渠道。自成立以来，集团创建了领先的消费者电子商务、网上支付、B2B 网上交易市场及云计算业务，近几年更积极开拓无线应用、手机操作系统和互联网电视等领域。集团以促进一个开放、协同、繁荣的电子商务生态系统为目标，旨在对消费者、商家以及经济发展做出贡献。

　　阿里巴巴集团文化发展大事记：

　　1999 年马云带领其他 17 人创立的，集团由私人持股，服务来自超过 240 个国家和地区的互联网用户。

　　2014 年 9 月 19 日晚，阿里巴巴股票正式在纽交所挂牌交易。

　　2019 年 9 月，阿里巴巴集团六个核心价值观于集团成立 20 周年之际全面升级为"新六脉神剑"。

　　2019 年 11 月，阿里巴巴集团于香港联合交易所主板正式挂牌上市。

　　2021 年 5 月，淘宝特价版宣布品牌升级，正式更名为淘特，主打"特便宜、特简单、特地道、特放心"。

2023年3月，阿里巴巴集团宣布新的组织和治理结构，设立云智能集团、淘天集团、阿里国际数字商业集团、本地生活集团、菜鸟集团和大文娱集团六大业务集团及其他业务公司，各业务集团和业务公司进行独立运营。

案例分析 8-2

从"约法三章"到"新六脉神剑"

阿里巴巴与其他企业一样，经历了价值观形成、内化以及驱动的成长过程。

1999年阿里巴巴创立的时候，"约法三章"作为所有员工的基本原则，这些价值观包含如何正确地解决矛盾、会议以及对待顾客的原则。

2000年年底，阿里巴巴遇到了成长的瓶颈，更重要的是，它已经变得更大，拥有了数百名员工，阿里巴巴努力确定了"独孤九剑"作为自己的价值观：群策群力、教学相长、质量、简易、激情、开放、创新、专注、服务与尊重。同时，阿里巴巴发起了"整风运动"和"百年大计"的销售培训。

2004年，阿里巴巴正式将"六脉神剑"作为自己的核心价值观，这也成为考核全体员工的内容。在这一发展过程中，阿里巴巴的价值观越发清晰和具体。

2009年，马云表述了新商业文明的价值观：我们希望看到商人再也不是唯利是图的象征，我们希望看到的是企业不再以追求利润为单一目的，而是追求社会效益，追求社会的公平，完善社会和效率，我们希望看到自己作为企业家，作为商人，在这个社会里面，我们承担着政治家、艺术家、建筑家一样的责任，成为促进社会发展主要的动力之一。

阿里巴巴将会创造1 000万家小企业的电子商务平台，要为全世界创造1亿个就业机会，要为全世界10亿人提供消费的平台。阿里巴巴的使命是"让天下没有难做的生意"；阿里巴巴的永恒原则是"顾客第一，员工第二，股东第三"。

2019年，阿里巴升级了它的企业价值观，称为"新六脉神剑"。这是15年来阿里巴巴首次升级价值观。

资料来源　编者根据相关资料编写。

问题：如何看待阿里巴巴价值观的进化？

分析提示：阿里巴巴价值观的进化体现了企业在不断成长的过程中和市场环境变化的情况下，对文化和战略的适应性调整，以维持其核心竞争力和组织凝聚力。

2.阿里巴巴企业精神文化

（1）阿里巴巴的使命：让天下没有难做的生意。

（2）阿里巴巴的愿景：我们不追求大，不追求强，我们追求成为一家活102年的好公司。我们旨在构建未来的商业基础设施。我们的愿景是让客户相会、工作和生活在阿里巴巴。到2036年的愿景：服务全世界20亿消费者，帮助1 000万家中小企业盈利以及创造1亿个就业机会。

（3）阿里巴巴的核心价值观（新六脉神剑）：

① 客户第一，员工第二，股东第三。这就是我们的选择，是我们的优先级。只有持续为客户创造价值，员工才能成长，股东才能获得长远利益。

② 因为信任，所以简单。世界上最宝贵的是信任，最脆弱的也是信任。阿里巴

169

巴成长的历史是建立信任、珍惜信任的历史。你复杂，世界便复杂；你简单，世界也简单。阿里人真实不装，互相信任，没那么多顾虑猜忌，问题就简单了，事情也因此高效。

③ 唯一不变的是变化。无论你变不变化，世界在变，客户在变，竞争环境在变。我们要心怀敬畏和谦卑，避免"看不见、看不起、看不懂、追不上"。改变自己，创造变化，都是最好的变化。拥抱变化是我们最独特的 DNA。

④ 今天最好的表现是明天最低的要求。在阿里最困难的时候，正是这样的精神，帮助我们渡过难关，活了下来。逆境时，我们懂得自我激励；顺境时，我们敢于设定具有超越性的目标。面向未来，不进则退，我们仍要敢想敢拼，自我挑战，自我超越。

⑤ 此时此刻，非我莫属。这是阿里第一个招聘广告，也是阿里第一句土话，是阿里人对使命的相信和"舍我其谁"的担当。

⑥ 认真生活，快乐工作。工作只是一阵子，生活才是一辈子。工作属于你，而你属于生活，属于家人。像享受生活一样快乐工作，像对待工作一样认真地生活。只有认真对待生活，生活才会公平地对待你。我们每个人都有自己的工作和生活态度，我们尊重每个阿里人的选择。这条价值观的考核，留给生活本身。

企业文化专栏 8-3

阿里巴巴给员工仪式感和归属感

村上春树说：仪式感是一件很重要的事情，没有小确幸的人生，只不过是干巴巴的沙漠罢了。那么，对于一个入职一年以上的员工，什么样的举措、礼物、活动才可以让他们觉得有归属感或仪式感呢？

一年香。"一年坛发，酒香四溢"，入职满一年的员工对于阿里巴巴的文化开始认同，认同了，才能留下来。

三年醇。三年的同学被称为三年醇。"由内而外，酒香醇厚"，三年的同学，不但认同阿里文化，更是切身融入，在阿里巴巴有一句话叫"融入阿里，三年成人"。

五年陈。入职满五年的同学，被称为五年陈。"内制外化，陈醉他人"，对于阿里的文化已在骨髓，现在要做的就是去传承、感染阿里的新人。传承是最好的感恩，也是感谢曾经努力过的自己。

资料来源　编者根据相关资料改编。

3.点评

企业领导者是企业的领头羊，也是企业文化的灵魂人物。企业领导者对企业文化的重视和身体力行，将极大地推动价值观的落地。企业文化建设是一项系统工程，需要多方协助、群策群力，并需要相应的人力、物力投入加以保证落实。同时，化虚为实，把抽象的价值观转化为员工易于理解接受的行为规范，更有利于价值观的宣传落地。阿里巴巴的"新六脉神剑"对阿里巴巴的价值观进行了诠释，并转化为员工可操作的行为规范。借助丰富多彩的环境文化建设和生动灵活的团队建设来推动各部门特色文化建设的开展，是阿里巴巴推进企业文化建设的一个有效途径。

"新六脉神剑"出炉历时 14 个月，前后修改过 20 多次。升级的使命、愿景和价值观体现了阿里巴巴鲜明的态度、对企业发展方向的本质思考，更是阿里人对于如何走向未来的共识。它们将帮助阿里巴巴凝聚同路人，进一步提升组织的创造力，进而更好地拥抱数字经济时代的机遇与变革。

阿里方面表示，使命、愿景、价值观是阿里巴巴的 DNA。无论环境如何改变，阿里巴巴对使命的坚持不会变，对愿景的坚信不会变，对价值观的坚守不会变。

二、华为企业文化

1.背景资料

华为创立于 1987 年，是全球领先的 ICT（信息与通信）基础设施和智能终端提供商，我们致力于把数字世界带入每个人、每个家庭、每个组织，构建万物互联的智能世界：让无处不在的链接，成为人人平等的权利；为世界提供最强算力，让云无处不在，让智能无所不及；所有的行业和组织，因强大的数字平台而变得敏捷、高效、生机勃勃；通过 AI 重新定义体验，让消费者在家居、办公、出行等全场景获得极致的个性化体验。目前华为约有 20.7 万名员工，业务遍及 170 多个国家和地区，服务 30 多亿人口。华为致力于把数字世界带给每个人、每个家庭、每个组织，构建万物互联的智能世界。

华为文化发展大事记：

1988 年，任正非在深圳创立了华为公司，当时，这家公司只有 6 名员工，资产 21 000 元，办公地点也是在租赁的一家电子工厂的一层楼。

2006 年，华为推出新的企业标识，新标识充分体现了华为聚焦客户、创新、稳健增长和和谐的精神。

2008 年，华为被《商业周刊》评为全球十大最有影响力的公司。

2015 年，华为在全球智能手机市场稳居全球前三，在中国市场份额位居首位（GFK 数据）。

2022 年，5G 行业应用迈入黄金发展时期，落地创新应用案例累计超过 2 万个。华为提出 GUIDE 商业蓝图，发布了"全面迈向 5.5G 时代"的理念。

2.华为企业精神文化

（1）华为的愿景：构建万物互联的智能世界。

（2）华为的使命：把数字世界带入每个人、每个家庭、每个组织，构建万物互联的智能世界。

（3）华为的核心价值观：

① 以客户为中心。2014 年，《华为人》报上刊登了一篇《"蓝血十杰"获奖感言——业务变革永无止境》的文章。文章中重点指出，IPD 之所以对华为至关重要，并在华为获得了成功，主要是因为它关注客户驱动的需求，践行了华为"以客户为中心"的核心价值观。华为的管理变革始终都是以客户需求为导向进行的。实践也证明，能够做到这一点的企业大多数都成功了。华为不计较短期利益的得失，不以实现自己的利润最大化为目标，而是做更长远的打算，积累实力，更好地为客户服务，这也为华为带来更多能够长久合作的客户。

171

② 以奋斗者为本。新员工刚进公司时，华为就会对他们强调公司的核心价值观，让他们理解奋斗的意义，因为这些核心价值观将是他们做事的准则和方向。没有奋斗者，华为就没有力量的来源，因为是奋斗者在为客户创造价值，帮助华为实现价值。任正非欣赏美国的奋斗者文化，在他看来，美国的科技发展能够领先于世界，就是因为有无数的奋斗者前赴后继地奋斗在科技研发战线上，他在《我们向美国人民学习什么》一文中写道：拼命奋斗是美国科技界的普遍现象，特别是体现在成功者与高层管理者身上。任正非希望华为也能被一批批奋斗者推动着前进。事实上，在华为的发展史上，奋斗者层出不穷。华为一直以来都乐于，并且做到了与奋斗者分享成果。任正非认为，华为要做到"吃水不忘挖井人"，当华为在不断取得成绩时，那些冲锋陷阵的人也要得到应有的回报。

③ 开放：迎接变化中的世界。坚持开放一直是华为的价值观之一。像华为这样的全球性企业，自我封闭是难以取得今天这般成就的。对内，华为以开放的姿态完善公司的制度；对外，华为不断创新和吸收"宇宙能量"来应对外部世界的变化。2012年，任正非在与2012实验室座谈时强调：我们总有一天能量耗尽，就会死亡，所以我们要做开放系统。我们要建立一个开放的体系，特别是硬件体系更要开放。不断吸收外界的知识来武装自己、迎接挑战，是华为能够继续生存下去的手段。在市场日新月异的今天，华为随时关注着外部的风吹草动，与外部交换能量，保持组织的活力和实力。

④ 妥协：实现双赢和多赢。妥协不是让人放弃原则和正确的方向，相反，妥协是对原则和正确方向的坚持。任正非对华为人说，妥协不是让大家一味让步，而是一种明智之举，"是以退为进，通过适当的交换来确保目标的实现"。在华为妥协思想的指导下，华为在海外市场采取了与国内不同的策略。由于各国的文化背景不同，适用于国内市场的方法并不适用于海外市场。华为在其他国家的市场上采取全面西化的管理制度，并严格遵守各国的法律。华为还设有道德遵从委员会，以使华为员工从语言、习俗、宗教等各方面融入所在国家的文化中。在这个过程中，华为学会了妥协，并以有利于华为市场发展的方式树立了品牌形象。

⑤ 灰度：高则抑之，下则扬之。开放、妥协和灰度是华为文化的精髓，华为人对待管理不奉行完美主义，而是允许其存在一定的灰度，这是基于华为多年的实践和对很多先进管理理念的提炼总结而提出的。2009年，任正非就在《开放、妥协与灰度》中说道：一个清晰的方向是从混沌中产生的，是从灰色中脱颖而出的，而方向是随时间与空间变化的，它常常又会变得不清晰，并不是非黑即白、非此即彼。合理地掌握合适的灰度，就是使各种影响发展的要素在一定时期里达到和谐。这种和谐的过程叫妥协，这种和谐的结果叫灰度。

⑥ 批判与自我批判。华为的自我批判是保持公司活力的一种途径。在创业初期，华为虽然发展艰难，但是对未来充满希望，公司也充满了活力和激情。当华为发展到一定阶段时，很多问题就显现出来了。华为通过一系列改革措施来建立规范化的管理制度，让公司的经营更有秩序、保持活力。华为的"折腾"其实是对自我的批判，因为华为人明白，公司运行时间长了，很多管理制度会慢慢僵化，只有坚持自我审视、批判自身的缺点并加以改进，华为才能始终保持活力和竞争力。

（4）华为基本法。企业各种文化理念的落实都必须要有一套相应的机制，使监督机制和奖惩机制达到权责统一。在中国的电信产业中，华为绝对算得上是制度最健全的一家民营企业，许多企业和分析人士在剖析华为的成功因素时，总会想起华为的基本法和华为内部的各种文件。

"华为基本法"1995年开始制定，1998年诞生，2000年在业界流行，2006年进行了修改与重订。基本法分6章，共103条，它是华为成长的见证。"华为基本法"最大的作用就是将高层的思维真正转化为大家能够看得见、摸得着的东西，使彼此之间能够达成共识，这是一个权力智慧化的过程。它引导员工去思考和认同华为文化，进而丰富华为文化，将企业文化以"法"的形式予以规范，这也是华为的一大创新。华为已将其文化作为一种重要的资源，并以企业宪章的形式使其成为制度文化。

（5）华为的"狼性"文化。华为今天的成功一半归功于"狼性"文化，华为市场系统流行了多年的"胜则举杯相庆，败则拼死相救"，是对华为"狼性"文化的最好概括和总结。"狼性"被看成是华为企业文化的一个象征。

① "狼性"就是团队精神。营销战略是华为的核心竞争力，而营销战略的核心，就是拥有一支由"狼"组成的营销团队。近30年来，华为取得的业绩是惊人的，不仅在中国少有，而且在世界通信业的历史上也不多见。华为需要一种精神把这支高速运转的团队凝聚起来，使企业充满活力，那就是团队精神。华为非常崇尚"狼性"文化，狼有三种特性：其一，有良好的嗅觉；其二，反应敏捷；其三，发现猎物集体攻击。华为认为"狼性"是企业学习的榜样。

② "狼性"就是进攻精神。从华为的实践来看，华为特殊的"狼性"精神实质就在于追求卓越的进攻精神，这是华为"狼性"的核心。而任正非强烈的危机意识则强化了这种"狼性"精神，他认为企业越是高速成长、越是发展顺利，就越容易忽视隐藏在背后的管理问题。任正非在平时总是大力强调这种忧患意识，培养下属的危机感。

"狼性"文化已被众多企业认同并引入经营管理体制中来。实践证明，狼的智慧、狼的韬略以及狼的团结协作精神对于指导企业的运营和发展起到了极大的推动作用。

（6）华为的创新文化。华为认为"站在前人的肩膀上前进，哪怕只前进一毫米"就是创新。这种创新从本质上说，是最大限度吸收前人和他人研究成果上的更进一步，是追求精益求精、发扬工匠精神的一种创新。华为用自己的实践证明了"只前进一毫米"的价值。曾经，华为卖到湖南省的交换机产品在冬天容易短路。试了几次，最后发现竟是老鼠在设备上撒尿导致断电。针对这个小问题，华为的工程师改造了产品，很快就将问题解决了，并成功开拓了市场。即使被认为是华为两大颠覆性技术创新的代表——分布式基站和SingleRAN（即"一个网络架构、一次工程建设、一个团队维护"），其理论基础也早已被学界认可。在这一点上，华为并非基础理论的原创者，而是创新产品的实践者，是该领域研究成果的集大成者。不要小看这些细微创新，正是这些小创新，让华为成为把全球通信行业搅得天翻地覆的大企业。

（7）华为自省文化。华为有个很好的制度，称为"民主生活会"。在民主生活会上，大家不论职位高低，都可以完全放开地批评与自我批评，既可以敞开心扉审视反省自我，也可以当面指出别人（包括与会的最高领导）的问题，令其改正。一个团队

173

如果内部有问题不能够很快得到解决，就会导致团队成员的情绪越来越差，团队队员之间的隔阂越来越严重，严重影响了整个团队的战斗力，这在组织行为学上称为"组织毒素"。华为的"民主生活会"是排除"组织毒素"非常有效的手段。

3.点评

在中国，企业文化被各家企业说烂了，但是真正理解企业文化和实施企业文化战略的企业并不多，华为就是其中之一。企业文化是华为之所以成为华为的一个不可缺少的东西。华为的企业文化可以用这样几个词语来概括：团结、奉献、学习、创新、获益与公平。华为的企业文化还有一个特点：做实。企业文化在华为不单单是口号，而是实际行动。

从华为文化的特点来看，其来源有三：一是国内外著名企业的先进管理经验；二是中国传统文化的精华；三是现有华为企业家创造性思维所产生的管理思想。其中，华为企业家群体的管理思想是华为文化的主流，这种管理思想不断创新，使得华为文化生生不息。

三、京东企业文化

1.背景资料

京东集团定位于"以供应链为基础的技术与服务企业"，目前业务已涉及零售、科技、物流、健康、产发、工业、自有品牌、保险和国际等领域。作为同时具备实体企业基因和属性、拥有数字技术和能力的新型实体企业，京东集团依托"有责任的供应链"，持续推进"链网融合"，实现了货网、仓网、云网的"三网通"，不仅保障自身供应链稳定可靠，也带动产业链上下游合作伙伴数字化转型和降本增效，更好地服务实体经济高质量发展。

京东企业文化发展大事记：

2004年，京东涉足电子商务领域。

2007年，京东正式启动全新域名www.360buy.com，并成功改版，正式更名为京东商城。

2013年，京东完成价值观梳理：客户为先、诚信、团队、创新、激情。新企业价值观的核心是"客户为先"。京东域名正式更换为JD.COM，并推出名为"Joy"的吉祥物形象。

2013年，京东发布首份企业社会责任报告，提出"五为"理念。

2019年，京东零售集团正式成立，确定"以信赖为基础、以客户为中心的价值创造"的经营理念，不断为用户和合作伙伴创造价值。

2019年初，京东掀起了一场风暴般的组织变革，在集团层面成立了一个个委员会，包括战略决策委员会（SDC）、战略执行委员会（SEC）、HR委员会（HRC）、财务委员会（FC）、技术委员会（TC），集团更多做目标导向工作，糅合财务与业务目标。

2020年，刘强东公布了京东的新使命——"技术为本，致力于更高效和可持续的世界"，并确立了京东的战略定位：一家"以供应链为基础的技术与服务企业"。

2023年是京东集团成立20周年，除了重申长期主义、行稳致远、多流汗、走正道这些价值观之外，京东还提出了面向未来20年的具体目标：京东"35711"梦想。

2023年，京东进行了组织架构大调整，调整的主要目的是扁平化、提升效率。

调整完成后，京东零售采销业务从普通员工到CEO，中间最多只有三个层级。

2.京东企业精神文化

（1）使命：技术为本，致力于更高效和可持续的世界。

（2）愿景：成为全球最值得信赖的企业。

（3）核心价值观：客户为先、诚信、协作、感恩、拼搏、担当。

客户为先始终是京东不断前行的动力源泉。我们的客户不仅包括消费者，还包括全方位的合作伙伴，我们要以乙方的心态、平等的关系来对待客户，尊重客户，态度谦卑，心怀敬畏。在日常工作中，我们要时刻贴近客户，深入一线，将客户的需求一跟到底，做到全面洞察客户需求，不断超越客户的预期，不断为客户创造更大的价值。

诚信是京东的商业准绳。遵纪守法、廉洁自律、不说假话、不故意隐瞒、不信谣、不传谣是我们的底线。信守承诺、说到做到是我们立身、立业、立家之本；客观评价、公正对待身边的每一个同事是我们的根本原则。全体京东人对诚信的坚守，才能让我们成为一家持续伟大的公司。

协作是对每位京东人团队精神的基本要求。因为公司利益最大化是个人利益最大化的基础，这就要求我们每个人在协作中打破部门墙，站高一级看问题；努力成就他人，积极换位思考；做到决策前畅所欲言，决策后坚决执行，绝不拉帮结派。

感恩是京东人为人处世的情怀，心怀感恩，会让人一生快乐。在平时的相处中，要善于发现他人优点，宽容不记仇；在遇到问题时不抱怨，传递正能量；获得他人提供的资源和帮助时，珍惜不浪费，做到滴水之恩，涌泉相报。

拼搏是京东人身上最闪亮的精神。它驱动着所有京东人在公司、业务、客户有任何需要的时候，能全身心投入、主动付出、多做贡献；工作中要激情饱满、主动挑战新目标；接受任务后要高效执行不拖沓，面对困难要不断持续改善，寻找新思路、新方法；享受工作、有事业追求是京东人始终不变的精神。

担当是京东人的胸怀和责任感。揽事不揽权；在合作中主动承担责任，对结果负责；出现问题勇于承认错误，善于自我批评；做问题的发现者，更要做问题的终结者；将自己的担当汇聚成整个企业的担当，做一个可以独当一面的京东人。

企业文化专栏8-4

京东"35711"梦想

所谓"35711"，即未来20年京东能有3家收入过万亿元、净利润过700亿元的公司，5家进入世界500强的公司，7家从零做起、市值不低于1 000亿元的上市公司，每年缴纳1 000亿元税收，提供超过100万就业岗位。

京东目前有三家上市公司，分别是京东集团、京东物流和京东健康。

京东还有一个社会价值目标集：未来20年，京东将累计投入超3万亿元用于一线员工的薪酬福利；京东乡村振兴"奔富计划"带动超1亿农民增收；累计携手6 000万中小微企业数字化升级；供应链服务基本实现覆盖全球，在占全球80%体量的经济体里建立供应链基础设施；将全面实现碳中和。

资料来源　刘以秦，吴俊宇，柳书琪. 京东20年 骨感与梦想［J］. 财经，2023（13）.

3.点评

高效的执行力来自员工对这家公司愿景的认同，来自团队的凝聚力。京东这家公司的管理难度罕见，一是扩张速度特别快，二是线上线下并重，需要跨过城乡二元对立的鸿沟。刘强东创造了一个相对公平公正的环境，让有能力的人能够通过业绩获得相对公平的回报，包括收入、职位与地位。

"客户为先、诚信、协作、感恩、拼搏、担当"，这是充满创业激情的价值观，也是引领每个京东人成就自我的价值观，更是践行京东责任的价值观。

四、腾讯企业文化

1.背景资料

腾讯是一家世界领先的互联网科技公司，用创新的产品和服务提升全球各地人们的生活品质。

腾讯文化发展大事记：

1998年，腾讯在深圳成立。

1999年，QQ诞生。

2004年，腾讯控股在香港联合交易所主板上市。

2006年，腾讯网成为中国第一门户网站。

2018年，腾讯基金会投入10亿元启动奖金创立"科学探索奖"，支持基础科学和前沿技术领域的年轻科学家。

2019年9月，腾讯发布"科技向善"新愿景。

2.腾讯企业精神文化

（1）腾讯的愿景与使命：用户为本，科技向善。

一切以用户价值为依归，将社会责任融入产品及服务之中；推动科技创新与文化传承，助力各行各业升级，促进社会的可持续发展。

（2）腾讯的核心价值观：

① 正直。坚守底线，以德为先，坦诚公正不唯上。

② 进取。无功便是过，勇于突破有担当。

③ 协作。开放协同，持续进化。

④ 创造。超越创新，探索未来。

3.腾讯企业文化的特点

（1）团队文化：快乐活力型大学。

腾讯视员工为企业的第一财富。马化腾说："对于腾讯来说，业务和资金都不是最重要的。业务可以拓展、更换，资金可以吸收、调整，而人才却是最不可轻易替代的，是我们最宝贵的财富。"腾讯从来没有停止过对快乐工作方式的探讨，腾讯相信，努力使员工"工作并快乐着"更能激发员工的创造力。腾讯公司致力于打造快乐有活力的"腾讯大学"，高度重视人力资本的持续增值，为员工提供丰富的培训与学习机会，帮助员工持续成长，不仅追求产品及业务保持业内领先地位，还追求整体人才素质在业内的领先地位。所以，腾讯内部员工的满意度在业内是非常高的，保持了行业内非常低的离职率，在社会上树立起了非常良好的雇主品牌形象。腾讯不断创造快乐有活力的环境来吸引人才、留住人才，让员工的精彩在腾讯得到延伸。

（2）企业家精神：专注文化。

腾讯的企业家精神"锐意进取，追求卓越"是腾讯人将长期的实践与理论结合而形成的一套独特的思维理念。总结腾讯的历史，我们会发现这一切都可以归于企业家的精神贡献——马化腾的专注精神。所谓"专注"，就是集中精力、全心全意、坚持不懈。马化腾就是这样一个人，一个崇尚专注的人。而他努力构建的团队也在其影响下一步步走向以专注型领导层为核心的专注型团队。在这个探索过程中，我们可以发现，专注已经在腾讯的企业文化里留下了深深的烙印，从而造就了专注于即时通信及相关增值业务的服务运营商——腾讯王国。

（3）创新导向：整合创新。

在腾讯的企业理念中，有这样几句话："不断激发个人创意，完善创新机制，以全面的技术创新、管理创新、经营模式创新，推动公司不断成长。"腾讯建立了一个坚实的自主创新平台，在这个平台上，公司发展一日千里。腾讯的技术创新氛围很宽松，每个人的想法都可以提出来，公司觉得可行就给予支持。目前公司推出的大量产品都来自普通研发人员的创意，公司的文化是鼓励员工创新。

案例分析 8-3

腾讯 99 公益日

作为全球最大的公益节日之一，2022年度的腾讯99公益日有来自2 500个慈善组织的10 000个公益项目通过腾讯公益平台面向公众募捐。

腾讯99公益日是腾讯公司发起的一项年度公益活动，它通常在每年的9月7日至9月9日举行，旨在增强人们对各项社会议题的关注，鼓励人们回馈社会。

为进一步提升99公益日的影响力，腾讯公益慈善基金会在3亿元配捐资金基础上，设立1亿元特别激励资金，扶持更多成长型和创新型的公益项目成长，助力多元、健康和可持续的互联网公益生态建设。

"8年来，99公益日在创新中持续成长，帮助数亿普通人与公益产生连接，成为腾讯和广大网友一起推动社会议题解决的一块试验田。"腾讯集团高级副总裁、腾讯公益慈善基金会理事长郭凯天如是说。

6月底以来，腾讯公益平台就开始向爱心网友征集梦想，收到了7 000多名爱心用户的8 000多个公益梦想。最终，共有16个公益梦想在活动期间上线，包括"支持1 000名乡村儿童去博物馆""守护10 000名乡村儿童心理健康""为10 000名乡村老人提供免费听力筛查"等。

资料来源　腾讯. 2022年腾讯99公益日正式启动 完善全民公益的互联网解决方案［EB/OL］.［2024-01-02］. https://www.tencent.com/zh-cn/articles/2201417.html.

问题：腾讯99公益日如何体现企业科技向善的价值观？

分析提示：腾讯99公益日通过利用其科技平台的广泛覆盖能力，动员社会资源参与公益，提供透明的捐赠追踪系统，并通过资金匹配等激励措施，促进社会大众对公益项目的关注和支持，从而体现了企业将科技应用于社会公益，推动社会进步的价值观。

（4）用户价值：健康的快乐文化。

与腾讯企业文化中的"快乐文化"相媲美的还有"健康文化"。健康文化最先也是出现在快乐文化的内涵中，是腾讯针对网络健康及网络游戏提出来的。以棋牌、益智为主的QQ休闲游戏在具有较强的趣味性、可玩性的同时，其内容与形式比传统的多角色网络游戏要健康、干净得多，从而从源头上大大降低甚至消除了网络游戏所带来的负面影响。腾讯的健康文化绝不仅仅停留在休闲游戏和健康活跃的用户平台上，它还体现在腾讯快乐健康的文化理念中，表现在员工健康积极的态度上，体现在QQ企鹅健康可爱的形象上……它一直是腾讯企业文化的一个重要组成部分，在腾讯的成长过程中，发挥着不容忽视的作用，它与腾讯的快乐文化互相渗透、相互承接。

4.点评

腾讯希望通过不断激发个人创意，构建学习型组织，完善创新机制，以全面的技术创新、管理创新、经营模式创新，推动公司不断成长。它致力于成为以用户价值和需求为核心、关注创新、倡导在线生活的顶尖互联网企业。

腾讯发展到今天，必须要承担与之匹配的社会责任。科技本身力量巨大，科技发展日益迅猛，如何善用科技，将在极大程度上影响人类社会的福祉。

单元三　中国企业文化面临的主要问题 ////////..........

我国企业研究企业文化的历史比较短，在企业文化建设方面的经验积累也比较少，如今我国许多企业正处在企业文化建设的新起点上，为了使企业文化建设更加扎实、有效，我们必须先了解一下中国企业文化建设方面存在的认识误区和主要问题。

一、中国企业文化建设的认识误区

什么样的思想产生什么样的文化，如果在企业文化的认识上出现了误区，那必然会导致企业在决策上的失误，在发展中偏离方向。

1．"标语"文化

很多企业搞企业文化建设就是给企业贴上一些"标语"，搞几个朗朗上口的响亮口号。为了体现企业"文化"氛围，标语过节挂、检查挂、活动挂，大门上挂、会议室挂，似乎挂得越多，说明企业文化搞得越好。

2．"活动"文化

一些企业认为企业文化就是跳跳舞，唱唱歌，搞一些比赛。如企业组织一些员工打完篮球打排球，打完排球踢足球，搞完体育搞文艺，为了把"文化"搞上去，大有你方唱罢我登场的势头，其实这些只是企业文化宣传的一种途径。

3．"读书"文化

有些企业以为文化就是书本上的东西，领导、员工多读书，就能搞好企业文化。于是，企业今天推荐一本书，明天推荐一本书，最终企业出钱不少，可员工读书不多，书本文化难以转换到企业文化之中。

4.“宣传”文化

有一些企业搞内部报纸、内部 BBS、文化活动，在电视台亮相，加大媒体广告的宣传，邀请报纸杂志写几篇文章，认为企业文化是“吹出来”“写出来”的，还有些企业把企业识别系统（CIS）误当成企业文化的全部。

5.“模仿”文化

企业不经认真思考，把外国同行业的文化搬到中国来，把别的企业的文化搬到自己的企业来，有的随便改改，有的一字不变。芬兰的诺基亚公司有一句非常著名的口号——“以人为本”，就被中国很多企业搬来作为自己企业文化的内涵，但一些企业视员工安全、健康、意见和建议于不顾，还高唱“以人为本”之歌。真正精华的东西没学到，学到的只是一些华丽的用语。

6.“速成”文化

对企业文化缺乏一种长远规划，未与企业共同愿景相结合，今年把企业文化的内涵定为“以人为本”，明年又说是“质量第一”，后年又变成“服务第一”。企业文化只凭领导一张嘴，换一个领导变一种说法，出口就来，“文化”速成。

7.“领导”文化

认为企业文化有与没有、好与差都是领导的事情，有什么样的领导就有什么样的企业文化。领导把自己的思想、理念表现出来，强加于企业，根本无视企业的客观事实、员工的权利。

二、中国企业文化建设应重视的问题

1.企业文化建设要把握和体现企业文化的主要内涵和要素

企业文化建设的主要内涵和要素是价值理念和行为规范，也可将其称为理念文化和行为文化，它们是企业文化建设中最重要的、最基本的、绝不可少的两个组成部分。要从丰富繁多的企业文化内容中突出这两个方面，有两点值得注意：

（1）不能把企业文化手册搞成若干理念口号的简单汇编，而没有行为规范、行为文化。那样做不仅会失去体系上、逻辑上的完备性，而且会失去企业文化的实践性和可操作价值。

（2）需要特别引起关注和解决的问题是，在一本企业文化手册中，应注意解决好理念系统和行为系统的关系问题。价值理念本身蕴含着应有的行为方式、行为规范、行为习惯；而行为方式、行为规范、行为习惯又体现着价值理念的引导，二者有内在逻辑关系，是浑然一体的。这也可以说是理念引导行为，行为体现理念；理念渗透于行为，行为使理念看得见、摸得着。我们绝不能把二者搞成机械的、互不相干的、失去内在联系的、孤立的两个板块。

2.提炼和确立企业的价值理念需要把握的总原则

提炼、培育和确立企业的价值理念有一个总的原则，就是在社会主义核心价值体系的引领下，实现企业价值、员工个体价值与社会价值（包括用户价值）的有机统一。这三个方面缺一不可，必须是均衡协调发展，而不能顾此失彼。

3.在企业文化建设中，要处理好企业家文化与员工文化的关系

实践经验告诉我们，企业文化是企业家文化与员工文化的有机统一，而不能把企

179

业文化简单地归结为"老板文化"。建设企业文化，要坚持两个"文化自觉"，即既要有企业家、企业决策者、企业领导人的积极性和文化自觉，还要有广大员工的积极性和文化自觉。这两个积极性、两个文化自觉缺一不可。企业家、企业决策者、企业领导人是企业文化的第一倡导者、第一设计者、第一宣传者和第一实践者。同时，在一个企业中，企业文化必须为广大员工所确认、所认同、所信奉、所实践。卓越的企业文化都有这样一个特性，实现"两个大家"，即大家建设企业文化，建设大家的企业文化。

4.在企业文化建设中要把握企业文化建设的基本点

（1）坚持"以人为本"，着力于增强企业整体素质，提升企业核心竞争力与综合竞争力。在企业文化建设中，主要问题已不是要不要坚持"以人为本"的问题，而是应当深入研究在企业文化中如何坚持"以人为本"，怎样体现"以人为本"的问题。

（2）企业文化中的核心价值观是企业核心竞争力的灵魂。坚持核心价值观引领，着力于塑造独特的企业精神和价值理念，提升企业的内在凝聚力和对外影响力。强化价值观在员工的日常工作中的呈现和传播，进而形成一种持久的动力，推动企业的可持续发展并确立在市场竞争中的优势地位。

5.在企业文化设计中要挖掘和体现"中国特色"的文化根脉和深厚底蕴

建设有中国特色的先进企业文化，一是不能忽视中华民族悠久丰厚的传统文化根脉，实现现代企业理念与优秀传统文化的有机融合；二是不能忽视地域特色文化的长久影响力。这里的关键是"融合"二字，在企业文化建设纲要和企业文化手册设计中，企业理念与优秀传统文化应当是有机融合的，而不是机械套用、简单罗列起来的。

6.在建设中探寻体现大众化、通俗化的有效途径和方式方法

企业文化设计、企业文化手册要特色鲜明、个性突出、简明扼要、有效管用，这是多年来众多行业的企业文化实践经验的概括。在企业，企业文化是大众文化，而不是固守在学术殿堂中的书斋文化，要化繁为简，而不能化简为繁；要深入浅出，而不能浅入深出；要让人一听就懂，一看就明白。企业文化建设切忌烦琐化、玄虚化、空洞化、雷同化。

7.企业文化要落地生根

企业文化不能停留在文本之中，不能仅仅贴在墙上、写在纸上、说在嘴上，不能"双脚离地"，而必须入耳、入脑、入心，让理念扎根于广大员工的心灵深处，并且转化为思维方式、行为方式、行为自觉、行为规范、行为习惯，体现在企业经营管理的各个层次、各个方面，从而转化为行动、经营业绩。

案例分析8-4

长寿企业的文化共性

日本经济学者后藤俊夫历时22年，对日本25 000多家持续经营超过100年的企业进行了研究，发现日本的长寿企业中有儒家文化基因。

在日本注册的260多万家企业中，超过100年的企业达2.5万家，超过1 000年的企业有21家。后藤俊夫表示："日本之所以长期传承匠心精神，就是因为这

种'为家人努力，为社会做贡献，即便要自我牺牲，也会继续这么做'的儒家文化的渗透。"更有不少日本企业将儒家文化的"先义后利"作为企业精神。创建于公元578年的金刚组，至今已成立1442年，是世界上最长寿的企业。它将儒家思想的"仁爱"与"修身、齐家、治国"有机结合，注重员工培养，实行终身雇佣制，积极履行社会责任，实现了企业的"仁"和员工的"忠"的有效、良性互动。

资料来源　梁忻. 长寿企业的文化共性［J］. 企业管理，2020（1）.

［项目测试］

一、简答题

1. 简述受中国传统文化影响的中国企业文化特点。
2. 简述中国企业文化建设的特点。
3. 分析阿里巴巴企业文化与中国传统文化的渊源。
4. 简述中国企业文化建设中存在的认识误区。
5. 分析中国企业文化建设应重视的问题。

二、案例分析题

拉夏贝尔的兴衰史

2021年11月24日，因一则"拉夏贝尔被多位债权人申请破产清算"的消息持续发酵，平时观看人数寥寥的拉夏贝尔淘宝直播间突然罕见地涌入了超过20万人，将原本略显平静的直播间炒了个火热。

这个在十几年前就喊出要做"中国版ZARA"的服装品牌，一度十分辉煌，凭借着独特的风格，征服了无数年轻女孩的心。2014年，拉夏贝尔赴香港上市，被称为"中国女装第一股"，三年后又登陆A股市场，成为首个"A+H"股服装品牌。巅峰时期，其门店数一度飙升至9 448家，成为中国服装界当之无愧的"店王"，市值达到120亿元，营业收入突破了百亿元大关。

然而，被誉为"国内发展速度最快的女装品牌"的拉夏贝尔，坠落速度同样极快，疯狂扩张的后遗症很快开始凸显。从2018年至2021年，仅三年多的时间，拉夏贝尔关店9 000多家，亏损超40亿元。更重要的是，一味扩张后的"创新缺位"，也让质量与设计跟不上用户需求的拉夏贝尔逐渐被消费者抛弃，成为"又贵又不好看"的品牌。

拉夏贝尔为此实施了子品牌盈利能力提升、自有品牌全品类集合店和门店合伙人等管理变革行动计划，但是这些计划并未取得预期的效果。

拉夏贝尔存在的核心问题在于产品——没有跟上消费者的步伐，没有适时满足消费者对服装趋于个性化、时尚化及流行化的需求。这对于任何一家企业来说都是一个非常致命的问题，毕竟产品才是基石。

拉夏贝尔也想通过变革扭转败局，却遇到了众多阻挠和障碍。其2015年年报曾披露与每个供货商签订阳光合作协议，这说明拉夏贝尔在供应链管理的道德风险方面存在问题，而且问题已经发展到需要重视的程度。这些还仅是一小部分，组织变革的障碍包括：利益、文化和价值观，这都会考验企业家的智慧与勇气。

2023年6月，上海市第三中级人民法院裁定受理拉夏贝尔破产清算申请。

资料来源　编者根据相关报道汇总整理。

问题：拉夏贝尔在变革中面临的关键障碍是什么？

分析提示：拉夏贝尔面临的关键障碍是内部利益、文化和价值观的冲突，这些阻碍了必要的管理变革和战略调整。

[项目实训]

项目名称：企业实地参观与访谈

项目简介：本实训项目旨在通过组织学生实地参观具有中国特色的企业，并与企业管理层进行深入访谈，让学生近距离观察和分析企业文化的实际运作。学生将有机会了解企业如何将中国特色融入企业文化建设、日常管理和对外交流中，以及这些做法如何影响企业的发展和员工行为。

项目目标：

1.增强学生对中国特色企业文化理论知识的理解。

2.提升学生的现场观察、分析和访谈技能。

3.培养学生的批判性思维和解决问题能力。

实训内容与步骤：

1.企业选择：根据地理位置、企业规模、行业特点和企业文化建设成效，选择适合参观的企业。

2.参观前研讨：学生分组，针对所选企业进行资料收集和初步研究，准备访谈提纲，包括要探讨的企业文化方面的问题。

3.实地参观：组织学生实地参观企业，观察企业文化的具体表现，如办公环境、员工行为、企业仪式、文化标语等。

4.管理层访谈：与企业管理层进行深入访谈，了解企业文化建设的理念、实施过程、成效评估和面临的挑战。

5.撰写报告：每个小组撰写一份详细的访谈报告，总结企业文化的学习成果，并提出对企业文化建设的看法和建议。

6.成果分享：各小组向全班展示和分享他们的发现和分析结果，进行互评和讨论。

成果检验：

1.访谈提纲：每组提交的访谈提纲，体现了对企业文化的思考和准备情况。

2.参观记录：包括现场照片、笔记和观察要点，记录参观过程中的关键发现。

3.分析报告：每组提交的分析报告，展现了对企业文化的理解、分析和批判性思考。

4.展示材料：制作的PPT或其他展示材料，用于成果分享和讨论环节。

[学思践悟]

文化是民族生存和发展的重要力量。习近平总书记强调："没有中华文化繁荣兴盛，就没有中华民族伟大复兴。"传承弘扬中华优秀传统文化，是推进社会主义文化强国建设、提高国家文化软实力的重要内容。传承弘扬中华优秀传统文化，必须坚持创造性转化、创新性发展。

中华优秀传统文化是中华民族的"根"和"魂"。习近平总书记指出："世世代代的中华儿女培育和发展了独具特色、博大精深的中华文化，为中华民族克服困难、生生不息提供了强大精神支撑"。在漫长的历史发展中，中华民族之所以能够成为伟大的民族、始终屹立于世界民族之林，之所以历经磨难而愈挫愈勇、奋发奋起，一个重要原因就在于培育和发展了独具特色、博大精深的中华文化，为自身发展提供了强大精神支撑和丰厚文化滋养。历史和现实都证明，一个民族如果抛弃自己的文化，就会失去精神支撑，就难以屹立于世界民族之林。在新的历史起点上推进社会主义文化强国建设，需要推动中华优秀传统文化创造性转化、创新性发展，不断增强中华优秀传统文化的生命力和影响力，铸就中华文化新辉煌。

资料来源　孙雷. 传承弘扬中华优秀传统文化［N］. 人民日报，2021-02-18（9）.

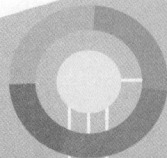

跨文化管理

项目九

【学习目标】

◎知识目标：

1. 了解日本的企业文化；

2. 了解美国的企业文化；

3. 了解欧洲国家的企业文化。

◎技能目标：

1. 收集企业文化案例的能力；

2. 整理分析企业文化案例的能力。

引 例

"一带一路"文化互鉴

2023年10月18日，金风送爽，秋景宜人。第三届"一带一路"国际合作高峰论坛召开之际，外方领导人夫人参观了中国工艺美术馆。中央大厅内，"中华福树"、剪纸、风筝、宫灯相映生辉，意趣盎然。彭丽媛热情迎接来宾，并同她们合影留念。

在古韵悠扬的编钟礼乐声中，彭丽媛和来宾们共同步入《四海腾欢》馆藏珍品展厅，饶有兴致地观赏一件件精美绝伦的玉雕、织绣、竹编、木雕等工艺精品。非遗传承人现场展示刺绣、花丝镶嵌、苗银錾刻等精湛技艺，彭丽媛和来宾们驻足欣赏、交口称赞。来自贵州侗族大歌之乡的少年儿童欢快地唱起《阳雀歌》，纯净的天籁之音回荡在大厅，深深打动了各位来宾。

彭丽媛还同来宾们听取了中华戏曲文化和古琴艺术介绍，并共同欣赏文艺演出。在行云流水的古琴演奏、华丽婉转的昆曲唱腔、独具神韵的京剧表演中，来宾们充分感受中国优秀传统文化魅力，现场不时响起热烈掌声。

彭丽媛表示，文化是共建"一带一路"国家团结合作的精神纽带。文化因交流而多彩，文明因互鉴而丰富。期待我们进一步密切人文交融，传承世代友好，实现共同发展。

资料来源　温馨. 彭丽媛同出席第三届"一带一路"国际合作高峰论坛外方领导人夫人参观中国工艺美术馆［J］. 新华月报，2023（22）.

这一案例表明：通过文化展览和艺术表演等活动，可以有效增进不同文化之间的理解与尊重，从而加强"一带一路"共建国家间的人文交流和互鉴，推动共建国家间的团结合作。

单元一　跨文化管理概述

当今世界，全球化已经成为时代的潮流。为了更好地抓住全球化的机遇，应对国际化经营所带来的挑战，管理者有必要了解跨文化情境下的管理理论知识和具体实践，以此获得和提升跨文化管理技能。

一、跨文化管理的内容

跨文化管理是 20 世纪末欧美等西方国家为了迎合国际商务活动的需要而兴起的一门新兴学科，主要研究和比较不同国家和文化中的组织行为，探讨如何提高管理者在不同文化里提升管理绩效的方法。

跨文化管理又称"交叉文化管理"（cross cultural management），即在全球化经营中，对子公司所在国的文化采取包容的管理方法，在跨文化条件下克服异质文化的冲突，并据以创造出企业独特的文化，从而形成卓有成效的管理过程。其目的在于，在不同形态的文化氛围中设计出切实可行的组织结构和管理机制，在管理过程中寻找超越文化冲突的企业目标，以维系具有不同文化背景的员工的共同行为准则，从而最大限度地控制和利用企业的潜力与价值。全球化经营企业只有进行了成功的跨文化管理，才能使企业的经营得以顺利运转，竞争力得以增强，市场占有率得以扩大。

进行跨文化管理，要求管理者改变传统的单元文化的管理观念，把管理重心转向对企业所具有的多元文化的把握和文化差异的认识上，运用文化的协同作用，克服多元文化和文化差异带来的困难，充分发挥多元文化和文化差异所具有的潜能和优势，使国际企业具有生机和活力。需要强调的是，跨文化管理绝不是文化的同一化，而是在保持本土文化的基础上兼收并蓄，不断创新，建立既有自己特色又充分吸纳人类先进文化成果的管理模式。

跨文化管理包含了两方面的内容。一方面是企业外部的跨文化管理问题，即针对来自不同文化背景并且与企业打交道的供应商、顾客、竞争者、相关利益群体等的管理；另一方面是企业内部的跨文化管理，即针对不同文化背景的雇员的管理。

二、跨文化管理的特征

跨文化管理过程困难多多，这是由跨文化管理本身所具备的特征决定的（见表9-1）。

表9-1　　　　　　　　　　　跨文化管理的特征

序号	特征	原因	举例	注意点
1	多元化	跨文化管理，涉及不同文化背景的人（母国员工、外派员工、本地员工和第三国员工）、物、事的管理，人员结构较为复杂	比如，同样是沉默，来自一种民族文化的成员可能以此来表示支持和理解，而来自另一种民族文化的人们则以此表示漠不关心，还有的民族文化很可能意味着反对	同样的要求和规定，不同文化的成员很可能按照不同的行为方式执行，从而产生不同的结果

续表

序号	特征	原因	举例	注意点
2	复杂性	在跨文化的环境中，处于不同文化背景的各方管理人员由于不同的价值观念、思维方式、习惯作风等的差异	比如，经营目标、市场选择、原材料的选用、管理方式、做事风格、作业安排及对作业重要性的认识、变革要求等不同，可能给企业的经营埋下隐患	这些隐患处理不当就会导致混乱和冲突，使决策的执行变得更加困难
3	过程性	跨国经营企业或者合资企业处于一个"文化边际域"中，即处在不同文化交汇与撞击的区域内。在这个区域中，不同的文化环境，还有不同的经济、社会和政治等因素，必会形成较大的文化差异	比如，差异只有逐渐被人们理解和认知，进而产生关心、认同心理，才能取得共识，建立全新的共同的企业文化。跨文化企业要形成自己的企业文化不是一朝一夕的事，需要一个很长的过程	在这一过程中，所有成员都要了解对方的文化模式，进行文化沟通以消除障碍，接受企业全新的特有文化
4	风险性	劳动关系问题是跨国企业经营的重要问题，因为各国的法律、管理体系、劳动关系的背景都不同，因此，当管理人员采取的管理方式不为员工所接受时，就有可能产生管理失败的风险	比如，跨国企业还有可能面临组织风险（企业在开展国际化业务经营时，由于各子市场和分支机构的分散与独特性，使企业的管理、决策和协调变得复杂而带来的风险）和沟通风险（管理人员面对不同文化、语言等沟通障碍，引起沟通误会，从而导致沟通失败所带来的风险）	风险存在的同时，沟通的成本也大大增加

案例分析 9-1

中小企业成功出海

刘军没有想过，自家厂里产的乳胶床垫、乳胶枕，有一天能从山东东营卖到乌兹别克斯坦。从去年才开始接触跨境电商的他，发现"走出去"并不是一件难事。在今年，他的产品一出现在跨境电商"新丝路外服"在乌兹别克斯坦的展厅时，就收获了意向订单。

2023年10月，为了带领山东更多中小企业走出去，"新丝路外服"团队前往乌兹别克斯坦塔什干市开办展会。

"新丝路外服"团队负责人刘俐告诉南风窗记者："我们做跨境电商，就是为了企业主能少走弯路……他们平常没有接触外国市场的契机，也不知道如何操作，但现在，我们直接帮他们把产品前置到国外市场。"

目前，"新丝路外服"已在乌兹别克斯坦、吉尔吉斯斯坦、埃及和波兰等近30个"一带一路"沿线国家和地区，建立了自营和合作的海外仓服务网络。

在过去，出海的大多是大国企甚至央企，如今，借助"一带一路"倡议，更多的中小企业在海外崭露头角，让不少一线投资人看到了中国工厂从"产品出海"走向"品牌出海"的机会。

资料来源　谢奕秋. 跨境电商，搭上"一带一路"高速列车［J］. 南风窗，2023（22）.

问题：中小企业在"一带一路"倡议下，如何克服语言和文化差异，建立有效的国际商业关系？

分析提示：通过聘请熟悉当地语言和文化的专业团队，参与跨文化培训，以及利用跨境电商平台和服务网络，中小企业能够建立和维护有效的国际商业关系。

单元二　日本企业文化

日本，这个资源不丰的国家，曾在第二次世界大战中遭遇极度破坏。然而，在短短数十年间，日本不仅奇迹般地复苏，更成长为世界级的工业强国。它的产品迅速占领国际市场，与美国展开激烈竞争；其制造技术更是达到世界领先水平，全球影响力不断增强。日本的崛起不仅得益于全球化带来的经济和技术优势，深受传统文化熏陶的企业文化也扮演了不可或缺的角色。

一、日本民族传统文化

日本的发展受到其地理和历史背景的影响，形成了独特的国民性格和文化价值观。

1. 民族自尊意识

日本人深知只有团结努力，才能在资源有限的国家中振兴经济，赢得尊重。这种民族自尊推动他们制定了超越发达国家的目标，通过政府和企业的紧密合作，以及强调团队精神，日本实现了经济的快速发展。

2. 学习精神

面对岛国的局限性，日本人展现出强烈的学习欲望，积极吸收和改造外来技术和知识。他们在历史上不断地向其他国家学习，同时保持自己的民族特性。

3. 忠诚精神

忠诚是日本文化中的核心价值，从封建时代的对领主的忠诚演变为对国家和企业的忠诚。这种忠诚精神体现在员工对公司的全身心投入和对社会的责任感上面。

4. 家族意识

日本社会具有浓厚的家族精神，将家庭式的温情与能力主义结合起来。在企业内部，这种家族意识体现为等级制度和相互关怀，员工对公司有着超越职责的责任感和归属感。

5. 和谐一致的精神

和谐是日本文化的另一个重要特征，日本人重视集体合作和自我约束，以非言语的直觉相互理解，达到团队的和谐一致。

企业文化专栏9-1

日本人规矩真多

日本社会到处都是条条框框，甚至连日本人自己也有"日本人规矩真多"的自嘲。在日本，不仅无形的规矩多，而且有形的禁止告示也到处都是。

走进地铁站，首先映入眼帘的是"禁止奔跑"的红色大图标。穿过检票口，贴在扶梯旁的警示语厉声警告着低头族："走路的时候集中注意力！低头看手机容易撞人、跌倒甚至不小心跳轨！"好不容易走进了站台，墙上又是一溜儿"禁止奔跑"的标识，另一面墙上则挂着"摄像头监控中"的牌子。终于站到了地铁的防护门前，让人脑袋一晕，原来在门上整齐地贴着数个红色的标识：禁止倚靠、禁止拥挤、禁止把身体伸入防护门、注意脚下等。像这样的标识在世界各国的地铁上都能看到，这不算什么，只不过和之前看到的标识加在一起就显得有些繁复了。不想去看那鲜艳的红色禁止告示，转身却在身后的站内信息牌上又看到了红色的标识：发生火灾时的对策。进入车厢，又看见贴着"打电话会给别人带来困扰""痴汉行为是犯罪"等标语。

资料来源　蒋丰. 日本的细节 [M]. 南京：江苏凤凰文艺出版社，2019.

二、日本企业文化特征

1.企业使命与社会责任相统一

积极倡导企业使命与社会责任相统一，以建立和谐的文化环境和氛围（见表9-2）。

表9-2　　　　　　　　日本企业履行社会责任的指导思想

序号	重点强调内容
1	企业履行社会责任的最主要内容就是切实实现股东和雇员的利益
2	企业履行社会责任的直接外在表现就是为社会公众提供最好的商品和服务
3	在可能的条件下，最大限度地促进所在地区和国家的社会繁荣
4	遵守法律法规，做到及时向社会公布企业信息，保证经营活动的公开和透明
5	把企业发展同造福人类、保护环境、建立循环型社会统一起来

企业的社会责任是近年来世界各国企业界和理论界关注的热点问题之一。日本企业把履行社会责任放在非常重要的位置，并在企业文化建设中进行积极倡导，把企业使命与社会责任统一起来已成为日本企业文化发展的一个趋势。

实际上，不仅是松下，丰田、索尼、本田以及富士通、佳能等日本知名企业都具有相似的经营理念：遵守国内外的法律及法规，通过公开、公正的企业活动，争做值得国际社会信赖的企业市民。遵守各国、各地区的文化和风俗习惯，通过扎根当地社会的企业活动，为当地经济建设和社会发展做出贡献。

日本的企业重视履行社会责任的原因主要有以下几个方面：

（1）杰出企业家的倡导与实践。由于长期以来一些杰出的企业家的积极倡导和实

189

践，日本企业形成了自觉履行社会责任的文化传统，这一传统指引着日本企业的发展方向，使日本拥有一大批历经百年而长盛不衰的企业，有力地促进了社会经济的发展，为日本跻身世界经济强国奠定了基础。

（2）企业对社会形象的重视。是从现实状况看，近年来，日本企业出现了一些丑闻，突出表现在对社会不负责任、数据造假、欺骗社会公众。这些教训使日本企业充分认识到，在经营过程中必须以诚信负责的社会形象取信于公众和消费者，只有这样才能保证企业的健康稳定发展。

（3）企业所处环境方式变化。从企业面临的宏观发展环境看，随着世界经济一体化进程的加快，市场竞争日益激烈，公众维权意识日益增强，履行社会责任的状况日益成为衡量企业优劣的重要标准。

（4）企业长期实践的经验总结。日本的企业家认识到，在当今人类的社会活动过程中，除了战争，工业企业的生产经营活动是占用社会资源最多、对环境影响最大的实践活动，企业在占用社会资源的同时必须给社会回报，以争取社会的支持与理解，为企业创造长远发展的环境。

（5）政府的大力倡导。日本政府把推进企业落实社会责任作为重要内容，由经济产业省具体负责推进和实施。由于上述原因，日本的企业都很重视将企业使命与社会责任统一起来，企业家们都清醒地认识到，只有站在履行社会责任这个制高点，才能获得企业长期发展的良好环境，所以应努力为企业发展创造和谐的社会环境和文化氛围。

企业文化专栏9-2

稻盛和夫的经营哲学

2022年8月24日，京瓷公司创始人、日本著名企业家稻盛和夫去世，享年90岁。稻盛和夫是一位优秀的企业家，亦是世界知名的经营管理大师。他与同时代的另外三位企业家（松下幸之助、本田宗一郎、盛田昭夫）被称为日本"经营四圣"。

稻盛和夫在中国出版的作品已超过20种。稻盛和夫在自己著作中多次提及：企业经营必须有哲学；在哲学指导之下，还应有具体的"实学"。所谓企业经营的哲学，在稻盛和夫这里便是他在一系列著作中反复强调的决策基准："作为人，何谓正确？"进一步概念化之后，也即"敬天爱人"。稻盛和夫治理公司，不论日常经营还是重要决策，都以这一经营哲学为依托。至于"实学"，则包括其创立的企业组织经营方式"阿米巴经营"。稻盛和夫著作体系宏大，难以尽数介绍，其经营哲学之核心集中在《敬天爱人》之中，而其"实学"集中在《阿米巴经营》中，《活法》则是稻盛和夫综合性的著作。

资料来源　臧博. 读懂稻盛和夫，读懂日本式企业管理［J］. 财经，2022（18）.

2. "企业以人为本"与"员工以企为家"相统一

把"企业以人为本"与"员工以企为家"统一起来，特别注重建设"人企合一"的发展团队（见表9-3）。

表9-3 日本"人企合一"的特征

序号	特征体现
1	坚持"终身雇佣制""年功序列制"等企业制度基本，保持员工队伍的相对稳定
2	通过实施国际化战略，开拓海外市场，为员工发展创造更多空间
3	不断优化员工的生产生活环境，丰富员工的文化生活

日本企业在企业文化建设中把"企业以人为本"与"员工以企为家"很好地统一起来，努力构建命运共同体，实现了企业和员工的共同发展。进入20世纪90年代，日本泡沫经济破灭，经济处于缓慢增长期，即使在企业面临各种困难的情况下，日本企业仍然坚持以年功序列制为主的分配模式，较好地保持了员工队伍的稳定，增强了企业的凝聚力。为使员工能更好地接受企业的经营哲学，成为企业集团的一分子，日本大多数企业从员工一进入公司就开始对其进行精神上和技能上的培训，但最重要的是使员工在思想上和企业融为一体。

日本的雇佣制度采用终身雇佣制，企业从大学刚毕业或刚踏上社会的青年人中挑选员工，然后通过各种考验，选择合适人才，被录用的人将在这个企业里工作到退休为止。只要他们喜欢，可以一直工作到去世。有些大企业设立专门埋葬本企业员工的墓地，它们把去世的员工埋葬在灵塔下，在节日里，企业的领导和员工一起到墓地举行大规模的宗教仪式，以表达对去世员工的缅怀之情，同时也对新员工进行现场教育，使他们更忠于企业。

企业文化专栏9-3

日本企业内工会制度

企业内工会制度、终身雇佣制度、年功序列制度被称为日本经营管理的三大法宝，奠定了日本企业文化的基础，形成了独特的日本企业经营管理模式。

很多日本企业内设置了工会，员工进入企业便成为工会会员，工会干部由会员选举产生。工会的主要任务是维护会员的合法权益，提高工资待遇，改善工作环境等。日本企业内工会并不像欧美产业工会那样对抗企业，使劳资双方关系紧张，而是经常与工会会员谈心，了解会员诉求，再通报给企业，并积极协调劳资双方的关系，体现了"家文化"中"和"的内涵。如果把企业比作一个家，经营者是"严父"，员工是孩子，那么工会便扮演着"慈母"的角色，家庭中"慈母"与孩子相互交谈，再将孩子的意见和愿望告诉"严父"，帮助孩子实现愿望，以此维持家庭的和睦氛围。

每年二三月份，很多日本企业都会举行大规模的工会活动，工人通过这样的渠道向资方提出薪资待遇和福利的要求。日本人把这种社会现象称为"春斗"，但事实上这并不是激烈的对抗行为，而是相互协商。企业内工会在资方和劳方之间运用"和"的思想维持着双方的平衡，维护着企业正常有序的运转，员工则依靠企业发展而实现自我价值。

资料来源　曾令明. 论家文化对日本企业文化的影响［J］. 中国商论，2020（5）.

3.文化传承与文化创新相统一

努力做到文化传承与文化创新相统一，培育支撑企业实现持续发展的文化力量（见表9-4）。

表9-4　　　　　日本"文化传承与创新"统一的具体体现

序号	体现
1	继承民族文化中的优良传统（协调配合的团队意识、注重建立和谐的人际关系等），并通过创新，把企业建成命运共同体、发展共同体和文化共同体
2	注意形成相对稳定的"文化基因"，使之成为促进企业发展的精神财富
3	通过建立资料馆、纪念馆、展览馆等文化设施，使企业创造的文化成果得到了很好的保护，并通过免费向社会开放，使之成为与社会沟通的桥梁，充分展示了自己的历史和文化成果，达到了用文化提升企业形象的目的

据统计，日本创新研究费用占GDP的比重已经超过美国，目前已经达到3.4%左右。其中，用于技术和产品创新的费用仅占1/3左右，而绝大部分费用花在了对现有产品和现有技术的改造、改进上。这也说明了日本人创新的一个态度：对于任何一个产品，一定要挖掘出其最大价值，在某一个领域中，不成为该领域最优秀的企业誓不罢休。强大的科技投入，是发展关键技术的基本保证。

为了使企业在激烈的市场竞争中处于不败之地，用文化提升企业形象，用创新推动企业发展，无疑是日本企业"长寿"的原因。这些企业在不断开发适销对路的新产品、占领市场制高点的同时，非常注重文化的传承和创新，使企业发展既基于深厚的文化积累之上，植根于厚重的民族文化传统之中，又能适应时代变化，不断发展创新。

4."企业家自觉"与"员工自觉"相统一

注重"企业家自觉"与"员工自觉"相统一，确立了"上下同欲"的文化追求。日本企业家对中国古典思想很有研究，率先把中国《孙子兵法》运用到了企业管理和市场竞争，深刻理解了孙子所说的"令民与上同意也，故可以与之死，可以与之生，而不畏危"的含义。日本企业在企业文化建设中，以确立共同的文化追求为目标，把企业家的文化自觉与提高员工的文化执行力统一起来，使企业成为一个文化共同体。

日本企业在企业文化建设上注重知行合一，企业精神、企业理念已经成为企业员工的生存方式和工作习惯的一部分，体现在员工的言行之中。这些企业主要采取以下措施来提高员工的文化执行力：

一是尊重人。日本企业重视人不仅把他们作为生产要素来重视，而且把他们真正当成群体的一员，如日本一些大公司在每天清早上班时，公司的经理及高级主管总会列队在公司门口向前来上班的员工微笑行注目礼，以示敬重，其他日本企业普遍实行的"U"型决策方式、"职工建议制度"等方式和制度都是为尊重员工参与管理的愿望而产生的。

二是培养人。日本企业对人的培养非常重视，甚至是不惜血本，一般进入企业的人员前10年的重点都是接受教育和培训，他们在待遇方面几乎没有差别，正因为这样，客观上产生了日本企业人才的凝聚力与合作精神。

三是同化人。日本企业对员工的同化是从员工进入企业开始，就通过培训、前辈带后生、公司歌曲等方法来诱导、灌输企业的价值观念、行为作风、经营哲学等，从而使企业成员具有共同的信念和精神作风。

四是激励人。日本企业的激励办法可以说是全方位的，采用崇高的目标、很高的福利待遇、提供宿舍、补贴交通费用、营造家庭式和谐温馨的企业环境、终身雇佣制度等手法来鼓励员工，使员工想企业之所想，急企业之所急。

五是约束人。为保证企业"上下同欲"，日本企业还制定了一整套非常完善的管理制度来约束员工。

企业文化专栏9-4

阿米巴经营模式

阿米巴是日本京瓷公司在20世纪60年代创立的一种经营管理方式，相关的理论研究最早也出现在日本，并逐渐影响到全世界的管理会计理论界与实务界。

阿米巴经营模式的核心思想是：经营公司不能只靠一部分领导，还要靠所有员工都参与经营，要尽可能把公司分割成细小组织，并通俗易懂地公布各个部门的业绩来促进全体员工参与经营。

阿米巴经营模式在企业落地需要两个关键点：一个是哲学基础，即敬天爱人、仁爱立司；另一个是核心方法，即单位时间核算，其思路是使用单位时间核算衡量业绩。

此外，选择阿米巴经营模式作为公司的核心管理工具，还需要整合过去的管理方法，打造支撑未来的价值创造平台。

总之，企业实施阿米巴经营模式的最终目的是全员参与、透明经营、培养人才。

资料来源　于濛. 阿米巴能够助力企业持续发掘新价值［N］. 中国会计报，2017-07-07.

5.企业文化融入生产实践

企业文化融入生产实践，形成了文化与管理相融共进的良性发展格局。

日本企业非常重视"企业文化真正成为企业发展的内在动力"。将企业文化融入生产实践，按照"内化于心、固化于制、外化于行"的建设步骤，促进企业文化与企业管理相融共进

6."产品"宣传与"文化"经营相统一

注重把"产品"宣传与"文化"经营相统一，培育了企业新的经济增长点。

企业文化建设拥有宣传产品、塑造企业形象的职能，日本在此基础上赋予了企业文化建设以新的功能，在宣传产品的同时，开始经营文化。企业文化建设中已实施了CI战略，有力地提升了企业自身形象，同时加大对顾客满意（CS）的建设。CS战略在日本企业已经被广泛实施。有的企业在经营理念中提出"洞察下一个需求，创造新的价值"，也就是深入顾客的内心深处，去发现连顾客自己也没察觉到的需求和愿望，并将其变为具体的商品和服务提供给顾客，给顾客以惊喜，继而创造新的需求。

单元三　美国企业文化 //////○○○○○○○○○

美国作为一个相对年轻的国家，自哥伦布于1492年发现新大陆以来，已经历了五百多年的发展。尽管其文化根基相对较浅，没有深厚的传统束缚，美国却因其作为移民国家的特性，汇聚了世界各地移民带来的多元文化。这些文化在个体层面融入美国社会，经历了自然选择和相互融合的过程，逐渐形成了独具特色的美国民族文化和性格。

一、美国民族文化特征

美国文化和民族性格的形成受到其作为年轻国家和移民国家的独特历史背景的影响。以下是美国文化的几个核心特点：

1.个人主义

由于早期移民的独立奋斗和对个性的重视，美国文化高度强调个人价值和自我信念。

2.冒险与创新

美国的开拓历史培养了人们的冒险精神和创新意识，这在商业、科技和日常生活中都有所体现。

3.自由与平等

美国的建国理念基于自由和平等的价值观，这些原则在国家的法律和社会结构中得到了体现。

4.实用主义

美国人倾向于实用、效率和成功，不太注重传统和权威，而是看重实际效果和实际利益。

5.物质追求

在美国，物质成功和财富被广泛视为个人成就的标志，这反映在社会地位和个人价值的评价上。

二、美国企业文化特征

美国企业文化是在当代社会实践中形成的，具有尊重个人价值、积极探索创新、务实、重制度、顾客至上等鲜明的时代特色。

1.尊重个人价值，崇尚个人英雄主义

美国是一个移民国家，它的早期居民大多数是从欧洲各国迁移过来的，这些移民来到一个陌生的环境，一切得从头开始，身边没有亲戚朋友的帮助，只能依靠个人奋斗，在生活的磨炼下形成了美国人浓厚的个人主义色彩。

美国人的个人主义使得美国企业非常尊重员工的个性发展，崇尚个人自由，尊重个人价值。1997年，美国修订了每周工作40小时的劳动法案，制定了弹性工作制度，为员工创造了宽松的工作环境。

美国公司尊重个人价值还表现在激励机制上。美国公司会花大量的时间、人力和物力对员工进行知识和岗位能力的培训，提高员工的业务能力，并为员工搭建展示自己能力的平台。

另外，美国公司的奖励往往针对个人而不是针对集体，它们相信员工有能力完成自己的工作，它们也要求员工明确自己的职责，对自己的工作负责，员工成绩突出，公司就会对员工个人给予奖励。

美国公司尊重个人价值还表现在个人英雄主义上。美国的企业家被美国人当作"新美国英雄"来崇拜，人们以这样的商业英雄为榜样，给予他们荣誉和高额的年薪。

表9-5　　　　　　　美国企业文化尊重个人，强化个人主义的原因

序号	角度	原因
1	企业决策方式	在美国企业中，过去管理者只考虑个人意见，很少征求同僚或下属的看法
2	领导与员工的关系	在美国的企业中，过去雇主和雇员纯粹是契约关系、雇佣关系，老板把工人仅仅看作是机器人、经济人和获取利润的工具

2.支持冒险，激励创新

美国企业中顽强的创新精神和激烈的竞争机制随处可见。美国文化是移民文化，移民冒着风险从熟悉的环境来到陌生的地方，经常遇到新的事物，解决新的问题，他们需要打破常规，适应新的环境；他们要不断尝试，不断创新，从挫败中学习，从失败中总结，从成功中得到鼓励，从而形成了美国人的冒险精神和不断创新的精神。美国企业家总是在寻找新机会，探索新的管理方法。可以说，美国企业文化是"创新型文化""竞争型文化"。

在求新、求变精神的鼓舞下，许多成功的企业引进市场法则，建立了激励机制、竞争机制和风险机制，并以此为动力推动企业不断发展。像通用汽车公司、IBM公司、P&G公司、3M公司等成功的企业都有意在企业中创造竞争的环境和机会，让员工们进行竞争，施展自己的才能。许多公司建立了强有力的支持竞争的系统，鼓励人们冒尖，培养和支持"革新迷"。

正是这种强烈的求新、求变精神和激烈的竞争机制，使许多美国企业家脱颖而出，创造了许多"世界第一"，这是美国创新文化长期熏陶的结果。如亨利·福特首创世界第一条大规模生产流水作业线；泰勒最早提出"科学管理"原理；德鲁克最先提出"目标管理制度"；通用汽车公司的斯隆开现代公司管理制的先河，创造了高度集中下的分权制。

近年来，西方世界企业文化热如大潮涌起，美国又走在这一潮流的最前面。可以说，激烈的竞争和不断创新是美国许多成功的企业保持活力的源泉。在当前全球竞争空前激烈和不断变革的时代，这一精神尤为重要。美国通用电气公司曾经有2 000万美元投资计划因不可预测的市场原因而导致失败，执行此次计划的人却得到了奖励，其经理的职务不降反升，人们大惑不解，通用电气公司的时任CEO韦尔奇道出了原因，那就是只要你的理由和方法是正确的，即使结果失败，也值得奖励。

不断创新使美国人抢占了许多科学技术的制高点。美国一直对科学技术的发展比较重视，每年投入大量的人力和物力来开发新的技术，并应用于企业的生产中，使其转化为生产力，进而依靠其技术优势制定行业技术标准，从而获取高额利润。自20世纪50年代以来，美国在计算机领域的投入比较大，大量的投入和不断创新使其在计算机领域处于世界的前沿，造就了一批计算机领域的巨型公司，如IBM、戴尔、微软等。

企业文化专栏9-5

特斯拉在中国

2019年特斯拉超级工厂落户中国上海，成为首家外商独资的新能源车企。特斯拉引入一体压铸技术，让造车更容易，解决了产能的困扰，在全球最大消费市场收获了巨量订单。特斯拉也成为中国坚持高水平对外开放不动摇，只要在商言商、尊重规则就能互利共赢的最好例证。

尽管拿到了很多项第一，但在首席执行官马斯克看来，特斯拉不是他最引以为傲的成就，他的野心是宇宙级的，解决地球上的能源问题只是其中一步，终极目标是帮助人类移民火星。

员工的评价两极分化。有人在这里感受价值观的激荡，"确实多了种推动产业变革和改善环境的使命感"；有人却难以忍受工作的艰辛，"熬过六个月试用期就是老兵了，想起那段日子就心悸"。

对公众而言，特斯拉是一家年销量近百万辆的汽车公司；对马斯克而言，特斯拉更像是一家能源公司、科技公司，甚至只是为马斯克其他公司服务的"工具"。

资料来源　王静仪. 特斯拉晴雨表［J］. 财经，2022（20）.

3. 务实精神，制度大于人情

由移民文化组成的美国民族文化，融合了世界各民族文化，形成了美国实用主义哲学。美国实用主义哲学培育了美国人的务实精神，认为"有用就是真理"，注重实际效果，少有形式主义，上级与下级沟通直接，表达意见明确。美国的企业一般以工作业绩来评定员工，不太看重员工的学历和资历，所以在美国企业经常看到年轻的管理者，他们年纪轻轻却拥有骄人的成绩。美国的务实精神使企业喜欢用数字来评价事物，关心效益指标。为了获得最高效率，员工拼命工作，相互竞争。竞争在美国社会无处不在，既有个人之间的竞争也有企业之间的竞争，激烈的竞争使美国公司的员工卖力工作。

为了便于管理自己的企业，使企业的工作有条不紊地进行，美国企业制定了科学的管理制度和严格的工作标准，对员工的工作内容进行规定，分工精细，职责明确。比如，美国通用电气公司实现规范化管理和规范化工作，细到对员工放置生产工具都有明确规定。公司管理人员在实施制度时，依章办事，不太讲究情感和面子。再比如，美国企业的员工采用"合同雇佣制"，企业会根据实际生产情况来决定雇用工人或解雇工人，人与人的关系是契约关系，而不讲究人与人之间的情面。

企业文化专栏9-6

弹性工作制

弹性工作制是指由员工自行决定工作时间、工作地点、工作方式的工作管理方式。巴西的塞氏企业可谓实施弹性工作制的典型代表。塞氏是一家创新管理模式的青色组织，以其自组织生态、弹性工作制、自定薪酬、卫星计划、自管理等独特的组织管理形态，被不少管理者奉为新管理变革之圭臬。

塞氏企业在变革的初期定下了三条规矩：

第一条给员工：晚上7点前所有人必须离开办公室。

第二条给老板：给员工最大限度的自由和权利。

第三条给所有人：审视所有的规章制度，能取消的都取消。

塞氏企业用了3个月的时间对弹性工作制进行了一项可行性研究，同时采访了大量的"前员工"，请他们说出对塞氏企业的看法，最后发现：上班时间是管理层和下属之间产生冲突和误解的一个主要原因。于是，他们开始让员工自己决定上班时间，并在1988年把弹性工作制延伸到工厂工人身上。这种自由在以前甚至现在的工业界都闻所未闻。

很多全球知名企业如IBM、通用汽车、福特、西门子、联合利华等，都将塞氏企业作为借鉴的榜样。

资料来源 魏浩征."混合办公"是一阵风，还是必然趋势？[J]. 中欧商业评论，2022 (C1).

4.强调重视顾客、一切为了顾客的观念

重视顾客的观念，从某种意义上说，就是要在公众心目中树立起企业良好的形象。具体做法是：尊重顾客，不厌其烦地跟顾客建立长久的联系；企业对顾客负责，树立对质量精益求精的精神等。

单元四 欧洲国家企业文化

欧洲大陆有40多个国家和地区，每个国家或地区都有自己的文化传统，但其文化的来源主要是古希腊文化和基督教文化。古希腊给欧洲留下了科学与民主这一精神遗产，基督教给欧洲提供了理想人格的道德楷模。在古希腊和基督教文明的基础上，欧洲形成了共有的文化传统。

一、欧洲国家文化共性

欧洲国家文化共性主要体现在以下几个方面：

1.精神自由

基督教强调人内心的自由。马丁·路德的宗教改革进一步提倡心灵的自由，这种追求自由的精神深植于欧洲人的心中，影响了他们的管理风格。

2.人文主义

人文主义强调个人的重要性和个性解放，起源于古希腊，发展于文艺复兴时期，反对权威主义，提倡自由、平等、博爱。这种崇尚个人价值的理念是欧洲文化的重要组成部分。

3.理性与科学

从古希腊到现代，欧洲文化一直强调理性思维和科学探索。理性主义和科学精神的发展，对欧洲人的思维方式和社会进步产生了深远影响。

4.民主精神

民主精神是人文主义的延伸，随着经济的发展和社会的进步，民主意识在欧洲社会中逐渐觉醒，最终在资产阶级民主革命中得到体现和推广。

二、欧洲国家企业文化特征

欧洲国家的企业文化各有特色，呈现一种多样化的状态，但由于欧洲各国的上述大文化背景相近，各国经济发展过程和体制相近，市场相连，经济交往频繁，尤其是欧盟国家逐渐走向经济政治一体化，所以企业文化在具有个性的同时也有很多共同性。

1.欧洲国家企业文化个性特征（见表9-6）

表9-6 欧洲国家的企业文化特征

序号	国家	企业文化特征
1	英国	·富有人情味； ·实用主义； ·保守主义； ·强烈的等级意识； ·鄙视竞争，避免竞争
2	法国	·公众意识强； ·人性化和民主化； ·科学与创新； ·敢于奋斗，勇于挑战
3	德国	·缩短工时； ·高附加值经营； ·注重教育培训制度； ·注重创新研究开发
4	意大利	·相对欠缺的时间观念； ·当面谈妥生意，不喜欢借助媒介，如电话、电子邮件等； ·十分健谈，思维敏捷； ·习惯于身体接触； ·生意场上比较讲究穿着，十分优雅

续表

序号	国家	企业文化特征
5	荷兰	·重视对雇员的培养和分配； ·企业中管理层次清晰，管理人员的素质也高，尤其重视新知识、新技术； ·比较正式、保守，在商务谈判时要穿正式西装，谈判也不喜欢拐弯抹角； ·时间观念强，讲究准时； ·做生意喜欢相互招待宴请
6	挪威	·生意场上不注重关系导向，中间人的作用微小； ·具有语言天赋； ·心直口快，讲话通常很坦率、直接； ·做生意相对不太正式； ·倾向轻言细语和沉默寡言； ·"先高后低"的谈判策略
7	瑞典	·注重平等、效率； ·生意为先，通常无须第三方的介绍或推荐，会主动自荐； ·讲究高效率的瑞典人磋商时喜欢立刻进入正题； ·谈判开始的提价符合实际，而不是以一个夸大的数字开始； ·感情保守的交流方式以及出名的谦让和克制力
8	丹麦	·具有适应发展、抓住机遇的能力； ·中小企业居主导地位，中小企业信息流通快，新的想法很容易付诸行动； ·实行职业轮换的制度，保证整个劳动力的更新； ·工作时间内十分严肃，态度保守、认真； ·凡事按部就班、计划性强，做生意采取较温和的姿态； ·拥有很强的法治观念，很注意道德，有自己传统的道德标准

2.欧洲国家企业文化共性

（1）理性管理传统

理性管理传统表现在组织机构和制度的建立、人员的配备以及经营管理等很多方面。

在欧洲，企业注重建立讲求实效、灵活多样的组织机构和制度。企业组织机构的设置，是随着市场情况和生产技术的变化而变化的，不是千篇一律，不相互模仿，不因人设事。即使是同类型的企业，机构设置也不一样。但其存在共同特点，即组织严密、管理集中、讲求实效、富于理性。

在人员配备上，欧洲企业要求严格，注重精干。企业的总经理、副总经理和各部门的负责人，一般都是从有一定学历和实际经验的人员中经过考核，择优配备的。各部门职责分工明确，一级对一级负责，讲究工作效率。对一些重要部门的管理者要求更高，如研究与发展部、销售部等，均由能力很强的人掌管。

在经营及对外交往关系的处理上，欧洲企业也显得理性十足。经营中严守法律，坚守信用；对外谈判往往一丝不苟，严肃认真，保持理性，讲求效率。

199

（2）研究开发与创新精神

欧洲各国企业和产品竞争力强，是同这些国家和企业十分重视研究开发与产品创新分不开的。政府和企业都把研究开发当作一项生死攸关的战略任务来抓。研究开发的主要内容是产品更新和技术更新。产品更新和技术更新是互动的。技术更新是产品更新的前提，产品更新又推动技术的进步，从而使企业不断开发出新的产品，占领和开辟新的市场。在欧洲各国中，不少国家制定相应的政策，支持企业的研究与开发。如法国的技术政策与经济发展政策有密切的联系，政府在人力、物力和财力等方面都能给予企业大量的帮助。

与研发和产品创新相适应，欧洲企业对产品质量有不懈的追求，对质量管理的投入巨大。正是靠着严格的产品质量管理，欧洲企业在世界上赢得了极高的声誉，创造了大量世界级名牌产品。谈到欧洲产品，人们就会想起奔驰汽车、雀巢咖啡、登喜路时装、劳力士手表，谈到酒就会想到法国的香槟、英国的威士忌和德国的啤酒，这些都是欧洲品质文化的象征。

（3）全球意识和战略眼光

欧洲各国自然资源不丰富，出口贸易在经济体系中占有十分重要的地位。这使欧洲各国的企业特别注重在世界市场上的竞争，注重制定着眼于世界市场的经营战略。为了保证企业全球战略计划的实现，很多欧洲企业在确保卓越质量的基础上，还非常重视产品在全球的推广与销售。如德国的许多企业都设有强有力的推广和销售机构，在国内外设有庞大的销售网。一些大型企业和跨国公司，还按地区和国家设立销售部。从事多品种生产的国际企业，则按产品设置销售机构。

对于企业管理人员，设法派去国外工作或在国外担任一个职务，以学习、了解和掌握国际经营管理的知识与经验，这是德国企业在人才战略中的重要举措。

（4）参与文化

重视参与管理，这是与欧洲文化中的人文精神、追求民主和自由的精神密切相关的。在欧洲许多国家中，政府用法律形式规定了员工在企业中应该发挥的作用。如德国法律规定，凡 2 000 人以上的企业，必须成立监督委员会（相当于美国企业的董事会），凡 5 人以上的企业必须成立工人委员会，前者要由工人选举产生，后者要有一半工人代表参加。荷兰法律规定，雇用工人超过 100 人的企业必须有工人会议。法国和瑞典都规定雇用工人超过 50 人必须有工人会议，以此保证工人参与管理。尽管这些规定是工人经过长期斗争的结果，不是恩赐，实际上也改变不了工人的地位，但长期推行，在企业中已经成为一种"文化"。

企业不仅设有由管理人员和雇员代表组成的各级工作委员会，使雇员参与管理企业，解决工作上的问题，同时企业也尊重为本公司工作的人，雇员对企业也有一定的归属感。有些企业通过建立"经理参与系统"、"半自治团体"和"工作改善委员会"等，使管理者能站在客观的立场上协助员工解决问题，而不是直接代替他们做具体决策，以此强化员工的责任意识。

企业文化专栏9-7

西门子：用成长对话替代年终考核

西门子非常著名的PMP（绩效管理流程）光荣"退休"了。也就是说，自2020年起，西门子不再保留绩效评估流程，取而代之的是成长对话。绩效评估是对过去一年的回顾，现在西门子更提倡"成长型思维"文化，公司鼓励员工往前看，关注员工的发展潜力，着眼于组织可以做得更好的地方，以及可以进一步帮助员工发展的方面。这样的成长对话在每天工作中随时发生，员工和经理都可以随时反馈，及时纠偏，而不是等一年以后进行。

为推动数字化转型，西门子总部提出了面向新篇章的四个战略重点：第一，成就客户，让客户有所为，帮助客户成长；第二，科技有为，其中包括科技对于社会和人类的贡献；第三，赋能于人；第四，成长型思维。

西门子是一家拥有170多年历史的公司，2022年是西门子进入中国的第150个年头，总结西门子在过去10年里数字化转型的成功经验，马清（西门子大中华区执行副总裁兼人力资源总监）认为是西门子的战略前瞻性以及勇于自我革新的精神。"最难的是在公司发展比较好的时候，勇于寻求变化。这就是自我革新。"马清总结道。好的人才策略和文化是自我革新和战略实施的保障，也是企业在工业物联网和工业4.0的市场上保持竞争力的关键。

资料来源　李源. 西门子人力资源：企业数字化转型的伙伴者［J］. 企业家信息，2022（1）.

［项目测试］

一、简答题

1.简述跨文化管理的内涵。

2.简述日本企业文化的特征。

3.简述美国企业文化的特征。

4.比较欧盟各国企业文化。

二、案例分析题

Yalla：中国人打造的中东独角兽

在中东多个国家和地区的手机App热度榜上，有一款语聊应用长期霸榜。这款功能酷似国内微信的应用便是Yalla。2020年9月，这款应用背后的推手Yalla集团成为阿联酋第一家赴美上市的科技公司，得到阿联酋王室成员和政要的支持，并被媒体誉为中东创新转型的典范。

众所周知，由于资源禀赋充裕，中东各国的民众既有"钱"，也有"闲"，聊天就成为当地人最喜欢的乐趣之一。另外，考虑到相对保守的宗教传统和地方法律，他们认为语音聊天的形式可能更为稳妥，能迅速被大多数人接受。确定好了产品构想，杨涛等三人就正式于2016年创立了Yalla集团，总部设在阿联酋的迪拜，研发团队则在杭州。这家兼具多国文化基因的公司，由此展开了"中国互联网模式+中东本土化"的试水探索。

Yalla集团专注于本土广大的穆斯林用户，提供小众而有特色的产品，能以较低廉的成本获取客户，并通过增值服务收费，避开了与Facebook等国际化产品的直接竞争。尽管Facebook、Instagram等全球性社交娱乐平台影响力甚广，但其过度开放甚至裹挟着的一些低俗灰色内容，显然会与中东和北非地区的文化传统产生冲突，也容易招致政府层面的诉讼风险。

从使用习惯和用户体验来看，Yalla集团也充分照顾了中东用户的需求。由于伊斯兰教义鼓励"清心""寡欲"，所以在审美偏好上，中东用户倾向于简约朴素。对应到Yalla和Yalla Ludo的产品界面设计，就凸显了清爽简洁，像飞行棋的骰子怎么转、转几圈，都是开发团队会考虑到的细节。同时，Yalla集团对于广告的态度极为审慎，目前旗下平台上还没有商业广告，这也是对中东用户社交热情的尊重，让线上聊天和聚会更加流畅、纯粹。

资料来源　李伟，陈剑. Yalla：中国人打造的中东独角兽［J］. 商业评论，2023（7）.

问题：Yalla集团在中东市场获得成功的关键因素是什么？

分析提示：Yalla集团成功的关键在于它结合了中国互联网模式的高效运营和中东文化的本土化策略，提供符合当地宗教和文化传统的特色化服务。

［项目实训］

项目名称：看视频学跨文化管理

项目简介：本实训项目通过精选的视频素材，让学生观察和分析不同国家和地区的文化差异、商务礼仪、沟通风格和管理方式。学生将通过观看实际案例视频，学习如何在多元文化的背景下，有效进行管理和沟通。

项目目标：

1.提升学生对跨文化管理的认识和理解。

2.增强学生的国际视野和跨文化沟通能力。

3.通过案例学习，掌握跨文化管理的基本技能和策略。

实训内容与步骤：

1.视频素材准备：教师团队挑选包括跨文化交流、国际商务谈判、跨境电商运营、"一带一路"共建国家文化介绍等相关视频素材。

2.分组观看与讨论：学生分组观看视频，每组针对视频内容进行讨论，并记录观察到的文化特点、沟通方式和管理策略。

3.案例分析：每组选择一个视频案例，深入分析其中的跨文化管理问题和成功或失败的因素。

4.成果展示：每个小组向全班展示他们的案例分析过程，并进行互评和讨论。

成果检验：

1.案例分析报告：每组提交的案例分析报告，展现了深入的跨文化管理问题分析。

2.个人学习报告：学生提交的个人报告，反映了个人对跨文化管理的理解和自我提升的思考。

[学思践悟]

文化是民族的血脉灵魂和独特精神标识，积淀着一个民族最深层的精神追求和行为准则。党的十八大以来，习近平总书记多次强调坚定文化自信。他指出："文化自信是一个国家、一个民族发展中更基本、更深沉、更持久的力量。""我们说要坚定中国特色社会主义道路自信、理论自信、制度自信，说到底是要坚定文化自信。"他特别注重在文化自信基础上的人类文明成果借鉴与融合，强调指出，只有充满自信的文明，才能在保持自己特色的同时包容、借鉴、吸收各种文明的优秀成果。一直以来，中华文化秉持开放包容、兼收并蓄的多元一体格局，不断吸收借鉴异域、异族文化中的优秀成果，始终坚持与其他国家和民族开展跨文化交流，为增进中国与不同国家、民族间的理解互信，实现文明互鉴和民心相通创造了有利条件。

请扫描二维码查看习近平主席在人民大会堂出席第三届"一带一路"国际合作高峰论坛开幕式并发表的题为《建设开放包容、互联互通、共同发展的世界》的主旨演讲内容。

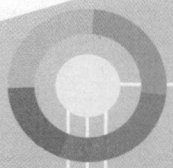

主要参考文献

图书类

[1] 朱睿，李梦军. 未来好企业：共益实践三部曲［M］. 北京：中信出版集团，2020.

[2] 施泰伯 A.从硅谷模式到人单合一［M］. 陈劲，庞宁婧，译. 杭州：浙江教育出版社，2023.

[3] 雷军，徐洁云. 小米创业思考［M］. 北京：中信出版集团，2022.

[4] 况阳. 盖亚组织［M］. 北京：机械工业出版社，2022.

[5] 映哲. 向管理要粮：火锅巨头的经营之道［M］. 北京：电子工业出版社，2023.

[6] 华锐. 新时代中国企业文化［M］. 北京：企业管理出版社，2020.

[7] 李纯青，张文明. 强京东：管理模式的进化［M］. 北京：中国人民大学出版社，2022.

[8] 许林芳. 阿里巴巴政委体系［M］. 北京：机械工业出版社，2022.

[9] 贾明. 企业社会责任［M］. 北京：机械工业出版社，2023.

[10] 李英羽. 华为三十年：从中国出发的全球化［M］. 北京：中国人民大学出版社，2023.

[11] 马松有. 老 HRD 手把手教你做企业文化（精进版）［M］. 北京：中国法制出版社，2022.

[12] 威廉姆斯 D，豪厄尔 E.向 NASA 学工程师文化［M］. 季节，刘博洋，译. 杭州：浙江教育出版社，2022.

[13] 周朝晖. 摆渡人：塑造日本文化的24人［M］. 北京：文化发展出版社，2021.

[14] 高雄勇. 我在小米做爆品：让用户觉得聪明的产品才是好产品［M］. 北京：中信出版集团，2020.

[15] 四少. 超级品牌与心动信号［M］. 北京：电子工业出版社，2021.

[16] 陈立彬. 传统文化元素的品牌呈现方式与传播策略研究［M］. 北京：人民邮电出版社，2020.

[17] 路云. 华为逻辑［M］. 贵阳：贵州人民出版社，2023.

[18] 华杉. 华与华品牌五年计划［M］. 南京：江苏凤凰文艺出版社，2023.

[19] 段秋斌. 互联网企业反腐密码［M］. 北京：中国人民大学出版社，2021.

[20] 杨伟国，郭钟泽. 人力资本经营思维［M］. 北京：中国人民大学出版社，2022.

[21] 奥马拉 M.硅谷密码：科技创新如何重塑美国［M］. 谢旎劼，译. 北京：中信出版社，2022.

[22] 魏江，刘洋. 李书福：守正出奇［M］. 北京：机械工业出版社，2020.

[23] 张瑞敏. 永恒的活火 [M]. 北京：中国财政经济出版社，2023.

[24] 庞金玲，蒋国强. 板凳要坐十年冷：内部解密华为人才管理——"士兵"如何成长为"将军" [M]. 北京：中信出版集团，2021.

[25] 张振刚，罗泰晔. 数据赋能 [M]. 北京：机械工业出版社，2022.

报刊类

[1] 梁宵. 实力致胜，伟大都是熬出来的 [J]. 中国企业家，2023（12）.

[2] 邓双琳. 世纪大分拆：阿里动骨 [J]. 中国企业家，2023（8）.

[3] 钮键军. 腾讯：用文化基因对抗"大企业病" [J]. 哈佛商业评论，2021（12）.

[4] 格雷芬 M，忻榕，叶恩华. 中国公司如何重塑管理 [J]. 哈佛商业评论，2023（5）.

[5] 梁宵. 俗人于东来 最懂凡人心 [J]. 中国企业家，2023（8）.

[6] 邓双琳. 亚朵耶律胤：增长在行业最艰难之时 [J]. 中国企业家，2023（3）.

[7] 刘哲铭. 孟晚舟：破茧成蝶 [J]. 中国企业家，2022（5）.

[8] 刘炜祺. 彭心：进军瓶装茶 [J]. 中国企业家，2022（5）.

[9] 李艳艳. 左晖的遗产 [J]. 中国企业家，2021（6）.

[10] 王深圳. 农夫山泉：以内容为战略，以人心作战场 [J]. 销售与市场，2024（1）.

[11] 梁坤. 李想和他的巴别塔 [J]. 企业家信息，2023（8）.

[12] 白勇. 一场"因人而起"的战略革命 [J]. 商界，2023（9）.

[13] 赵春雨. 蜜雪冰城能否站稳日本 CBD [J]. 商界，2023（3）.

[14] 刘哲铭. 互联网：反垄断变革平台经济 [J]. 中国企业家，2022（1）.

[15] 耿川，沈锦发，陈为年. 当王阳明遇见德鲁克：现代企业博雅管理的本土化 [J]. 社会科学家，2019（8）.

[16] 魏浩征. "混合办公"是一阵风，还是必然趋势？[J]. 中欧商业评论，2022（C1）.

[17] 李源. 西门子人力资源：企业数字化转型的伙伴者 [J]. 企业家信息，2022（1）.

[18] 陈剑. Yalla：中国人打造的中东独角兽 [J]. 商业评论，2023（7）.